vrouw, dat die ook wilde studeren en de-
zelfde rechten hebben als de man. Want vroeger
als de vrouw niet getrouwd was kwam ze
meestal als oude hardwerkende sul bij
een van haar broers in huis.

Anne Frank

女人也想上學，擁有跟男人一樣的權利。

因為，以前女人沒有結婚的話，通常都到自己的兄弟家裡當幫傭，成了努力工作的老笨蛋。

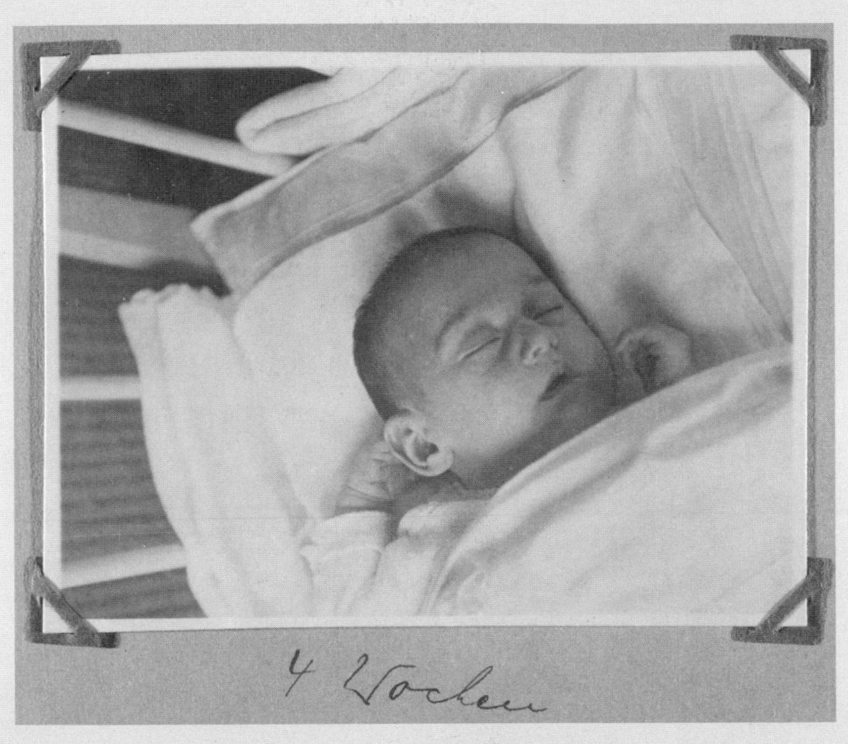

睡在嬰兒床上的安妮，攝於德國法蘭克福，一九二九年七月。

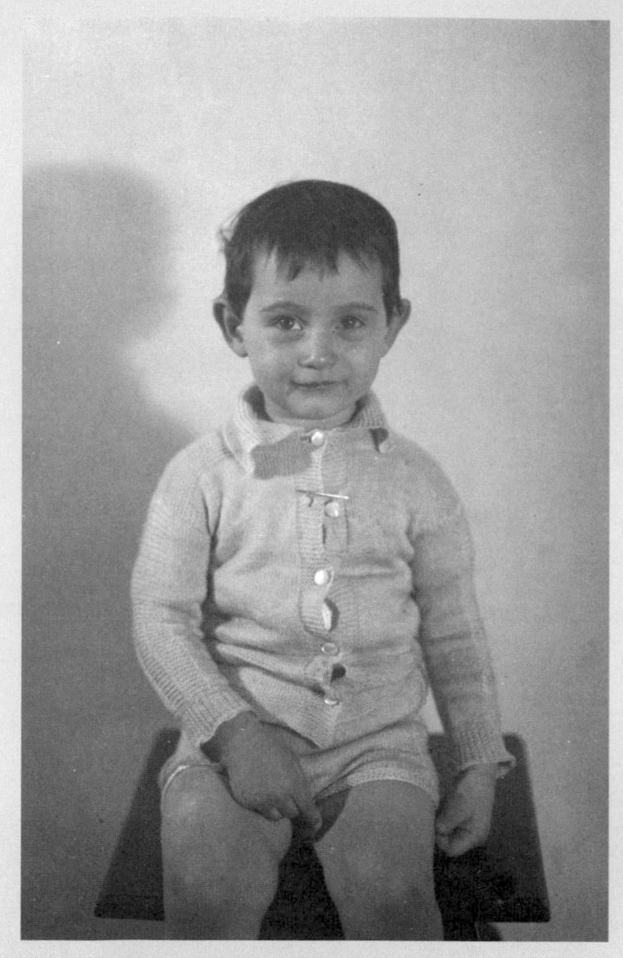

身穿針織毛衣和短褲的安妮，於德國法蘭克福，
一九三一年五月。

瑪歌、安妮與父親奧圖，在德國法蘭克福，
一九三一年八月。

瑪歌和安妮，一九三三年十月。

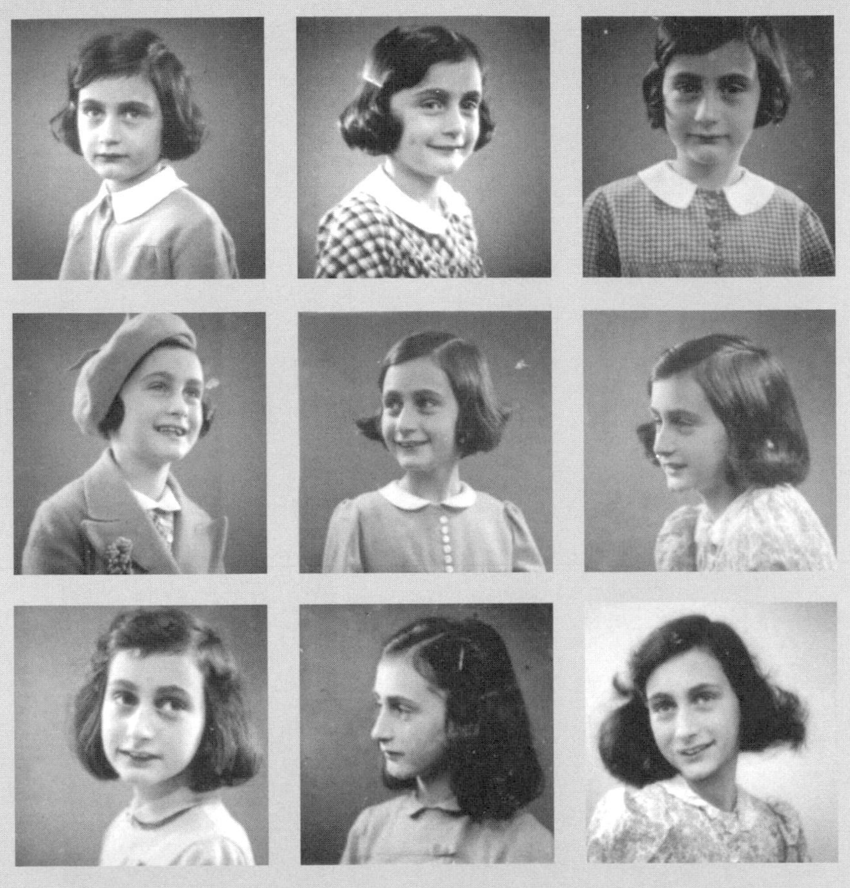

安妮，阿姆斯特丹，一九三五年至四二年。

從左到右：一九三五年五月、一九三五年十二月、一九三六年五月、一九三七年五月、一九三八年五月、一九三九年五月、一九四〇年五月、一九四一年五月、一九四二年五月。

安妮十歲生日，阿姆斯特丹，一九三九年六月十二日。

從左到右：露西・凡・迪耶克、安妮、珊妮・雷德曼、漢娜莉・高斯拉、茱特潔・克特拉普、凱西・伊潔迪、瑪莉・伯斯、伊特潔・史威蘭斯、瑪莎・凡登伯格。

瑪歌、安妮與外婆，於荷蘭占得佛特，一九三九年。

安妮在學校的書桌前寫作，一九四〇年。

瑪歌和安妮，在海灘上合影，一九四〇年八月。

安妮，阿姆斯特丹，一九四一年。

安妮，阿姆斯特丹，一九四一年。

安妮在她位於阿姆斯特丹梅爾韋德廣場的
家中書桌前寫作，一九四一年前後。

快樂的安妮，一九四二年五月。

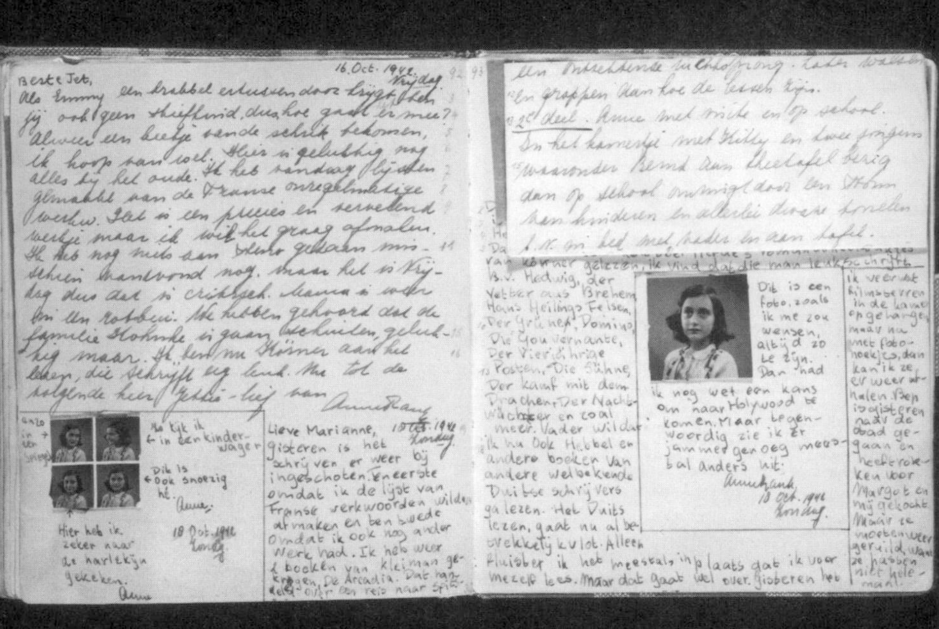

安妮日記中的文字和照片，寫於一九四二年十月。

安妮的日記本，
她在一九四二年到一九四四年之間寫了這本日記。

安妮與她的家人躲避德國納粹長達兩年的密室，
就在這個書架之後。攝於一九五五年。

安　妮　日　記

HET
ACHTER
HUIS

by

安妮·法蘭克
Anne Frank

呂玉嬋　譯

❈導讀❈

密室青春期：《安妮日記》

詩人．學者　楊佳嫻

黑夜，風雨，疾馳的雲朵，這一切把我迷住了。那是我一年半以來首度與夜晚面對面。那晚之後，我想再見到黑夜的渴望，甚至超越我對小偷、老鼠猖獗的暗室以及警方突然搜查的恐懼。

——引自一九四四年六月十三日《安妮日記》

《安妮日記》，是從二戰在集中營病死的荷蘭猶太少女安妮．法蘭克遺留下來的日記，經過挑選、整編後出版的，從一九四二到一九四四年，跨越安妮十三到十五歲。安妮與家人、其他猶太人共八人，躲藏在一棟建築物的密室裡，希冀能熬過對猶太人的惡意的羅網。密室因為隱密，有起碼的安全感，也因為藏匿，與天光風聲、四時變化隔絕了，物資和消息都要經過傳遞與轉述，像住在黑洞裡一樣。仍能寫作日記時的安妮，彷彿是戰爭的倖存者，在黑洞裡謄寫自己的心，慶幸著尚能與家人共處，擔憂黑洞將被開啟，又幻想著戰爭結束、從黑洞返回人間好光景。可是，作為後世讀者的我們，知道他們後來被發現、逮捕，分送到不同的集中營，安妮在該集中營被英軍解救的前一個月左右病逝。在死亡的前提認知下閱讀，讓《安妮日記》瀰漫著沼氣般的憂鬱。

過去，人們讀到的多半是「節本／潔本」，關於安妮對母親的負面情緒反應，以及安妮在性方面的探索，保留很少。這一次，終於讀者們可以讀到相對上較為完整的版本，少女在莫大的生死壓力和密室生活裡逐漸長大，彆扭、掙扎，那是心拖曳的痕跡，是躲藏著的黑影，年深日久，終於在牆壁上拓印出自己。新的版本讓人們看見，《安妮日記》不僅僅是戰爭恐懼與種族清洗的見證，也關乎一名少女摸索成長的自我旅程，既是大時代，又是小敘述，是非常，也是日常。安妮的成長、對世界的夢想，換作承平時期，沒有什麼大不了，可是，放回她所處的時空，才知道那是多麼渺茫，多麼矜貴。

戰爭下的陰影，對於臺灣讀者的閱讀視界，並非陌生題材。比如張愛玲經歷過香港和上海的日人佔領時期，戰爭在城市內外如火如荼。所以，這位天才女作家說，在這樣的時代裡，人們總意識到那「惘惘的威脅」——戰爭密雲籠罩，青春生死未卜。安妮的心情亦是如此。一九四四年三月二十九日，安妮寫著：「戰爭結束十年後，讀者讀到我們躲起來的猶太人的生活情景，吃些什麼，談些什麼，一定會覺得非常有趣。」

可是，那還是遠遠不夠。安妮知道日記裡無法完整呈現那些空襲時的恐懼、傳染病肆虐、買東西都要排隊、醫生不出診、竊賊四起，而且每個人都在挨餓。她想留在日記裡的，並非戰爭底下的尋常生活全貌，而是她自身，就是她——這本日記的作者，在那緩慢冗長的歲月裡，想了什麼，做了什麼。

所以，在日記裡可以讀到安妮的溫度與思想，對密室裡其他共同生活者——對父親和姊姊的愛，對母親的情緒起落，對范．丹恩夫婦的觀察、對牙醫杜瑟爾的反感。尤其是，她和范．丹恩家的兒子彼得發展出不同的情感，啟動了她對愛情的感覺與思考，呼應了青春期身心的變化。《安妮日記》不僅是戰爭的，也是女性的，飽含控訴能量，卻也滿溢著生命過渡的患得患失，成長的幻滅與顫索。

一九四四年二月十六日的日記裡，安妮和彼得談話，分享未來的藍圖。彼得告訴她，戰後想去荷蘭東印度公司工作，住在橡膠園，還說「戰後他絕對不會讓人知道他是猶太人」，親密有時候不單單是分享夢幻，也分享黑暗。那削減了他們生存空間的暴力在少年內心埋的種子顯然很深。二月二十七日的日記裡，則提到自己與彼得差異並沒有表面看來那麼大，因為，他們的母親都不那麼合宜，沒辦法變成孩子的精神支柱，他們都屬於「對自己沒有把握」、「感情太容易受傷」、「藏起真正的自我」的那種人，緣於此，安妮煩惱著：「我們要如何才能終於心意相通呢？何時呢？不知道我還能繼續控制這份渴望多久。」即使居住在同樣的黑洞裡，每個人的心，卻也分別是一個密室，需要契機和勇氣才能打開門窗。

一九四四年三月六日的日記，「我們在一起就可以驅走我們的孤獨」，「我看到他就快樂，我們在一塊時如果有陽光，那就更快樂了」，「我內心越是安靜嚴肅，就要表現得越是吵鬧！誰會第一個發現我的弱點？」隔天的日記，安妮細數戰爭以來自身的改變，她發現，從一九四三下半年開始，「我察覺自己渴望……一個男孩，不是女生朋友，而是一個男朋友。在我膚淺爽朗的外表底下，也發現了內在的幸福……現在我只為彼得而活，因為我未來所要面臨的事，絕大部分會因為他而有所不同。」愛情使人暫時脫離當下深淵，獲得騰空的能力，更熱切地眺望未來，也更強烈感受到身體的存在，靠近的需要，血液的速度，同時，企求最軟弱處被看見，被觸摸，如同臺灣詩人陳育虹寫的：「融化的懸崖，你順勢／滑了下去。」

同樣描述二戰時期，德國小說家烏韋．提姆的《咖哩香腸之誕生》，布綠克太太收留了逃兵布列門，他不能被人看見，等於是鎖在布綠克家，如同安妮的密室。相對的是，布綠克太太隱瞞戰爭已經結束的消息，繼續編造新的戰況，以求留住變成情人的逃兵，而安妮一家，仍能藉著各種管道迂迴知曉外界情況，聆聽英軍的進展，想像戰線的增減。他們都活在幻影裡。布列門和安妮，最大的願望都是：「何時能夠走出密室、重拾普通生活？」在那密室裡，布列門擁有一段僅二十七天的戀情，而安妮則發展了最初的家人以外的親密友誼。雖然，在一九四四年七月十五日的日記裡（也是書中倒數第三則日記），安妮反省自己似乎以親密來吸引彼得，現在彼得越來越喜歡她，她卻發現他們其實志趣不相投，從頭再來卻已經不可能。從迷惘、渴求、思考到領悟，安妮似乎加速走完了青春期。布列門日後能悵惘回到戰地，而安妮卻再沒有重履密室外生活的機會。

編註：本文首度刊載於二〇一三年出版《安妮日記【獨家授權．70週年紀念典藏版】》

❋導讀❋

銘記大屠殺，莫忘少女曾經的青春

作家 吳曉樂

拜訪柏林，第二天按照計畫，前往猶太博物館。那是我見過最壓抑的建築物之一，冰冷的金屬牆面如刀鋒，壁面不規則橫陳突兀的黑色線條，遠看像是一道道鞭傷。若你進入博物館，看到光塵自那些縫隙灑落，你將後知後覺，傷痕，但不只是傷痕。玻璃櫥窗內展覽眾多，其中有一類別難以定義，勉且稱之為「遺物」。有學徒在師傅被送入集中營之後，謹慎地保存師傅的生財工具，希望一日師傅自集中營歸返，能儘快與生活接軌。也有與手足被送往不同集中營的遇難者，提筆寫信問候，但收件者生前始終沒能接受到這股暖意的輕拂。每一陳列都讓人感覺到鼻子緩緩淹進灰燼，呼吸困難。旁邊的字牌會註記他們於何年，死於哪一集中營，原因是槍決、病逝抑或不明。我與朋友取消傍晚行程，在博物館待到閉館。回到旅館，沒有多做交談，很有默契地等待那盤據著胸腔的反胃、噁心與虧欠，徐徐散去。再讀《安妮日記》，我一下子就墜入那天的心境，就像數百萬的猶太人，我們得知他們的存在，是從尾聲伊始。安妮．法蘭克也沒有回來，她在集中營嚥下最後一口氣。要以怎樣的心情，靠近這本日記？我想起那些剛硬的縫隙，你必須走進去，才能發現創／傷的兩面性；你不能老想著置身事外，這對安妮、對猶太人，對你，多可惜。

安妮父母是標準中產階級，家學背景殷實，父親更是經商有成，即使如此，仍逃不了納粹的羅捕。安妮起先被送往猶太學校就讀，生活仍有風花雪月、同儕趣事，然而，莞爾未久，我們轉瞬間意識到那是走入洞穴內之前，一次難得漫長的回望。繁瑣的限制逐步壓境，蠶食鯨吞了猶太人的日常。一紙召集令打亂節奏，逼迫安妮一家人加快逃亡的腳步，躲入父親奧圖．法蘭克在荷蘭辦公室後方部署的密室。密室全體成員法蘭克一家人、丹恩一家人，以及後續受邀加入的杜瑟爾牙醫，成了安妮罕有的、觀察及書寫的素材，她敏銳明亮的眼睛在這幾個人物流轉，情緒多遷，有時也做出苛刻的評論，衡量他人，亦反度自身，日記裡保存了她精彩的思辨流路，也呈現出安妮在物理視野深受侷限之下，精神內裡仍翻疊出簇新局面的才華。

密室資源有限，哪怕是一張桌子，仍舊必須制定時間，輪流使用，在界線模糊的黑洞，日記是安妮唯一擁有的物件，幾乎可以把日記視為安妮「自我」的最後一道防線。安妮顯然把日記視為忠貞的友伴，喚之「吉蒂」，聲腔也飽含感情，還會為了寫太多糟心事、主題重複而致歉。像是嘗試以筆墨建構一個人格完整，且如她一樣愛好思辨的靈魂。我們從中能夠推敲出安妮有多麼寂寞，成員不足以，也不適合組成一名青少年仰望的「同儕」；此外，安妮喜愛表達自己，卻必須抹滅個人存在的痕跡、不輕易發聲。為了防止行跡曝光，密室生活注重集中管理、齊一秩序。無處可去的安妮，寄情於書寫，「最讓我感到安慰的，是能夠寫下所有的想法和感受，否則我一定會窒息」，在大屠殺主題的主流文本，安妮演示了「袖珍，依然貴重」的敘事。她寫苦難，寫甘地，寫戰機飛過天空；也寫與家庭成員相處不睦，自我的矛盾，性的好奇，初開的情竇，身體月經變化等等。

避難中期，密室成員時常就物資分配產生齟齬。收聽廣播各抒己見，對於盟軍戰略的莫衷一是反映出殊異的觀點。稠密的相處使得交談日益困難，還得擔憂外界的反猶思想是否滲透一路走來支持他們的朋友。瀰漫恐懼的環境催促了心智的演化，不過兩年，安妮的內心飛快重建，跳躍，與突破，她時常回溯日記，留下恍若隔世的註記，其中有一則，安妮重讀初入密室的書寫，留下一句「我現在寫不出這種事」。我個人以為，這是整本日記至為沉重的控訴，即使安妮竭力維繫開放心胸，但她仍然，無可避免地、被永久剝奪了什麼。

安妮引領我們認識，世界看似傾圮，塵土底下仍有盎然生機。她未曾停止追尋被傾聽、被了解，她對自己寄予厚望，希望人們不要只就社會關係的定位而看見一個人，而應該從本質出發。很難不對安妮思考、覺察之深邃，肅然起敬。她從跟父母的相處感受到情感的困難，「故意造成他人深刻的痛苦，還聲稱是愛對方的，這是卑劣的行為」，她對於戰爭也有熟練的理解，「沒有哪一個國家會平白無故犧牲自己的人民，為了其他國家的利益」，她甚至聲張女性權益，「我相信，在下一個世紀，生育是女人義務這種觀念會改變，取而代之的是對所有女人的尊敬與讚賞」。當我們一步步喜歡上這個果敢、誠摯，嘴巴有點刁的安妮，我們自然得迎接，整本日記最後一句所引發的痛苦，「安妮的日記到此結束」，我們如夢初醒，倏地想起了故事的結局。這句話自然不是由安妮寫下，安妮並不能預料她的日記斷裂在此處，而是由出版編輯補上。

安妮的父親奧圖．法蘭克，密室成員唯一的倖存者，「繼承」了安妮的日記手稿，戰後三十五年，他竭力維護、發展這本日記。他曾說過，「正常家庭關係中，成名父母的功績，由子女去繼承跟延續。在我的情形，角色卻倒轉了」，安妮時常在日記抒發對父親的愛，奧圖的餘生亦不負這樣的深情。此書收錄了〈安妮．法蘭克的遺產〉，安妮之家開幕典禮上，這位父親激動得必須告訴記者，「請原諒我，我無法再次討論戰爭期間在這裡發生的事，那對我而言太難了，我說不出口。」我感受到命運施加於個體上的重捶，也想到另一本處境對調的書《而你，沒有回來》，這本書，亦曾教我領悟倖存者開口之艱難。作者瑪賽琳．羅立登-伊凡斯，生於一九二八年，長安妮一歲，十五歲時，她和父親分別被逮補，進入集中營。女兒生還，父親如同書名，再也沒有回來。七十幾年過去，遲暮之年的女兒終於決心書寫她的情感。她回憶父親曾努力得到紙筆，託人輾轉送來一張小信片，她記得第一句「我親愛的小女兒」與信末的署名，中間的四五句倒是忘得徹底，但她也不執著憶起，因「記憶」，有時也是殘忍的。

普利摩．李維曾在最後一部作品《滅頂與生還》結語吐露，他以為集中營倖存者經驗，正面臨危機，「我們讓人覺得不合時宜，無人傾聽。但是我們必須要讓人傾聽：撇開我們的個人經驗不談，我們是極其重要、出人意表的那個歷史事件的集體見證，因為出人意表、無人預見，所以格外重要……這件事既然曾經發生過，就有可能再次發生，這是我們要表達的核心意旨」。這些年，歷史巨輪轉啊轉地，似乎轉回原點，極權強人登上舞台，發動暴力。李維主張的「不合時宜」，諷刺地隨著烽火再燃而緩解，人們不禁羞赧自問，悲劇奈何一再重演？若豎耳傾聽，安妮早已做出迴響，「人的心中有毀滅的衝動，有暴怒、謀害與殺人的衝動，除非所有的人——一個也不能例外——經歷徹底改變，否則戰爭會持續打下去，小心翼翼打造、培育與成長的每一件事，都會遭到破壞與摧毀，一切只能重新來過」。

最後，介紹二〇一八年一則新聞，透過數位技術，學者們破解了安妮以牛皮紙黏起的第七十八頁、七十九頁，內容讓研究人員忍不住失笑，原來安妮在那兩頁談了性，嫖妓，與黃色笑話。這新聞提醒我們，銘記大屠殺，更莫忘少女曾經的青春。謹以安妮的句子，期許在疫情與戰亂中，不得安寧的一代，找到與動盪共存的勇氣：「只要能無畏地凝視天空，你就能明白你的內心是純潔的，你會再度找到快樂」。

前言

安妮和法蘭克一家

安妮・法蘭克（Anne Frank）於一九二九年六月十二日出生在美因河畔的法蘭克福，是伊迪絲和奧圖・法蘭克的次女。她的姊姊瑪歌大她三歲。奧圖來自法蘭克福一個德國猶太裔中上階層家庭，伊迪絲（本姓荷蘭德，Holländer）也是猶太人，是亞琛一位富有企業家的女兒。

由於國家社會主義（納粹黨）在德國崛起，又正逢經濟困難時期，通貨膨脹漲個不停，加上一九三三年一月三十日阿道夫・希特勒（Adolf Hitler）被任命為德國總理，他們一家人覺得在德國再也看不到未來。一九三三年夏天，奧圖・法蘭克率先搬到阿姆斯特丹，幾個月後，在一九三三年底，妻子伊迪絲和瑪歌也分別去了阿姆斯特丹。安妮在亞琛的外婆家又多待了幾週，才與家人終於團圓。

在阿姆斯特丹的頭幾年，法蘭克一家住在梅爾韋德廣場的中產階級猶太社區，安妮得以享有一個平凡正常的童年，也很快交到了新朋友。被迫進入猶太學校之前，她讀過蒙特梭利幼稚園和學校。

納粹占領下的阿姆斯特丹

一九四〇年五月，德國占領荷蘭，法蘭克一家的生活起了遽變。一九四二年六月二十日，安妮寫道：

猶太人必須在衣服上繡黃星，猶太人必須交出自行車，猶太人禁止搭乘電車，猶太人禁止乘車，自己家的車也不行。猶太人只能在下午三點到五點之間買東西，猶太人只能光顧猶太人開的理髮店與美容院，猶太人在晚間八點到清晨六點之間不能外出上街，猶太人禁止去戲院、電影院與所有其他娛樂場所。猶太人禁止使用游泳池、網球場、曲棍球場與所有其他運動場地。猶太人不准划船，猶太人不准參與公開體育活動，猶太人在晚間八點後不准坐在自己家或朋友家的院子。猶太人不准上基督徒家拜訪，猶太人只能上猶太學校，等等。

從一九四〇年十月起，因為猶太人的身分，奧圖．法蘭克不許經營公司。一九四一年秋天，安妮和瑪歌不許和非猶太人一起上學，必須轉入猶太學校就讀。從一九四二年五月開始，全家都必須在衣服上明顯的位置佩戴猶太星星，在荷蘭的猶太人無人可以例外。

在這段期間，奧圖．法蘭克不停設法安排一家人從荷蘭移民，但非常可惜，他始終申請不到簽證，沒有一個國家的領事館願意接受一個實際是無國籍的家庭。

逃往密室

一九四二年七月初，瑪歌收到前往勞改營工作的徵召令，姊妹兩人第一次知道父母已經忙了一陣子，準備偷偷躲到奧圖．法蘭克位於王子運河的工廠的附屬建築。幾個月來，奧圖．法蘭克一直小心翼翼將衣物、碗盤、藥品之類的東西送過去。在七月五日晚上，安妮和瑪歌也收拾了一些東西到背包，準備第二天早上帶過去。安妮不得不和她心愛的貓咪穆鬚告別。

七月六日，安妮進入密室，除了她的家人，還有另外四人先後躲進去。一九四四年八月被捕之前，安妮不曾離開過密室一步。

日記

一九四二年六月十二日，安妮．法蘭克過十三歲生日，父母送給她一本日記本。從這天起，她開始在日記上寫信給想像中的朋友吉蒂。

早在父母位於梅爾韋德廣場的公寓，她就有寫日記的習慣，躲在密室時，她繼續寫下一篇又一篇的日記。起初，她完全為自己而寫，但在一九四四年春天，她和家人非法收聽倫敦電臺廣播，聽到一位流亡海外的荷蘭部長宣布，他希望戰後出版一本在德國占領期間所寫的日記信札合集。受此啟發，安妮決定以她的日記為基礎，出版一本名為《密室》（*Het Achterhuis*）的小說。之後，安妮開始編輯修訂日記內容，替大多數提到的人創造了假名。

最後一篇日記寫於一九四四年八月一日。三天後，也就是八月四日，她和所有密室成員曝光被捕，最終被遣送出境，沒有生還。密室成員之中，只有奧圖．法蘭克一人從戰爭倖存下來，活著離開集中營。他去世之前始終致力於出版安妮的日記。

密室成員和他們的眞實姓名

安妮．法蘭克（Anne Frank）：本名為安妮莉絲．瑪莉．法蘭克（Annelies Marie Frank），於一九二九年六月十二日出生在美因河畔的法蘭克福，在這裡生活到五歲。一九三四年初，安妮在亞琛的外婆家住了幾週，然後搬去阿姆斯特丹一家團圓。進入猶太學校以前，她讀過蒙特梭利幼稚園和蒙特梭利學校。一九四二年七月六日，安妮和家人一起進入密室躲藏。一九四四年八月四日，她在密室被捕，不久被遣送至韋斯特柏克中繼集中營，接著再移送到卑爾根—伯森集中營，最後因斑疹傷寒病逝。她的死亡日期據信是在一九四五年二月底至三月初。

瑪歌．法蘭克（Margot Frank）：安妮的姊姊，於一九二六年二月十六日出生在美因河畔的法蘭克福，一九三四年隨父母逃往阿姆斯特丹前已經開始上學。一九四二年七月五日，瑪歌收到書面徵召令，要她前往德國的勞改營報到，她的父母立刻下了決定，是時候搬進幾個月前就準備好的藏身處。他們一家在一九四四年八月四日被捕之後，被關在韋斯特柏克，之後瑪歌和安妮一同被遣送到卑爾根—伯森集中營。一九四五年二月或三月，她因斑疹傷寒死於集中營，幾天後，妹妹也病死了。

奧圖．法蘭克（Otto Frank）：安妮的父親（安妮經常暱稱他「皮姆」），於一八八九年出生在美因河畔的法蘭克福。他父親的家族來自法爾茲地區，母親的家族則在法蘭克福已經定居幾百年。取得高中文憑後，奧圖．法蘭克花了一個學期學習藝術史，然後進入銀行工作，接著前往紐約，在梅西百貨（Macy's）替內森．史特勞斯（Nathan Straus）工作了兩年。一九一五年，正值第一次世界大戰，他被徵召到德國軍隊服役，後來被授予鐵十字勳章。一九二五年，他與伊迪絲．法蘭克結婚，這對夫妻有兩個女兒。納粹黨執政後，奧圖．法蘭克第一次獨自前往阿姆斯特丹，為家人尋找公寓，並在荷蘭成立歐佩克塔公司分公司，生產果膠（一種製做果醬和果凍使用的增稠劑）。一九三四年初，家人跟隨他的腳步，搬到了阿姆斯特丹。

被捕後，奧圖．法蘭克先被押送到阿姆斯特丹的維特林鄉斯拘留所，接著和家人又被帶到韋斯特柏克中繼集中營，最後被送到奧斯威辛。一九四五年一月下旬，蘇聯軍隊解放集中營，密室成員中，僅有奧圖・法蘭克一人活著返回阿姆斯特丹。

一九五二年，奧圖・法蘭克與第二任妻子艾爾芙麗德・蓋林格（Elfriede Geiringer）移民瑞士。一九六三年，他在巴賽爾成立安妮・法蘭克基金會。安妮・法蘭克的表哥巴弟・艾利亞斯（Buddy Elias）擔任第一任主席，直到二〇一五年去世為止。一九八〇年八月十九日，奧圖・法蘭克在巴賽爾近郊的比爾斯費爾登去世，葬於該地。

伊迪絲・法蘭克（Edith Frank）：一九〇〇年一月十六日出生於亞琛，是安妮和瑪歌的母親。她出生在一個富裕的企業家家庭，一九一六年完成高中學業。幾年後，她嫁給奧圖・法蘭克，生了孩子，一九三四年逃往荷蘭。伊迪絲・法蘭克與其他密室成員先被關在韋斯特柏克，然後又從那裡被遣送到奧斯威辛。一九四五年一月六日，她因飢餓與過勞死於奧斯威辛—比克瑙女子集中營。

彼得・范・佩爾斯（Peter van Pels，安妮稱他「彼得・范・丹恩」）：一九二六年十一月八日出生於奧斯納布魯克，是奧古斯特和赫曼・范・佩爾斯的獨生子。他上過幾年學，曾是童子軍，一九三七年隨父母逃離納粹，移居阿姆斯特丹。彼得從韋斯特柏克被遣送到奧斯威辛—比克瑙。一九四五年一月，他加入撤退行軍，從奧斯威辛集中營前往茂特豪森（奧地利），一九四五年五月五日去世。

赫曼・范・佩爾斯（Hermann van Pels，即「赫曼・范・丹恩」）：一八九八年三月三十一日出生於奧斯納布魯克，一九三七年為了躲避納粹而移居荷蘭。他在奧斯納布魯克做過香料和香腸調味粉的行銷業務人員，到了阿姆斯特丹後，進入歐佩克塔分公司擔任顧問，該公司也銷售類似的香腸香料。一九四二年七月十三日，范・佩爾斯一家進入密室，和法蘭克一家一塊躲藏。被捕後，赫曼・范・佩爾斯經由韋斯特柏克前往奧斯威辛，一九四四年秋天在集中營去世。

奧古斯特・范・佩爾斯（Auguste van Pels，即「奧古斯特・范・丹恩」，安妮也稱她「夫人」）：一九〇〇年九月二十九日出生於蓋爾森基興—布林，一九二五年與赫曼・范・佩爾斯結婚。一九三七年，全家為了逃離納粹，移居阿姆斯特丹。被捕後，一九四五年四月九日，奧古斯特・范・佩爾斯從奧斯威辛經由卑爾根—伯森和布亨瓦爾德被遣送至泰雷津，之後可能又押送至另一處。她死亡的日期與地點不得而知。

富利茲・菲佛（Fritz Pfeffer，即「亞伯特・杜瑟爾」）：一八八九年十一月三十日生於吉森，曾在柏林開設牙醫診所。一九三八年十一月的大屠殺後，他和非猶太裔伴侶逃到了阿姆斯特丹。他和第一任妻子所生的兒子順利搭上兒童救援列車，逃到了英國。菲佛也在阿姆斯特丹當過牙醫，蜜普・吉斯是他的病人。被捕後，菲佛由韋斯特柏克被遣送到奧斯威辛，一九四四年十二月又從亨瓦耳德或薩克森豪森被移送至諾因加莫集中營，十二月二十日過世。

協助他們的人

蜜普・吉斯（Miep Gies）：一九〇九年出生於維也納，原名赫蜜恩・桑朵西茲（Hermine Santrouschitz），一九二〇年來到荷蘭。從一九三六年起，她在奧圖・法蘭克的歐佩克塔荷蘭分公司擔任秘書，很快與他和他的家人建立了友誼。在歐佩克塔，她認識了同事荷蘭人詹・吉斯（Jan Gies，生於一九〇五年），兩人於一九四一年結婚。在此之前，他們兩人幫助法蘭克一家準備密室，不只提供裡面的人食物和讀物，還給了他們鼓勵和希望。密室成員被捕後，蜜普・吉斯又回到密室，和貝普・佛斯哥耶爾一起救出了安妮的日記，待奧圖・法蘭克返回荷蘭後，便將日記交給他。

詹・吉斯一九九三年去世，蜜普・吉斯二〇一〇年去世。

約翰斯・克萊曼（Johannes Kleiman）：一八九六年出生，從二十世紀二〇年代起，就與奧圖・法蘭克有業務往來，一九三八年開始替歐佩克塔公司工作，起初擔任會計，後來因為奧圖・法蘭克是猶太人，不許繼續經營公司，從一九四一年起，改由他擔任公司經理。他主要的幫助是提供密室成員食物。克萊曼患有胃病，一九四三年九月不得不接受手術。被捕後，他先是關在阿姆斯特丹的兩個拘留所，然後進了阿姆斯特丹郊區的阿默斯福特中繼營。一九四四年九月十八日，在紅十字會以醫療理由的安排下，克萊曼獲釋。返家後和戰後，他都繼續經營歐佩克塔，直到一九五九年去世為止。

維克多・古格勒（Victor Kugler）：一八九〇年出生於弗爾赫拉比（現在是捷克共和國的一部分）的奧匈帝國區。他參加第一次世界大戰負傷後，在德國住了一小段日子，一九二〇年，搬到荷蘭的烏特勒支，替一家總部位於法蘭克福的果膠公司擔任行銷業務人員。透過果膠業務往來，他認識了奧圖・法蘭克，隨後一九三三年加入了歐佩克塔的阿姆斯特丹分公司。密室成員躲起來後，他為他們提供食物、讀物和精神支持。值得一提的是，他和妻子同住在阿姆斯特丹城外約二十五公里的希爾弗瑟姆，妻子卻對於密室成員一無所知。被捕後，他先被關在阿姆斯特丹的兩間拘留所，然後遣送到阿默斯福特中繼營，之後又進了其他幾間監獄集中營，從事強迫勞動，一九四五年三月底，他設法逃脫，躲在希爾弗瑟姆，直到五月五日荷蘭解放。

戰後，維克多・古格勒起初又回到歐佩克塔工作。一九五五年，他移居加拿大，一九八一年去世。

貝普・佛斯哥耶爾（Bep Voskuijl）：一九一九年出生於阿姆斯特丹，從一九三七年開始在歐佩克塔工作。直到一九四二年底，貝普才發現有八個人藏在密室。她的幫助包括從辦公室偷送牛奶到密室。她還以自己的名字，替安妮和瑪歌．法蘭克報名速記和拉丁語函授課程。貝普的父親約翰．佛斯哥耶爾（Johan Voskuijl，一八九二年出生在阿姆斯特丹）從一九四一年開始在歐佩克塔擔任倉庫工人。幾個月後，他才得知密室和密室成員的事，之後他的工作包括小心翼翼處理他們製造的垃圾。他還設計打造通往密室的鉸鏈書架。一九四三年，他被診斷出胃癌，不得不放棄在歐佩克塔的工作。

約翰斯．克萊曼被捕後立即將貝普送走，以確保她的安全。後來，她幫助蜜普．吉斯收拾起安妮的作品，在克萊曼出獄之前繼續經營歐佩克塔。

一九四五年底，約翰．佛斯哥耶爾死於癌症，此時奧圖．法蘭克已經返回阿姆斯特丹，得以參加他的葬禮。佛斯哥耶爾的女兒貝普在一九八三年去世之前，始終與奧圖．法蘭克及幫助過他們的人保持聯繫。

在奧圖．法蘭克的推薦下，以色列猶太大屠殺紀念館（Yad Vashem）授予這幾個幫助密室成員的人「國際義人」（Righteous Among the Nations）榮銜；蜜普和詹．吉斯，一九七七年授予；約翰斯．克萊曼，一九七二年死後追授；維克多．古格勒，一九七三年授予；貝普．佛斯哥耶爾，一九七一年授予。

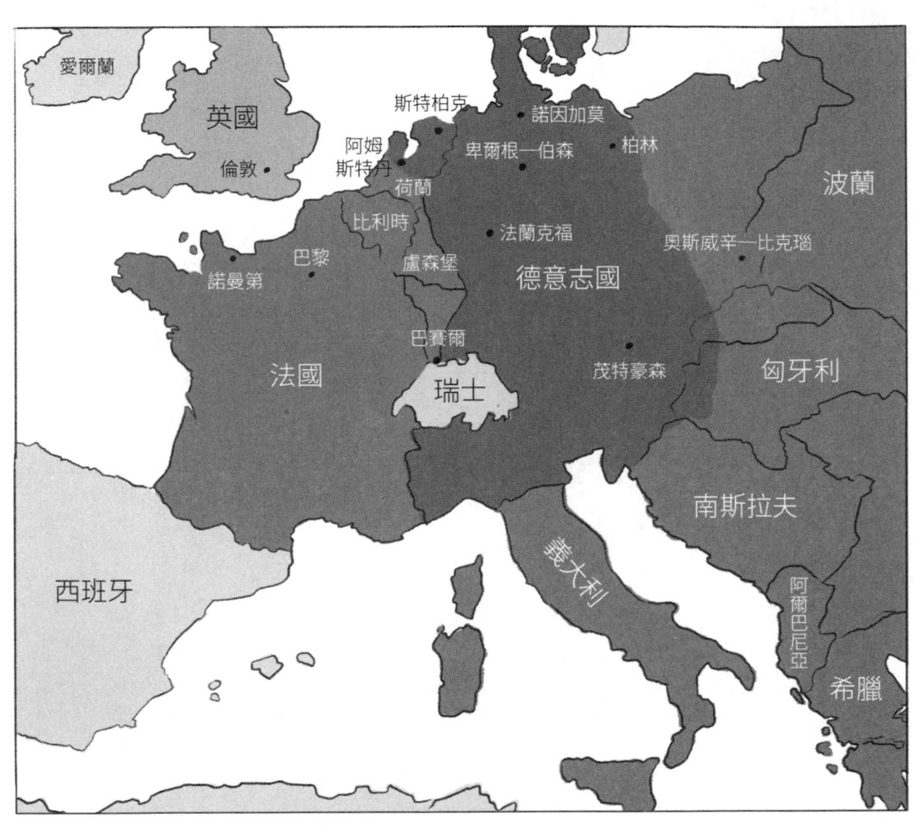

愛爾蘭
英國
倫敦
斯特柏克
阿姆
斯特丹
荷蘭
諾因加莫
卑爾根—伯森
柏林
波蘭
比利時
法蘭克福
奧斯威辛—比克瑙
巴黎
諾曼第
盧森堡
德意志國
巴賽爾
茂特豪森
匈牙利
法國
瑞士
南斯拉夫
西班牙
義大利
阿爾巴尼亞
希臘

希望我能告訴你所有的秘密，因為我從來沒有信任過誰，

希望你能成為給予我慰藉與支持的重要源頭。

一九四二年六月十二日

希望我能告訴你所有的秘密，因為我從來沒有信任過誰，希望你能成為給予我慰藉與支持的重要源頭。

安妮在一九四二年九月二十八日補充：

到目前為止，你的確是給予我慰藉的重要源頭，吉蒂也是，我現在經常寫信給她，日記這樣寫起來好多了，現在我迫不及待能在你這裡寫字的時刻。

哦，好高興把你帶來了！

一九四二年六月十四日星期日

我要從收到你的那一刻開始記起，也就是發現你跟其他生日禮物一起擺在桌上的那一刻。（買你的時候我也在場，但那不算。）

六月十二日星期五那天，我六點就醒了，這不奇怪，因為那天我生日。可是我不許那麼早起床，只好忍著好奇心，忍到六點四十五分，再也忍不住了，就走去餐廳，小貓莫奇跑來磨蹭我的腿歡迎我。

一過七點，我就去找爸爸媽媽，然後到客廳拆禮物，你是我看到的第一樣東西，大概是我收到最棒的禮物吧。接下來，看到一束玫瑰、幾朵芍藥和一盆盆栽。爸爸媽媽送我一件藍色上衣、一套遊戲、一瓶我覺得喝起來有點像酒的葡萄汁（畢竟酒是用葡萄釀的）、一組益智遊戲、一罐冰淇淋、二點五荷蘭盾，還有兩本書的禮券。我還收到一本《暗箱》（不過瑪歌已經有了這本書，所以我拿我這本換了其他東西）、一盤自製餅乾（當然是我自己做的，我已經很會做餅乾了）跟很多的糖果，以及媽媽送我的草莓餡餅。還有奶奶寫的信，信來得真是時候，不過當然只是巧合。

後來漢娜莉來接我，我們就上學去了。下課時我請老師同學吃餅乾，然後又開始上課。我五點才回到家，因為跟其他同學去了體育館。老師不准我做運動，因為我的肩膀和大腿容易脫臼，但由於那天我生日，我可以決定同學做什麼運動，我選了排球。後來大家繞著我圍成一圈跳舞，唱生日快樂歌。回到家時，珊妮・雷德曼已經來了。體育課後，伊爾賽・華格納、漢娜莉・高斯拉和賈桂琳・范馬森跟我回家，因為我們同一班。漢娜莉和珊妮以前是我最好的兩個朋友，別人看見我們在一起就說：「安妮、漢妮和珊妮來了。」我上了猶太中學才認識賈桂琳・范馬森，現在她是我最好的朋友，伊爾賽是漢娜莉最好的朋友，珊妮現在讀另一間學校，在那裡有別的朋友。

她們送我一本很漂亮的書，書名是《荷蘭民間故事與傳說》，可是她們搞錯了，買到第二冊，所以我用另外兩本書換了第一冊。海蓮娜阿姨送我一組益智遊戲，史黛芬妮阿姨送我好漂亮的胸針，蘭妮阿姨送我一本很棒的書：《黛絲上山去》。

今天早上躺在浴缸的時候，我心想要是我能有一隻像狗明星任丁丁那樣的狗，不知該有多好。我也要叫牠任丁丁，帶牠跟我一塊上學，牠可以待在工友室，天氣好的時候，也可以待在自行車車架旁。

一九四二年六月十五日星期一

我的生日慶祝會在星期日下午，同學都好喜歡任丁丁演的電影。我收到兩枚胸針、一張書籤和兩本書。

我會開始聊一聊學校與班上一些事情，先從同學說起吧。

貝蒂．布隆曼達外表有點窮，我想她家大概也是真的窮吧。她住在阿姆斯特丹西區一條偏僻的街道，我們都不知道那條路在哪裡。她成績很好，不是因為她很聰明，而是因為她非常用功。她很文靜。

賈桂琳．范馬森大概是我最好的朋友，不過我從來沒有過真正的朋友，一開始我以為賈姬是真正的朋友，結果大錯特錯。

D．Q[1]非常神經質，老忘東忘西，所以老師常常處罰她，另外出作業要她寫。她對人很好，對G．Z特別好。

E．S話很多，但她說的話不好笑。她問人事情時，總愛摸人家的頭髮，不然就亂弄人家的釦子。有人說她受不了我，我才不在乎，反正我也不怎麼喜歡她。

漢妮．梅茲人很好，個性又開朗，只是嗓門大，在戶外玩的時候好幼稚。可惜，漢妮有個叫蓓琵的朋友，又骯髒又沒氣質，帶壞了漢妮。

1. 原註：希望保持匿名者，編者隨意為他們編了一組姓名縮寫。

J．R──關於她的事，我可以寫滿一本簿子。J是個討厭、卑鄙、傲慢、虛偽又愛說人閒話的傢伙，自以為多麼成熟。她把賈姬迷得團團轉，真討厭。J動不動就生氣，會為芝麻大的事突然哭起來，最討厭的是她愛現得要命。J小姐老自以為是。她非常有錢，有滿滿一櫃子可愛得不得了的衣服，只是穿在她身上太老氣。她以為自己很美，才不呢。我受不了她，她也受不了我。

伊爾賽．華格納人很好，個性又開朗，可是很愛挑剔，一件事可以抱怨老半天。伊爾賽很喜歡我，她很聰明，可是懶惰。

漢娜莉．高斯拉，在學校大家叫她莉絲，她有一點古怪，大部分時間很害羞，在家嘰嘰喳喳，在別人面前卻很少說話。不管跟她說什麼，她都一五一十告訴她媽媽。不過她有話就直說，最近我很欣賞她。

南妮．范．普拉格──西加爾個子小小的，好玩又懂事。我覺得她很好，頗聰明，除此之外，就沒什麼好說的。

艾菲．德．榮格，我認為她很厲害，才十二歲，已經像大人了，對我的態度好像我是小孩子。她很樂於助人，我喜歡她。

G．Z是我們班上最漂亮的女生，臉蛋漂亮，不過腦子有點笨。我想她會留級，當然啦，我才沒這麼跟她說。

安妮後來有一天在這裡補充：

G．Z最後竟然沒有留級。

坐在G·Z隔壁的就是我們班十二個女生中的最後一個：我。

關於男生，可說的就多了。也許其實也沒有那麼多啦。

莫里斯·柯斯特是我眾多仰慕者之一，可是相當討人厭。

沙里·史普林格都想些下流的事，傳說他已經有過那種經驗。不過我還是覺得他很棒，因為他很幽默。

艾米爾·波尼威特喜歡G·Z，但是G·Z不喜歡他。他這人滿無聊的。

羅伯·柯恩以前也愛我，不過我再也受不了他，他是一個討厭、虛偽、愛說謊又愛哭的小笨蛋，還自以為非常了不起。

馬克思·范·德·維爾德是從梅德布雷克來的鄉下小孩，但是——套用瑪歌常說的話，他很正派。

赫曼·庫普曼也總想些下流的事，就跟朱佩·德·貝爾一樣，常挑逗人，是個大色胚。

李奧·布隆姆是朱佩·德·貝爾最要好的朋友，但是被他的齷齪思想毀了。

亞伯特·德·梅斯基塔從蒙特梭利學校轉來，還跳級，他真的很聰明。

李奧·史拉格也是同一個學校來的，可是沒有那麼聰明。

魯·史托佩爾蒙是個矮矮笨笨的男生，從阿爾默洛來，這學期中才轉學過來。

C·N專做不該做的事。

雅克·科瑟諾坐在我們後面，旁邊是C，我們（我跟G）常常笑到肚子痛。

哈利·夏普是我們班最守規矩的男生，人很好。

華納·約瑟夫人也很好，可是最近發生的種種改變讓他變得很安靜，所以人好像有點無聊。

山姆．所羅門是貧民窟來的流氓，整天搗蛋。（他是個愛慕者！）

亞皮．利姆相當遵守猶太教正統規矩，可是也愛搗蛋。

一九四二年六月二十日星期六

寫日記對我這種人是非常奇怪的經驗。我以前沒寫過東西，而且我覺得以後不會有人有興趣讀一個十三歲女生的胡思亂想，不管是我還是別人。哎呀，管他的，我就是想寫，更想說出心裡所有的想法和感受。

「紙比人有耐心。」有天我又有點沮喪，托著下巴呆坐在家裡，覺得無聊又無精打采，不知該留在家裡，或是應該出去走走，最後還是待在原地想東想西。當時我想到這句諺語。沒錯，紙的確更有耐心。我不打算讓別人看這本被尊稱為「日記」的硬皮筆記本，除非我找到一個真正的朋友，否則誰也不會讀到這本日記。

這就回到一開始促使我寫日記的原因：我沒有朋友。

讓我說清楚一點好了，因為沒人會相信一名十三歲少女覺得自己在這個世界上非常孤單。沒錯，我並不孤單，我有疼我的爸爸媽媽，一個十六歲的姊姊，還有大約三十個可以稱作朋友的人。有一大票男生暗戀我，他們愛慕的眼神總是希望再多看我一眼，在教室有時還想辦法用破掉的小鏡子偷瞄我。我有很多親戚，疼我的姑姑阿姨，還有一個溫暖的家。沒錯，從表面上看，我什麼都不缺，只是少了一個真心的朋友。我跟朋友相處時，就只想著要開心，除了日常話題以外，沒有勇氣談論其他事，大家好像無法再親近一些，這就是我的煩惱。我們彼此無法推心置腹，也許問題在於我。不管怎樣，事實就是這樣，而且很遺憾，不太可能會改變。這就是我開始寫日記的原因。為了提升這位期待已久的友人在想像中的形象，我不想和多數人一樣只是隨手寫下一些發生的事，我希望日記本成為我的朋友，我還要叫這個朋友「吉蒂」。

如果我突然就開始寫，沒有人會懂我告訴吉蒂的故事，所以，雖然並不願意，我最好還是簡單說一說我的生活。

我的爸爸是我見過最好的爸爸，他在三十六歲時跟媽媽結婚，媽媽當時二十五歲。姊姊瑪歌一九二六年出生在德國美因河畔的法蘭克福。我一九二九年六月十二日出生，四歲前都住在法蘭克福。因為我們是猶太人，一九三三年爸爸移民到荷蘭，擔任荷蘭歐佩克塔公司的總經理，這間公司生產製作果醬所需的材料。九月時，媽媽伊迪絲．荷蘭德．法蘭克跟爸爸前往荷蘭，我跟瑪歌被送去亞琛外婆家。十二月時，瑪歌去了荷蘭，我到隔年二月才去。到了那裡，他們突然把我抱到桌上，說是給瑪歌的生日禮物。

我立刻進了蒙特梭利幼稚園，讀到六歲，然後上一年級。我的六年級老師是古佩魯斯校長，學年結束時，我們傷心哭著說再見，因為我就要去讀瑪歌讀的那一所猶太學校。

我們的生活並非無憂無慮，因為留在德國的親戚受到希特勒反猶太法的迫害。一九三八年發生幾次大屠殺後，兩個舅舅逃離德國，在北美找到安身的地方，年邁的外婆搬來跟我們一起住，她那時七十三歲。

一九四〇年五月後，快樂的時光久久才出現一次。先是戰爭，接著是投降協定，然後德國人來了，我們猶太人的苦日子開始了。接二連三頒布的反猶太法令嚴格限制我們的自由：猶太人必須在衣服上繡黃星，猶太人必須交出自行車，猶太人禁止搭乘電車，猶太人禁止乘車，自己家的車也不行。猶太人只能在下午三點到五點之間買東西，猶太人只能光顧猶太人開的理髮店與美容院，猶太人在晚間八點到清晨六點之間不能外出上街，猶太人禁止去戲院、電影院與所有其他娛樂場所。猶太人禁止使用游泳池、網球場、曲棍球場與所有其他運動場地。猶太人不准划船，猶太人不准參與公開體育活動，猶太人在晚間八點後不准坐在自己家或朋友家的院子。猶太人不准上基督徒家拜訪，猶太人只能上猶太學校，等等。這個不能做，那個也不能做，日子還是一天天過去。賈姬常對我說：「我什麼都不敢做，因為我怕做到不准做的事。」

一九四一年夏天，外婆生病要動手術，所以我那年的生日沒怎麼慶祝，而前一年一九四〇年夏天，大家也沒好好幫我過生日，因為荷蘭的戰爭才剛結束。外婆在一九四二年一月過世，沒人知道我好想好想她，也沒人知道我仍然深深愛著她。一九四二年這次過生日，算是彌補前幾年的生日，外婆的蠟燭也跟其他人的一起點亮了。

我們一家四口過得還好。日子就這樣來到了這一天，一九四二年六月二十日，我認真開始專心寫日記。

一九四二年六月二十日星期六

親愛的吉蒂！

我就直接開始說吧。現在家裡好安靜，爸爸媽媽不在家，瑪歌跟幾個年輕人到朋友特瑞斯家打乒乓球。我最近也常打乒乓球，打到我們五個女生組成一個社團，叫「小熊星座減二」，很蠢的名字，其實是將錯就錯的結果。我們想給社團取一個特別的名字，因為我們有五個人，所以就想到小熊星座，以為它是五顆星星組成的，結果我們搞錯了，它跟大熊星座一樣都是七顆星星組成，這就是「減二」的由來。伊爾賽．華格納有一套乒乓球具，她家人允許我們隨時在她家寬敞的餐廳打球。我們五位乒乓球球員都喜歡吃冰淇淋，尤其在夏天的時候，打乒乓球身體會很熱，所以打完球後，我們常去附近幾間猶太人可以去的冰淇淋店，不是「綠洲」，就是「德爾菲」。我們很久不用找錢包或零錢了，大多數時候，「綠洲」的生意都好得不得了，我們總是可以在熟人中找到幾個慷慨的年輕男士，或者某個愛慕者，他們請我們吃的冰淇淋，一個星期也吃不完。

聽到我小小的年紀就談論愛慕者，你應該有點驚訝吧。幸或不幸（看情況而定），這種不良行為在我們學校處處可見。只要有男生問我，可不可以跟我一起騎自行車回家，我們開始聊天，我敢肯定，十個有九個男生會當場愛上我，一刻也捨不得讓我離開他的視線。不過，他的熱情早晚會冷卻下來，尤其在我無視他熱烈的眼神，自己愉快地踩著自行車往前騎。如果他們亂來，開始亂說話，說什麼「徵詢父親的同意」，我就來個小小的急轉彎，讓書包掉到地上，這個男生只好跳下車把書包撿起來給我，這時我已經把話題轉到別的事情上了。這種算是最單純的人。當然也有那種朝你飛吻，或者想勾你手臂的，不過他們真是找錯對象了，我會下車，拒絕與他們繼續同行，不然就是裝出受辱的樣子，清清楚楚地告訴他們，你回家去吧，我不跟你走了。就是這樣。我們已經奠定友誼的基礎，明天再聊！

安妮敬上

一九四二年六月二十一日星期日

親愛的吉蒂：

我們全班都提心吊膽，為什麼呢？還用說嘛，就是老師快要開會決定誰升級、誰留級。全班有一半的人在打賭。我和G．Z笑死了，因為我們後面的兩個男生，C．N跟雅克．科瑟諾，他們把整個假期存下的錢都拿出來打賭，從早到晚就聽見「你會及格，我不會。」「你會啦。」「我才不會。」G用眼神求他們安靜，他們不理，我生氣了，他們也不肯住嘴。照我說，全班笨蛋多得是，大約有四分之一的人應該留級，不過老師是世上最難以捉摸的人，也許這一次他們會在對的地方做出我們料想不到的事。

我不怎麼擔心自己跟我的女生朋友，我們一定會順利升級。我只有數學一科沒有把握。反正，我們也只能等待，在結果公布之前，繼續互相加油鼓勵。

我跟每個老師都處得很好。學校有九位老師，七位男老師，兩位女老師。教數學的基辛老師是個老頑固，老是因為我愛說話而對我生氣，警告幾次後，另外出了功課給我，叫我寫一篇作文，題目是〈長舌婦〉。長舌婦！這種題目能寫出什麼？我決定先別煩惱，把題目草草抄在筆記本，塞進書包，上課盡量不說話。

那天晚上做完其他功課後，我看到筆記本上的作文題目，一面咬著鋼筆筆尖，一面想著題目。隨便寫幾句誰不會，再把字與字的間隔留得大大的就好啦，只是要寫得好，就要寫出有力的論點，證明講話是有必要的。我左思右想，突然靈光乍現，洋洋灑灑寫滿基辛老師規定的三張紙，覺得非常滿意。我主張愛說話是女人天性，我願意盡力克制自己，但肯定無法改掉這個習慣，因為我媽跟我一樣愛說話，可能比我還厲害，這是遺傳的個性，你叫我能怎麼辦呢？

基辛老師看了我的作文大笑。下次我整節課又都在講話時，他再次規定我寫一篇作文，這次題目是〈無藥可救的長舌婦〉。我把作文交上去，結果基辛老師整整兩節課沒有抱怨，到了第三堂課時忍無可忍。「安妮．法蘭克上課愛說話，罰妳寫一篇作文，題目是：〈長舌婦呱呱叫〉。」

全班哄堂大笑，我也只好跟著一塊笑了，雖然長舌婦這個題目我已經快想不出東西寫了，該寫點別的，換個有創意的寫法。我的朋友珊妮寫得一手好詩，她答應幫我把整篇作文寫成一首詩，我高興得跳起來。基辛想用這個可笑的題目取笑我，但我相信最後出醜的人會是他。

詩寫好了，好美的一首詩！這首詩描寫鴨媽媽、天鵝爸爸和三隻小寶寶的故事，小寶寶整天呱呱叫，最後被爸爸啄死了。幸好基辛知道我是鬧著玩，沒有生氣，把詩讀給全班聽，還加了自己的評語。後來還念給其他班聽。從此以後，我上課可以說話，也沒被罰寫功課。反而是基辛最近老愛跟學生開玩笑。

安妮敬上

一九四二年六月二十四日星期三

親愛的吉蒂：

熱死了，每個人都熱得一直喘氣。這麼熱的天氣，到哪裡我都得用走的，現在我才了解電車多麼舒服，但是我們猶太人再也不許享受這種奢侈，能用兩條腿走路就夠幸運了。昨天午休時間，我去詹路肯街看牙醫，學校位於城市木匠花園街，走路到診所要走很長一段路，後來下午我差一點趴在課桌上睡著了，幸好有人主動請我喝東西，牙科診所的護士人真好。

我們唯一剩下的交通工具是渡船，約瑟夫以色列碼頭有個船夫，我們如果請他送我們過河，他還是會送我們過去。我們猶太人的苦日子也不能怪在荷蘭人頭上。

真希望可以不用上學。復活節時，我的自行車被偷了，爸爸把媽媽的自行車送到某個基督徒朋友家保管。不過，謝天謝地，快放暑假了，再一個星期我們的痛苦就要結束了。

昨天早上發生一件意想不到的事。我走過自行車車架時，聽見有人喊我的名字，轉身看見前晚在朋友威瑪家碰到的那個親切男孩。他是威瑪的遠房表哥，我以前覺得威瑪人很好，她的確很好，只是說來說去都只講男孩子的事，讓人聽了很討厭。那男孩有一點靦腆地走過來自我介紹，說他叫赫洛・希爾伯貝格。我有一點驚訝，不知他想怎樣，還好一下就搞清楚了。他問我能不能陪我上學，我說：「如果順路的話，那就一起走吧。」所以我們就一起走。赫洛十六歲，會講好多有趣的故事。

今天早上他又來等我，我想他以後都會來。

安妮

一九四二年七月一日星期三

親愛的吉蒂：

老實說，我到今天才有空寫信給你。上星期四我整天跟朋友在一起，星期五家裡有客人，所以就這樣拖到了今天。

在過去這一星期，我和赫洛變得越來越熟，他告訴我很多關於自己的事。他是蓋森基爾亨的人，現在跟爺爺奶奶住在一起，爸爸媽媽在比利時，但他沒辦法過去那裡。赫洛以前有個女朋友叫烏蘇拉，我也認識她，她非常甜美，也非常無趣。赫洛認識我以後，才發現在烏蘇拉的身邊無聊得快睡著了。這麼說來，我也算是一種提神飲料囉，一個人永遠不知道自己有哪些用處！

賈姬上星期六在我家過夜，星期日下午去了漢娜莉家，所以我無聊死了。

本來赫洛那天晚上要過來，結果六點左右打電話來，剛好是我接的電話。他說：「我是赫洛．希爾伯格，請找安妮聽電話。」

「嘿，赫洛，我就是安妮。」

「噢，哈囉，安妮，妳好嗎？」

「我很好，謝謝。」

「我打電話給妳是想告訴妳，對不起，我今晚不能去妳家玩了，但我想跟妳說說話，大約十分鐘後過去接妳，可以嗎？」

「好啊，拜拜！」

「好，我馬上到，拜拜！」

我掛上電話，趕緊換了件衣服，梳了梳頭髮，緊張得不得了，探出窗外看他來了沒。他終於出現了，非常奇怪，我居然沒有飛奔下樓，反而靜靜等他按門鈴，才下樓開門。他開門見山地說：

「安妮，我奶奶覺得妳年紀太小，我不該經常跟妳見面，她說我應該去羅文巴赫家玩，但妳大概知道我已經不再跟烏蘇拉約會了。」

「我不知道，發生了什麼事？你們兩個吵架嗎？」

「沒有吵架，我告訴烏蘇拉我們不適合在一起，所以最好別約會了，但歡迎她來我家玩，希望她也歡迎我去她家。其實是我以為烏蘇拉在跟別的男孩約會，所以才那樣對待她，結果她原來並沒有跟別人出去，所以我叔叔說我應該去向她道歉，我不想去，所以就跟她分手了。不過那只是其中一個原因。

「現在我奶奶希望我跟烏蘇拉交往，不要找妳，我不答應，我不會去找她的。有時候老人家的觀念實在老舊，但也不見得我就得聽他們的。我需要爺爺奶奶，就某種意義來說，他們也需要我。從今天開始，我每個星期三晚上都有空，爺爺奶奶幫我報名木刻班，但是我其實是去參加猶太復國社團的聚會。爺爺奶奶不希望我去，因為他們不贊成猶太復國的主張，我自己也不是非常熱中，只是覺得好玩而已。不管怎樣，那裡最近很亂，我打算退出，所以下星期三是我最後一次參加聚會，這麼一來，我可以在星期三晚上、星期六下午、星期六晚上和星期日下午來找妳，除了這些時段以外，說不定還有其他機會。」

「可是你不該背著爺爺奶奶做他們不希望你做的事。」

「愛情與戰爭都是不擇手段的。」

那時我們正好經過布蘭克佛特書店，彼得・席夫跟兩個男孩在裡面，他跟我打招呼，這是他幾百年來第一次跟我打招呼，我好高興。

星期一晚上，赫洛來家裡見爸爸媽媽，我買了一個蛋糕和一些甜食，我們喝茶吃餅乾，但我和赫洛都不喜歡乖乖地坐在椅子上，所以就出門散步。他送我回家時，已經八點十分，爸爸很生氣，說我沒有準時回家，很不應該。我只好保證以後一定會在七點五十分前回家。赫洛邀我星期六去他家玩。

威瑪告訴我，有一天晚上赫洛去她家，她問赫洛：「你比較喜歡誰？烏蘇拉還是安妮？」

他回答：「不關妳的事。」

就在他要走的時候（後來那晚他們就沒有交談），他說：「唔，我喜歡安妮，別跟別人說，拜！」接著一溜煙走了。

從赫洛的一言一行來看，我敢說他愛上我了，難得這發展感覺還不錯。瑪歌一定會說赫洛很正派，我也這麼認為，但是他不只正派而已，媽媽也對他讚不絕口：「帥小子一個，客氣又有禮貌。」很高興每個人都喜歡他，只有我的女生朋友不喜歡他，赫洛覺得她們非常幼稚，他說對了。賈姬還是拿他的事取笑我，但我又沒愛上他，才沒有呢，跟男孩子交交朋友有什麼關係，沒人會介意的。

媽媽老是問我長大後要嫁給誰，我肯定她猜不到我想嫁給彼得，因為我面不改色講了幾句話，讓她以為我不喜歡他。彼得是我最愛的人，我告訴自己，他跟其他女孩在一起，只是為了掩飾他對我的喜愛。也許他以為我跟赫洛在談戀愛，這不是真的，赫洛只是朋友，像媽媽說的，他只是我的追求者。

安妮敬上

一九四二年七月五日星期日

親愛的吉蒂：

星期五那天，考試成績在猶太劇場揭曉，我的成績不算太差，有一科是D，代數是C^-，兩科B^+，兩科B^-，其他都是B。爸媽很滿意，在分數這件事上，他們跟其他父母不一樣，從不擔心我的成績好壞，只要我健康、快樂、不要太放肆，他們就很滿意了，如果這三點都沒問題，一切順其自然就好。

我的想法剛好相反。我不想做一個功課差的學生，猶太學校收我是有條件的，我本來應該繼續讀蒙特梭利學校，但是猶太學生必須讀猶太學校，好說歹說之後，艾爾特校長終於答應收我和莉絲．高斯拉。莉絲今年也過關了，只是幾何必須補考。

可憐的莉絲，她在家根本沒辦法好好讀書。她兩歲的妹妹被寵壞了，整天在她房裡玩，嘉碧很任性，不能為所欲為的話，就會開始尖叫，如果莉絲不顧好她，換高斯拉太太開始尖叫。所以莉絲很難專心做功課，因為這樣，她補習也沒什麼用。高斯拉家的情形看了真叫人搖頭，高斯拉太太的父母就住在隔壁，跟他們一起吃飯，除此之外家裡還有幫傭跟小娃娃。高斯拉先生呢，永遠心不在焉，老是不見蹤影。高斯拉太太則永遠神經兮兮，又愛發脾氣，而且又懷孕了。莉絲本來就笨手笨腳，在這種亂糟糟的家裡，當然不知道要怎麼辦。

我姊姊瑪歌也收到成績單，她的成績跟以前一樣很優秀，如果學校要選資優生，一定會選中她，她實在太聰明了。

爸爸最近老待在家，因為公司沒什麼事可做，覺得自己是多餘的那種感覺一定很不舒服。克萊曼先生接管了歐佩克塔公司，古格勒先生則接管吉斯公司，這間公司在一九四一年成立，生產香料及香料代用品。

幾天前我們在家附近的廣場散步，爸爸開始提起躲起來的事，他說跟外界隔絕的生活會很辛苦。我問他為什麼現在提起這件事。

他回答：「嗳，安妮，妳知道這一年多來我們一直把衣服、食物和家具送到別人那裡，希望我們的東西不要落入德國人的手中，我們也不希望自己落入他們的魔爪，所以我們要主動離開，不要等到他們強行將我們帶走。」

「爸爸，那什麼時候要躲起來？」他的口氣很嚴肅，我覺得好害怕。

「這一點妳不用擔心，我們會安排好一切，趁還能享受無憂無慮的生活，妳好好享受吧。」

就這樣。唉，但願這一段令人不安的話越晚成真越好。

門鈴響了，赫洛來了，就寫到這裡吧。

安妮敬上

一九四二年七月八日星期三

親愛的吉蒂：

從星期日早上到現在，好像過了好幾年，發生好多事，彷彿突然天翻地覆。不過，吉蒂，喏，你瞧，我還活著，爸爸說這是最要緊的。我活得好好的，但別問我在哪裡、怎麼過活。你今天可能完全聽不懂我在說什麼吧，所以我從星期日下午發生的事開始告訴你吧。

三點時（赫洛走了，打算過一會兒再來），門鈴響起，我沒聽見，因為我在陽臺懶洋洋地曬太陽看書。過了一會兒，瑪歌出現在廚房門口，看起來很激動。她小聲說：「爸爸收到黨衛軍的徵召令，媽媽去找范．丹恩先生了。」（范．丹恩先生是爸爸的生意夥伴，也是好朋友。）

我大吃一驚。徵召令，大家都知道那代表了什麼，集中營與孤零零的監獄景象立刻浮現我的腦海，我們怎麼能讓爸爸落入那種命運？我們在客廳等媽媽，瑪歌強調：「他一定不會去。媽媽去找范・丹恩先生，問他我們能不能明天就躲到我們的藏身處，范・丹恩一家跟我們一起走，我們一共是七個人。」我們沉默無言，想到爸爸去猶太醫院探病，還不知道發生的事情，媽媽又遲遲不回來，加上天氣這麼熱，一顆心懸在那裡——這一切讓我們陷入沉默。

門鈴突然又響起，我說：「是赫洛。」

「別開門！」瑪歌驚呼一聲想阻止我，但不用了，因為我們已經聽見媽媽與范・丹恩先生在樓下跟赫洛說話，接著兩人進屋把門關上。每次門鈴響，我或瑪歌就得躡手躡腳下樓，看看是不是爸爸回來了，不讓其他人進來。後來范・丹恩先生想跟媽媽單獨談話，他們把我跟瑪歌支開。

我跟瑪歌坐在我們的房間，瑪歌告訴我，徵召令傳喚的不是爸爸，而是她。二度受到驚嚇，我哭了起來。瑪歌十六歲，他們很明顯想把她這個年紀的女孩單獨送走。不過，謝天謝地，她不會去，媽媽親口這麼說過，爸爸說我們要躲起來，一定就是這個意思吧。躲起來……躲到哪裡去呢？城裡？鄉下？一間屋子裡？一棟破舊的小屋裡？什麼時候去？去哪裡？怎麼去……？我不許提出這些問題，但依然不停想著它們。

我跟瑪歌開始把最重要的東西收進小背包。我第一個塞進去的就是這本日記，接著是捲髮夾、手帕、課本、梳子和幾封舊信。我滿腦子都是要躲起來的事，塞了奇奇怪怪的東西到背包，但是我不後悔，回憶對我來說比衣服重要。

五點左右，爸爸終於回來了。我們打電話給克萊曼先生，問他晚上能不能來一趟。范・丹恩先生去接蜜普，蜜普來了，帶走一整袋的鞋子、衣服、外套、內衣與襪子，答應當天晚上會再來一趟。之後我們的公寓靜悄悄的，沒有人想吃東西。天氣還是好熱，一切顯得非常奇怪。

我們樓上的大房間租給一位戈德施密特先生，三十幾歲，離了婚，他那晚顯然很閒，我們一再禮貌地暗示他，他卻待到十點左右才回房間。

蜜普和詹·吉斯十一點時來了。蜜普從一九三三年就在爸爸的公司工作，跟先生詹都成了我們家的好朋友。鞋子、書籍和內衣再度消失在蜜普的袋子與詹的大口袋裡。到了十一點半，他們也消失了。

我好累好累，雖然知道這會是睡在自己床上的最後一晚，還是倒頭就睡著了，一直睡到第二天早上五點半媽媽來叫我。幸好，那天不像星期日那樣熱，下了一整天暖暖的雨，我們四個人套上一層又一層的衣服，看樣子像要去冰庫過夜，我們這樣做是為了多帶一些衣服走。在我們這種處境的猶太人，沒有人敢帶著一整箱衣服出門。我穿了兩件背心、三條褲子、一件連身裙，外面又套一條裙子。另外還有一件外套、一件雨衣、兩雙長襪、厚重的鞋子、帽子、圍巾與其他衣服。還沒走出屋子，我就已經快窒息了，但沒人費心詢問我的感受。

瑪歌把課本塞進背包，去牽她的自行車，跟在蜜普的後頭，騎往浩瀚的未知。總之，我當時是這樣想的，因為我還不知道我們的藏身處在哪裡。

七點半，我們也關門離開家，我的貓咪莫奇是我唯一說再見的生物。按照我們留給戈德施密特先生的字條，牠會被送去鄰居家，他們會給牠一個舒適的家。

被單統統掀開，桌上的早餐沒收，廚房有一磅給貓吃的肉——這一切會給人一種我們倉卒離開的印象。但我們不在乎別人怎麼想，我們只想離開這裡，只想趕緊安全抵達目的地，其餘的都不重要。

明天繼續。

安妮敬上

一九四二年七月九日星期四

親愛的吉蒂：

於是爸爸媽媽跟我就這樣走在傾盆大雨中，每個人帶著一個背包，一個塞滿各種不同東西的購物袋。一大早要去上班的人對我們投以同情的目光，從他們的表情看得出來，他們很抱歉無法提供我們任何交通工具，顯眼的黃星說明了一切。

走在路上，爸爸媽媽才一點一點透露計畫。這幾個月來，我們已經盡量把家具與衣服送走，本來約定在七月十六日躲起來，因為瑪歌的徵召令，只好將計畫提前十天，所以我們必須將就住在還沒完全整理好的房間。

藏身處就在爸爸公司的那棟樓。外人可能很難明白，所以我解釋一下。爸爸公司的員工不多，只有古格勒先生、克萊曼先生、蜜普與一位二十三歲的打字員，她叫貝普·佛斯哥耶爾，他們都知道我們要來。貝普的爸爸佛斯哥耶爾先生在倉庫工作，底下還有兩名助手，他們則毫不知情。

我描述一下這棟建築。一樓的大倉庫當作工廠和儲藏間使用，分成好幾區，像是倉儲區，還有把肉桂、丁香和胡椒替代品磨粉的研磨室。

倉庫大門旁還有一道面臨大街的門，那是辦公室的獨立入口，進了辦公室門後，還有第二道門，門後是樓梯。樓梯頂還有一扇門，窗戶的毛玻璃用黑體字寫著「辦公室」。這就是面街的大辦公室，非常寬敞，非常明亮，裡面都是東西。貝普、蜜普和克萊曼先生白天在那裡辦公。穿過一個擺了保險櫃、衣櫃與大型文件櫃的凹室，來到後面陰暗又不通風的小辦公室。這間以前是古格勒先生與范·丹恩先生一起用的，現在只有古格勒先生在這裡辦公。古格勒先生的辦公室也可以從走廊進入，但是必須通過一道玻璃門，那道門可以從裡面打開，從外面就不那麼容易了。離開古格勒先生的辦公室，沿著狹窄長廊一直走，會經過煤炭儲藏間，往上走四級臺階，就到了私人辦公室，也就是整棟樓最漂亮的房間。精美的紅木家具，油布地板鋪著地毯，收音機，別致的檯燈，全都是最高級的。隔壁有一間寬敞的廚房，裡頭有熱水器和兩口瓦斯爐，旁邊是廁所。二樓就是這樣。

從樓下的走廊爬上木梯，可以上到三樓。樓梯頂是一塊平臺，兩側都有門。左邊的門通往屋子前側的香料儲藏室、閣樓與頂樓。另外還有一排荷蘭常見的那種陡到會扭到腳踝的樓梯，從屋子前面通往另一道通往大馬路的門。

平臺右邊的門通往屋子後側的「密室」。沒有人猜得到，那面普通的灰門後面有那麼多的房間。跨過門前的小臺階進到裡面，你會正對著一排很陡的樓梯，左邊狹窄的走廊通往一間房間，那裡以後會是法蘭克家的起居室兼臥室。隔壁門還有一個更小的房間，那是我們家兩位小姐的臥室兼書房。樓梯右邊是「浴室」，裡面沒有窗戶，只有一個洗手臺。角落的門通往廁所，另一個門通往我和瑪歌的臥室。上樓打開樓梯頂的門，你會驚訝發現，這種運河邊的舊屋居然有這麼明亮寬敞的大房間，裡面有瓦斯爐（因為這裡原本是古格勒先生的實驗室），還有水槽。這將是范．丹恩夫婦的廚房兼臥室，也是我們所有人共用的起居間、餐廳與書房。旁邊的小房間將成為彼得．范．丹恩的臥室。跟整棟樓的前側一樣，這層樓也有閣樓與頂樓。好啦，我已經把我們整間可愛的密室向你介紹了！

安妮敬上

一九四二年七月十日星期五

親愛的吉蒂：

我囉哩囉嗦描述我們的房子，你大概聽膩了吧，但我還是認為你應該知道我最後到了什麼樣的地方，在接下來的信，你會了解我是怎麼來的。

不過，首先還是繼續我的故事，因為我還沒說完呢。我們走到王子運河二六三號後，蜜普立刻帶我們穿過長廊，走上木梯，上樓進入密室。我們進來後，她關了門就走了，剩下我們。瑪歌早騎自行車抵達，正在等待我們。

我們的起居間和其他房間都塞滿東西，亂到難以形容的地步，過去幾個月送到公司的紙箱都堆在地板與床鋪上，小房間的寢具從地板疊到天花板。當晚如果想在鋪好的床上睡個覺，那得立刻動手整理這些亂七八糟的東西。媽媽和瑪歌使不出力氣，躺在還沒鋪床單的床墊上，又累又可憐，也許還懷有我不懂的心情。可我跟爸爸——家裡的兩個清潔工——立刻開始動手。

我們一整天都在拆開箱子，把東西放到櫃子，敲敲打打，把屋子收拾乾淨，最後晚上累得倒在乾淨的床鋪上。一天下來，我們都沒吃到熱的東西，但我們不在意。媽媽和瑪歌太累，又緊張，所以沒有胃口，我和爸爸則是太忙了沒空吃。

星期二早上，我們繼續前一晚還沒忙完的事。貝普和蜜普拿我們的配給券去買東西，爸爸忙著裝遮光窗簾，我們刷廚房地板，又從早忙到晚。直到星期三，我才有機會思考這個生活鉅變，接著，在抵達密室後，第一次有空告訴你這一切，明白自己的遭遇以及接下來會發生的事。

安妮敬上

一九四二年七月十一日星期六

親愛的吉蒂：

西教堂鐘樓每十五分鐘就報時一次，爸爸媽媽和瑪歌還無法習慣鐘聲，但我已經聽習慣了。我從一開始就喜歡它，鐘聲能夠安撫人心，尤其在夜裡。你一定想聽聽我對躲起來的看法吧。唉，我只能說我也還不是很清楚。我想這棟屋子永遠不會給我家的感覺，倒也不是討厭這裡，住在這裡更像在某間奇怪的小旅店度假，這樣想有點怪，但藏匿的生活就是這麼一回事。密室很適合躲藏，雖然潮濕，地板傾斜，但在全阿姆斯特丹恐怕找不到更舒適的藏身處。不，在全荷蘭都找不到。

到目前為止，我們的臥房還是空空蕩蕩，牆壁一片空白。幸好爸爸事先把我收集的所有明信片與明星照片都帶來了，靠著一把刷子和一罐膠水，我把牆壁貼滿照片，看起來讓人心情愉快多了。等范．丹恩一家來了，我們就能用堆在閣樓的木頭製造櫃子等等家具。

瑪歌和媽媽稍微恢復了，昨天媽媽精神不錯，頭一次煮了豆泥湯，可是下樓聊天，忘了正在煮湯，所以豆子燒焦了，黏在鍋底，怎樣也刷不掉。

昨天晚上，我們四個人下樓到私人辦公室收聽英國廣播，我提心吊膽，怕有人聽到我們的聲音，一直求爸爸帶我回樓上。媽媽了解我的焦慮，陪我一起上樓。我們不管做什麼，都很害怕鄰居聽見或看到。我們第一天就立刻動手縫窗簾，其實那哪叫窗簾，只是碎布，什麼形狀、布料和花色都有，我和爸爸笨手笨腳，縫得歪七扭八，然後把這些藝術品用圖釘釘在窗戶上，等到不再躲藏才能拆下來。

我們右邊的房子是凱格公司分公司，它的總部位於桑丹。左邊是一家家具廠。下班後，員工都走了，但是我們發出的任何聲響還是會穿過牆壁。瑪歌得了重感冒，但我們不准她在夜晚咳嗽，讓她服用大量的可待因。

范．丹恩一家決定在星期二搬來，我很期待他們的到來，那一定會帶來很多樂趣，這裡也就不會這麼安靜了。你知道的，傍晚和深夜時，寂靜會讓我很緊張，我願意做任何事，只求某個幫忙我們的人睡在這裡。

這裡其實也沒那麼糟糕，因為我們可以自己做菜，在爸爸的辦公室聽收音機。克萊曼先生和蜜普幫了我們許多忙，貝普．佛斯哥耶爾也一樣。我們已經醃漬了好多大黃、草莓和櫻桃，所以我想暫時我們應該不會無聊。我們也有很多可以閱讀的東西，還準備買一大堆遊戲。當然，我們絕不能探頭看窗戶外面，也不能出門。我們必須安靜，以免樓下的人聽見我們的聲音。

昨天我們忙死了，必須把兩大箱的櫻桃去核，讓古格勒先生醃漬。我們準備用空的條板箱做書架。

有人在叫我。

安妮敬上

安妮在一九四二年九月二十八日補充：

我無法形容不能出門讓我多麼煩，我擔心我們的藏身處會被發現，大家會被槍斃。不用說，那會是非常可怕的命運。

一九四二年七月十二日星期日

一個月前，因為我生日，大家都對我好好，但是我每天都覺得與媽媽、瑪歌的距離越來越遠。我今天很勤快，她們誇獎我，五分鐘後又開始挑剔我。

一看就知道，他們對瑪歌的態度與對我的態度不一樣。比方說，瑪歌弄壞吸塵器，所以我們接下來一整天都不能開燈，媽媽說：「哎呀，瑪歌，看來妳不習慣做家事，否則就會知道不能用力拉電線。」瑪歌回了幾句話，這件事就這樣過去了。

但是今天下午，我想重寫媽媽購物清單上的一個字，因為她的字很難辨識，結果她不讓我寫，還罵了我一頓，把全家都扯進來。

我和他們合不來，最近幾星期我明顯感覺到這一點。他們在一起感情很好，我寧可跟自己好。他們老說我們一家四口多好又多好，其樂融融，一刻也沒想過，我的感受根本不是這樣。

爸爸通常站在媽媽跟瑪歌那一邊，不過有時只有他了解我。另一件我不能容忍的事，是他們當著外人的面談論我，說我多愛哭或我表現多麼聰明。可惡。有時他們談起莫奇，我會聽不下去，莫奇是我的弱點，我時時刻刻都想念牠，沒有人知道我多麼想牠，只要一想起牠，我的眼睛就濕了。莫奇好可愛，我好愛牠，經常夢見牠回到我們的身邊。

我有很多夢想，但現實是我們必須在這裡待到戰爭結束。我們絕對不能外出，我們的客人只有蜜普、她的丈夫詹、貝普．佛斯哥耶爾、她的父親佛斯哥耶爾先生、古格勒先生、克萊曼先生和克萊曼太太，不過克萊曼太太因為覺得太危險而還沒來過。

安妮在一九四二年九月補充：

爸爸一向都好慈祥，他非常了解我，我們哪一天能夠談心時，希望我不會突然哭了起來。不過，看來這跟我的年紀有關。我希望把所有的時間用在寫作上，但那樣做的話大概又會覺得無聊。

到目前為止，我只把心裡的話寫成日記，還沒抽空寫一寫以後可以朗讀的趣味小品文。以後我要少多愁善感，多面對現實。

一九四二年八月十四日星期五

親愛的吉蒂：

我拋下你整整一個月，不過沒什麼事發生，我也不是每天都能夠想出有趣的事來說。范・丹恩一家在七月十三日來了，我們以為他們十四日才要來，但從十三日到十六日，德國人到處發徵召令，搞得人心惶惶，所以他們決定早一天來總比晚一天到安全。

彼得・范・丹恩在早上九點半時抵達（當時我們還在吃早餐），彼得還不滿十六歲，害羞，笨拙，不指望跟他在一起會有什麼好玩的。范・丹恩夫婦半個小時後到。很有趣的是，范・丹恩太太用帽盒裝了一只大尿壺來，她說：「沒有尿壺，我就沒有家的感覺。」於是尿壺成了第一個在長沙發底下找到永久住所的東西。范・丹恩先生沒帶尿壺，而是手臂底下夾了一張摺疊茶几。

我們從第一天開始就一塊用餐，三天後，我們七個人好像已經成了一個大家庭。我們與世隔絕一星期了，范・丹恩一家自然有很多這段期間所發生的事可以說，我們特別想知道我們的公寓與戈德施密特先生的情況。

范．丹恩先生告訴我們：「星期日早上九點，戈德施密特先生打電話問我能不能過去一趟，我馬上過去，發現戈德施密特先生急得快要發狂。他給我看法蘭克一家留下的字條，打算按照上頭的指示，把貓送去鄰居那裡，我贊成這是一個好主意。他擔心有人來搜查屋子，所以我們查看所有房間，到處整理整理，把桌上吃早餐的東西收拾乾淨。我突然在法蘭克太太的桌上發現一本便條簿，上頭寫著一個馬斯垂克的地址，我知道這是法蘭克太太故意留下的，卻還假裝很驚恐，求戈德施密特先生趕快把這張證明他們逃走的紙燒了。我信誓旦旦對你們失蹤的事一無所知，但那張字條讓我心生一計。我說：『戈德施密特先生，我相信我知道這個地址是怎麼回事，大約六個月前，有個高階軍官到公司來，他跟法蘭克先生好像是一塊長大的，答應必要時會幫忙法蘭克先生。我記得他就駐守在馬斯垂克，我想這位軍官說到做到，以什麼管道協助他們穿過邊境到比利時，然後再前往瑞士。法蘭克一家的朋友要是問起他們，把這件事告訴他們也沒關係，當然，沒必要提起馬斯垂克這部分。』說完我就走了，你們大部分的朋友都聽說了這個故事，因為我後來從好幾個人那裡又聽到。」

我們覺得好好笑。范．丹恩先生後來告訴我們，有些人想像出跟真的一樣的故事，那才更是好笑。比方說，有一戶住在我們那條街的人家，聲稱目睹我們四個人一大清早騎自行車經過，還有一個太太一口咬定我們三更半夜被送上像是軍用的車輛。

安妮敬上

一九四二年八月二十一日星期五

親愛的吉蒂：

現在我們的密室成了名副其實的機密。由於現在許多屋子都被搜查是否藏著自行車，古格勒先生認為最好在我們藏身處入口做一個書架，書架裝上鉸鏈，可以像門一樣旋轉開來。負責做木工的是佛斯哥耶爾先生。（佛斯哥耶爾先生已經得知我們七個人躲起來的事，非常願意幫忙。）

現在我們要想下樓，就得彎身往下跳，頭三天我們的額頭都頂著大包，因為頭撞到了矮門框。後來彼得拿條毛巾塞了木屑，釘在門框上當軟墊，再看看是否管用！

我現在不怎麼做功課，我給自己放假到九月。爸爸想開始幫我上課，但我們必須先買齊所有課本。

這裡的生活沒什麼變化，彼得今天洗了頭髮，但那也沒什麼特別。我和范．丹恩先生三天兩頭起爭執，媽媽老把我當成小孩子對待，受不了。其他的事則漸入佳境。我覺得彼得不會變好，他很討人厭，整天躺在床上，做幾下木工，就又回去打瞌睡，真是一個大笨蛋！

媽媽今天早上又狠狠訓了我一頓，我們對每件事的看法總是相反，爸爸人最好了，有時也會生我的氣，但絕對不會超過五分鐘。

外頭天氣很好，晴朗而暖和，雖然煩惱很多，我們仍然躺在閣樓的摺疊床，盡量享受美好的天氣。

安妮敬上

安妮在一九四二年九月二十一日補充：

范・丹恩先生最近對我非常好，我沒說什麼，趁著他還對我好的時候，好好享受。

一九四二年九月二日星期三

親愛的吉蒂：

范・丹恩先生和他太太大吵一架，我從沒見過這種場面，因為媽媽爸爸不會那樣彼此大吼大叫。雞毛蒜皮的小事有什麼好吵的，管他的，人各有所好。

彼得夾在中間當然很痛苦，但沒人在意他，因為他特別敏感，人又懶惰。昨天他擔心得要命，因為他的舌頭發青，不是粉紅色的。這種罕見的現象來得快，去得也快，今天他圍著厚圍巾走來走去，因為脖子落枕。這位殿下還一直抱怨腰痛呢。老是喊心痛啦，心疼啦，還是腎臟肺部有什麼問題，根本是個疑病症患者！（是這麼說的，沒錯吧？）

媽媽和范・丹恩太太處得不太好，很多小事都能引起摩擦。舉個小例子好了，范・丹恩太太從公家寢具櫃把她的三條床單拿走，認為媽媽的床單可以供兩家人使用，等她發現媽媽也如法炮製，可就要大吃一驚囉。

另外，因為我們沒用自己的瓷器，而是用了范・丹恩太太的，結果范・丹恩太太大發脾氣。她還在想辦法搞清楚我們把我們自己的盤子藏到哪裡去了，她以為我們藏得很隱密，其實就在閣樓一大堆歐佩克塔廣告後面的紙箱裡啊。只要我們躲在這裡，保證她都找不到那些盤子，這樣也好！因為我常闖禍，昨天才打破范・丹恩太太的湯碗。

她生氣地大叫：「哎呀！妳就不能小心一點嗎？我就剩這一只了。」

請注意，吉蒂，這兩位女士的荷蘭語非常爛（我不敢評論男士，他們會覺得受到莫大的羞辱）。如果你聽到她們彆彆扭扭講荷蘭語，會笑掉大牙。我們已經不再指出錯誤，因為糾正她們也沒用。我只要寫到媽媽或范·丹恩太太所說的話，一定會改成正確的荷蘭語，不會原原本本寫下她們所說的話。

上星期我們單調的生活出現一段小插曲，起因是彼得——以及一本關於女人的書。這裡我要先解釋一下，瑪歌和彼得已經可以閱讀絕大部分克萊曼先生借給我們的書了，但大人覺得應該扣下這本特殊的書。這個舉動立刻引起彼得的好奇，書中有什麼禁忌內容呢？他趁他媽媽下樓聊天的時候，把書偷到了手，帶著贓物上頂樓。兩天平安無事過去了。後來范·丹恩太太發現了他在搞什麼鬼，但沒說話，等到范·丹恩先生發現後，他大發雷霆，把書沒收，以為事情就這樣結束了。其實，他忘記考慮到他兒子的好奇心。彼得並沒有因為他爸爸迅速把書收走而害怕，反而開始設法把這本非常非常有趣的書讀完。

在另一方面，范·丹恩太太詢問媽媽的看法，媽媽覺得瑪歌不宜看這本書，但認為讓她看其他大部分的書沒關係。

媽媽說：「是這樣的，范·丹恩太太，瑪歌和彼得很不一樣，首先，瑪歌是女孩子，女孩永遠比男孩成熟。第二，她已經讀過很多嚴肅的書，不會想找那些解禁的書籍來看，第三，瑪歌聰明多了，知道更多事，因為她在一間優良的學校讀了四年的書。」

范·丹恩太太同意她的看法，但認為原則上不該讓小孩讀寫給大人看的書。

在這段期間，彼得想到一個沒有人會注意到他或那本書的時機。在晚間七點半，所有人都在私人辦公室聽廣播時，他帶著他的寶貝，又偷偷摸摸去了頂樓。他應該八點半就要回來，可是看書看得太入迷，忘了時間，下樓時正巧碰到他爸爸走進房間。結果如何可想而知：一個耳光，一記拳頭，拉拉扯扯之後，書留在桌上，彼得去了頂樓。

就這樣，一直到我們準備用餐，彼得還在樓上，沒人理他，他只好沒吃晚餐就睡覺了。我們繼續吃，快樂地聊天，結果突然聽到一聲刺耳的哨音，我們放下叉子，你看我，我看你，嚇得臉色發白。

接著我們聽見彼得的聲音從煙囪傳來：「我不會下去的！」范．丹恩先生跳起來，餐巾掉到地上，他面紅耳赤地大聲說：「我受夠了！」爸爸擔心會發生什麼事，抓住他的手臂，兩人一塊上了閣樓。經過一番抵抗踢打，彼得最後回房間把門關上，我們則繼續吃東西。

范．丹恩太太想留一塊麵包給寶貝兒子，范．丹恩先生堅持不准：「他不馬上道歉，就只能睡在頂樓。」

我們抗議，說罰他沒吃晚餐已經夠了，要是彼得著涼了怎麼辦呢？我們不能打電話請醫生。

彼得沒有道歉，又返回頂樓。范．丹恩先生決定就這樣不管了，但是第二天早上還是注意到有人睡過彼得的床。彼得七點又去了閣樓，爸爸好言相勸了幾句，他才肯下樓來。他擺著臭臉，故意不說話，三天後，一切恢復正常。

安妮敬上

一九四二年九月二十一日星期一

親愛的吉蒂：

今天我要告訴你密室的日常新聞。我的沙發床上方裝了一盞燈，這樣聽到槍聲，就能拉繩子開燈。我現在還不能開燈，因為我們的窗戶早晚都開著一條縫。

范・丹恩代表團的男性成員做了一個非常好用的染木食物櫃，裝上貨真價實的紗門。本來這個非常棒的櫃子擺在彼得的房間，但為了保持房間的空氣清新，現在搬去了閣樓，原本的位置現在放了一個架子。我建議彼得把書桌放到架子底下，加上一塊漂亮的小地毯，把他自己的櫃子掛在現在書桌位置的上面，這樣他的小窩會更舒服，雖然我是絕對不想睡在那裡。

范・丹恩太太真叫人受不了，我在樓上時，因為不停說話，老是被她罵。她罵歸罵，我右耳進，左耳出！這位夫人現在背地裡耍一個新詭計：想辦法賴掉洗鍋碗瓢盆的工作。如果鍋底剩下一點食物，她寧可讓食物餿掉，也不把它盛到玻璃盤裡，等到下午瑪歌忙著洗大大小小的鍋子時，這位夫人才說：「喲，可憐的瑪歌，妳要做的事真多呢！」

每兩個星期，克萊曼先生會帶幾本我這個年紀的女孩看的書給我，我非常喜歡《朱普・塔・扈爾》系列，西斯・范・馬克思菲爾特的書我都非常愛看，《荒唐的夏天》我讀了四遍，讀到爆笑的場面還是會哈哈大笑。

我和爸爸最近忙著整理家譜，整理的時候，他告訴我每個人的小故事。

我開始做功課了。我很努力學法語，每天硬背五個不規則動詞，但在學校學的東西已經忘得差不多了。

彼得心不甘情不願開始學英語，幾本課本剛送來，我從家裡帶了很多作業簿、鉛筆、橡皮擦和標籤紙，皮姆（我們對爸爸的暱稱）希望我幫他學荷蘭語，我十分樂意教他，以報答他幫我學法語及其他科目。但是他犯的錯誤實在太誇張了！

我有時收聽從倫敦播送的荷蘭語廣播，伯恩哈德親王剛宣布朱利安娜公主將在一月生小寶寶，我覺得好棒哦，旁邊的人都不懂我為什麼對王室這麼有興趣。

前幾天的晚上，我成了眾人的討論話題，大家認為我很無知，所以第二天我發狠用功，因為我一點也不希望十四或十五歲時還讀一年級。其實他們還討論我幾乎什麼書都不可以讀這件事。媽媽現在正在讀《塔佛林克之家》，我自然是不准看（瑪歌卻可以！）。首先，我必須變得更聰明，像我的天才姊姊那樣。接著，他們又討論到我對哲學、心理學與生理學也一無所知（我馬上翻字典查這幾個難字！）。沒錯，這些主題我是一竅不通，但說不定明年我就會學到多一點東西啊！

我發現冬天我只有一件長袖連身裙與三件開襟羊毛衣可以穿，討厭。爸爸准許我織一件白色套頭毛衣，毛線不是很漂亮，但很保暖，那才是重點。我們有些衣服放到朋友家裡，可惜戰爭結束後才能拿回來。當然，要是到時東西還在的話。

我剛才寫完范．丹恩太太的事時，她走進房間，我啪一聲把日記本闔上。

「嘿，安妮，我看一眼也不行嗎？」

「不行，范．丹恩太太。」

「看最後一頁就好？」

「看最後一頁也不行，范．丹恩太太。」

我當然快嚇死了，因為那一頁正好在描述她的真面目。

每天都有事發生，但我又累又懶，沒有把它們記下來。

安妮敬上

一九四二年九月二十五日星期五

親愛的吉蒂：

爸爸有個朋友，七十五、六歲，叫德烈赫先生，生了病，人又窮，耳朵都快聾了。他身邊有個累贅，就是他太太，比他小二十五歲，一樣也很窮，但手腳掛滿了真真假假的手鐲戒指，都是以前有錢時留下來的。這位德烈赫先生已經給爸爸添了不少麻煩，我一直很佩服爸爸跟這位可憐老先生講電話那種聖人般的耐心。我們住在家時，媽媽曾經建議爸爸在話筒前面擺一臺留聲機，讓它每三分鐘就重複一次：「是啊，德烈赫先生」與「不，德烈赫先生」，反正這位老人家對爸爸囉嗦的回答一個字也聽不懂。

今天德烈赫先生打電話到公司，請古格勒先生去看他。古格勒沒心情去，就說會叫蜜普去，蜜普卻取消了約定。德烈赫太太打電話到公司三次，由於蜜普謊稱整個下午都外出，只好假裝貝普的聲音接電話。樓下辦公室，還有樓上密室，每個人都笑死了。現在只要電話一響起，貝普就說：「德烈赫太太打來了！」蜜普便會忍不住噗哧笑了起來，電話另一頭的人於是聽到不禮貌的咯咯笑聲。你能想像嗎？這一定是全世界最棒的辦公室，老闆和女職員在一起這麼開心！

晚上有時我會去范．丹恩家聊天，我們吃「樟腦丸餅乾」（收在放了樟腦丸的衣櫃的餅乾），聊得很開心。最近我們常聊彼得。我說，彼得經常摸我的臉頰，我不喜歡，他們問我，能不能像喜歡哥哥一樣喜歡彼得，因為彼得把我當妹妹看待，大人老是愛這樣問。我說：「咦，不會吧。」但心裡想的是：「呃，噁心！」他們怎麼會這麼想！我還說，彼得有一點彆扭，可能是害羞吧，不習慣跟女孩相處的男生就是那樣。

我不得不說，密室委員會（男士組）非常有創意，他們想傳個訊息給布洛克斯先生，聽聽看他們想出什麼妙招！布洛克斯先生是歐佩克塔公司的業務代表，也是我們的朋友，偷偷替我們藏了些東西！他們準備用打字機打一封信給吉蘭南部一家店的老闆，這位老闆輾轉購買了歐佩克塔的產品，他們要請老闆填寫一張表格，並附上一只寫好地址的信封，請他把表格寄回來。爸爸將親自寫信封上的地址。等到信從吉蘭寄回，把表格拿出來，再將證實爸爸還活著的手寫字條塞進去，這麼一來，布洛克斯先生讀這封信時就不會懷疑裡面有什麼鬼。他們選擇吉蘭，因為那裡靠近比利時（信件可以輕易偷送過邊境），而且沒有特別通行證的人不能去那裡，像布洛克斯先生這樣的普通業務員，絕對拿不到通行證。

昨天爸爸又在那邊裝模作樣。是這樣的，他昏昏欲睡，跌跌撞撞爬上了床，由於腳很冰，所以借了我的睡襪。五分鐘後，他把襪子丟到地上，拉起毯子蓋住頭，因為燈光太刺眼。燈關掉後，他小心翼翼從被窩把頭伸出來，好好笑。我們開始談到彼得說瑪歌「跟蜜蜂一樣整天忙來忙去」，爸爸的聲音突然從被窩傳出來：「你是要說她愛管閒事吧。」

小貓咪穆鬚對我越來越好，只是我還是有點怕牠。

安妮敬上

一九四二年九月二十七日星期日

親愛的吉蒂：

今天我和媽媽有一場所謂的「討論」，討厭的是，我居然忍不住哭了。爸爸一向很疼我，也比較懂我。像這種時候，我就會受不了媽媽，對她來說，我顯然是個陌生人，她連我對稀鬆平常事物的看法也不知道。

我們聊起女傭，談到現在應該以「家務助理」來稱呼她們。媽媽說，等戰爭結束，她們一定希望大家這樣稱呼她們。我不這麼認為。媽媽又說，我太常把「以後吧」掛在嘴邊，擺出一副有錢人家小姐的姿態，其實我根本不是。但是我覺得做做夢又不是什麼天大的壞事，不要太認真就好啦。不管怎樣，爸爸通常會護著我，沒有他，我無法在這裡堅持下去。

我跟瑪歌也處不好，雖然我們家從來沒像樓上一家人的那樣大吵大鬧，但我覺得氣氛也不是很愉快。瑪歌和媽媽的個性跟我截然不同，我對我的女生朋友的了解，多過對自己母親的了解，這不是很可悲嗎？

范．丹恩太太已經不知道是第幾次發脾氣了。她好愛生氣，把越來越多私人物品搬走鎖起來，可惜媽媽沒有以牙還牙，也把法蘭克家的東西「變不見」。

有些人不只喜歡管教自己的孩子，也以替別人管孩子為樂，范．丹恩夫婦就是這種人。瑪歌不用管教，因為她天生就是好孩子，乖巧聰明，完美無缺。我不只調皮，連她應該頑皮的份也都包辦下來。好多次空氣中只有范．丹恩夫婦的規勸和我沒大沒小的頂嘴。爸媽總是極力維護我，沒有他們，我無法像平常一樣冷靜地跟他們鬥下去。他們不斷告訴我，少講話，管自己的事就好，謙虛一點，但我好像就是做不到。要不是爸爸這麼有耐心，我早放棄達到父母期待的希望了，雖然他們的期待也不高。

我如果只拿一點我討厭的蔬菜，多吃些馬鈴薯，范．丹恩夫婦就絕對無法原諒我這麼嬌生慣養，尤其是范．丹恩太太，她會說：「來，安妮，多吃一點蔬菜。」

我回答：「不，謝謝，阿姨，我已經拿太多馬鈴薯了。」

「蔬菜對妳有好處，妳媽媽也這麼說，多吃一點。」她硬是要我吃，最後爸爸介入，維護我拒吃不愛吃的菜色的權利。

接著范．丹恩太太大發脾氣：「你該來我們家看看小孩該怎麼教，我覺得你這種教養孩子的態度不恰當，安妮太驕縱了，我絕對不許這樣寵小孩，如果安妮是我的女兒……」

她慷慨激昂的長篇大論總是用這一句開始與作結：「如果安妮是我的女兒……」謝天謝地，我不是。

回到教養孩子的話題上，昨天范．丹恩太太講完話後，大家一陣沉默，後來爸爸回答：「我認為安妮很有教養，至少她學會在妳沒完沒了訓話時不要回嘴。至於吃蔬菜的事，我只能說五十步笑百步。」

范．丹恩太太慘敗。五十步笑百步當然指的是夫人她自己囉，因為她晚餐完全不吃豆類或甘藍菜，因為這些東西會害她釋放「腸氣」。我也可以用同樣的理由當藉口，她真是笨啊，你說是不是？總之，希望她以後不會再說我了。

看到范．丹恩太太一下子滿臉通紅好有趣，我不會臉紅，這一點一定讓她私底下氣死了。

安妮敬上

一九四二年九月二十八日星期一

親愛的吉蒂：

我昨天根本還沒說完，就不得不停筆了。我恨不得趕快告訴你我們另一次衝突，但寫那件事之前，我想說一句話：奇怪，大人好容易吵架，不但常吵架，吵的還是芝麻小事。以前我總是以為只有小孩才會拌嘴，長大了就不吵了。有時的確應該「真正」吵一架，但我們這裡的唇槍舌劍頂多只是鬥鬥嘴，這種拌嘴天天都有，我應該習慣才是，但還是不習慣，幾乎每一次討論的話題都圍繞著我，我怎麼可能習慣？（他們不說「吵架」，而說是「討論」，但德國人不懂其中的差別！）他們批評每一件事，真的，每一件事，關於我的每一件事：我的行為，我的個性，我的禮貌，我身上的每一寸地方，從頭到腳，從腳到頭，都是閒聊爭論的話題。雖然我很不習慣，他們還是經常對我挑三揀四，大呼小叫。根據當權派的說法，我應該含笑忍耐，但我就是不能！我才不甘心承受這種羞辱。我要讓他們知道，安妮．法蘭克不是三歲小孩子。我要讓他們知道，他們應該注意的是自己的規矩，而不是我的，到時他們就會乖乖坐正，閉上大嘴巴注意聽。他們竟敢這樣！簡直是野蠻，這種無禮的行為讓我一次又一次吃驚，尤其是那種愚蠢的行為（范．丹恩太太）。不過，一旦我習慣了（要不了多久），我會以牙還牙，到時他們就會改變態度！我真的像范．丹恩夫婦所說的那樣沒規沒矩、任性固執、好勝心強、愚蠢懶惰等等等等嗎？當然沒有，我知道我有過失缺點，但他們講得太誇張了！吉蒂，但願你能了解他們罵我、笑我時，我有多麼火大。很快我壓抑在心中的怒火就會爆發出來了。

好了，夠了，一直講吵架的事煩你，但我忍不住要再說一段十分有趣的晚餐對話。

我們不知怎地聊到皮姆非常內向這個話題上，大家都知道他很謙虛，連最笨的人也不會懷疑。范・丹恩太太每次談話都一定要把自己扯進來，她突然說：「我也非常謙虛靦腆，比我先生謙虛許多！」

你聽過這麼可笑的話嗎？這句話無疑說明了她根本不如她所自稱的「謙虛」！

范・丹恩先生覺得必須解釋「比我先生謙虛許多」這句話，鎮定地回答：「我也不想謙虛靦腆，依照我的經驗，好勝、愛出風頭的人更有出息！」他轉過頭對我加一句：「安妮，不要謙虛靦腆，那樣不會有作為的。」

媽媽完全同意這個觀點，但范・丹恩太太跟平常一樣，硬是要加上一點自己的高見。不過，這次她不是直接針對我發言，而是對著我的父母說：「你們的人生觀一定很奇怪，才會對安妮說這種話。我小時候可沒這種觀念，後來一般的人生觀大概也沒什麼改變，除了你們這種現代家庭！」

這句話直接攻擊媽媽教育子女的現代方法，媽媽已經好幾次必須開口捍衛自己的教育觀了。范・丹恩太太氣得面紅耳赤，容易臉紅的人一發怒，就會越來越激動，很快就會敗給對手。

而媽媽臉不紅氣不喘，想盡快結束這個場面，停下來想了一會兒後說：「嗯，范・丹恩太太，我也認為人最好不要過度謙虛，我丈夫、瑪歌和彼得都非常非常謙虛，妳丈夫、安妮和我呢，雖然不全然相反，但也不會任人擺布。」

范・丹恩太太：「咦，法蘭克太太，我聽不懂妳的意思！老實說，我這人非常謙虛靦腆，妳怎麼能說我好勝愛出風頭呢？」

媽媽：「我並沒說妳好勝愛出風頭，但也沒有人會說妳個性靦腆。」

范・丹恩太太：「我想知道我哪裡好勝愛出風頭了！在這裡我要不為自己著想，就沒有人會照顧我，我馬上就餓死了，但那不表示我不像妳先生那樣謙虛靦腆。」

聽了這段可笑的自辯，媽媽忍不住大笑，這一笑惹惱了范．丹恩太太。沒有辯論天賦的她，繼續滔滔不絕講下去，德語和荷蘭語交雜，講到最後語無倫次，才終於從椅子站起來。她準備要走出房間時，目光落在我的身上。你真該看看她當時的樣子！偏偏在范．丹恩太太轉過來時，我正搖頭晃腦對她表示我的同情與諷刺。我不是故意這麼做的，但聽她的長篇大論聽得太入迷，不由自主就做出這個反射動作。范．丹恩太太轉身對我破口大罵，嚴厲，暴躁，粗鄙，用德語，活似一個紅臉的肥漁婆，看了真叫人開心。如果我會畫畫，我想把她當時的模樣畫下來，太好笑了，愚蠢無腦的小人物！我學到一件事：只有跟一個人吵過架，你才會知道他的真面目，這時才能判斷出他的真正性格！

安妮敬上

一九四二年九月二十九日星期二

親愛的吉蒂：

藏匿時，什麼稀奇古怪的事都有！想一下，因為我們沒有浴室，所以要靠一個錫桶洗澡，因為只有辦公室（我指樓下整層樓）有熱水，我們七個人盡量輪流利用洗澡的良機。但我們性情各有不同，每個人害羞的程度也不一樣，所以大家庭的每位成員選擇不同的地方洗澡。彼得在辦公室廚房洗，雖然那裡的門是玻璃門，輪到他洗澡時，他會通知每一個人，叫我們接下來半個小時不要經過廚房，他認為這樣的囑咐就夠了。范．丹恩先生在樓上洗澡，認為自己的房間才安全，費點力氣提熱水上樓不算什麼。范．丹恩太太沒泡過澡，因為還沒找到最理想的地方。爸爸在私人辦公室洗，媽媽在廚房火爐鐵絲網後方洗。我和瑪歌宣布前辦公室是我們洗澡的地點，在星期六下午，那裡的窗簾是拉上的，我們摸黑擦身子洗澡，一個人洗，另一人從窗簾縫看窗戶外面，好奇地注視趣味橫生的路人。

一星期前，我覺得不喜歡這個地點，所以開始尋找更舒服的地方。彼得替我出了主意，建議我把錫製浴盆擺在辦公室寬敞的洗手間，我可以坐下、開燈、鎖門，把水倒掉時也不用人幫忙，更不怕有人看到。星期日我第一次使用這間可愛的浴室，也許有點奇怪，但比起其他地方，我最喜歡這裡。

星期三水管工人在樓下施工，把送水管與排水管從辦公室洗手間移到走廊，這樣冬天冷的時候，水管才不會結凍。水管工人上門很討厭，我們不准在白天開水龍頭，也不能上洗手間。我告訴你我們怎麼解決這個問題，你可能覺得我不該提這件事，但我不會裝正經不敢講這種事。我們來這裡的第一天，我和爸爸就臨時做了個尿壺，為此犧牲了一只玻璃密封罐。水管工上門期間，我們白天就用密封罐裝排泄物。對我來說，這件事比整天靜靜坐著不說話要容易許多，你可以想像不說話對於呱呱呱小姐多麼痛苦。平常我們就得輕聲細語，現在不能說話，也不能走動，痛苦加深十倍。

連續坐了三天下來，我的屁股又硬又痛，晚上做了做柔軟操才覺得舒服許多。

安妮敬上

一九四二年十月一日星期四

親愛的吉蒂：

昨天我嚇得半死。八點時，門鈴突然響起，我只有一個念頭：有人來抓我們了，你知道我說的人是誰。大家咬定不是有人惡作劇，就是郵差按鈴，我才冷靜下來。

這裡的生活非常安靜。雷文森先生是一個矮小的猶太裔化學師，他在廚房替古格勒先生做研究，對整棟樓的構造瞭若指掌，我們經常擔心他會冒出到從前的實驗室瞧一瞧的念頭。我們跟幼鼠一樣安安靜靜。三個月前，誰會猜到一刻也閒不下來的安妮得乖乖連續坐上幾個小時，而且居然做到了呢？

二十九日是范．丹恩太太的生日，我們沒有大肆慶祝，但她還是收到許多花、小禮物與好吃的東西。她先生送她紅色康乃馨，看來是家庭傳統。

我要停下來講一講范．丹恩太太。我告訴你，她挑逗爸爸，這件事經常惹惱我。她摸摸爸爸的臉頰和腦袋，拉高裙子，講些自以為俏皮的話，想吸引皮姆的注意。幸好，爸爸覺得她不漂亮，也不迷人，根本不理會她的調情。你也知道，我很會吃醋，受不了她的行為，畢竟媽媽也沒有對范．丹恩先生這樣啊。我曾經當面這樣告訴范．丹恩太太。

彼得偶爾也挺有趣的，我跟他有一個共同點：我們喜歡扮裝逗大家笑。有天晚上我們登場時，彼得穿了他媽媽的貼身連身裙，我穿他的套裝，他戴有邊帽子，我戴無邊帽。大人笑翻了，我們也樂得很。

貝普去蜂巢百貨公司幫我和瑪歌買了新裙子，布料好醜，像裝馬鈴薯的麻布袋，以前百貨公司根本不敢拿出這種東西來賣，現在居然要二十四盾（瑪歌的）與七．七五盾（我的）。

接下來會有一件好事發生：貝普替瑪歌、彼得和我報了速記函授課程，等著瞧吧，明年此時我們都會成為速記高手。不管怎樣，學習用密碼寫東西的確是件有趣的事。

我的食指（左手）痛得要命，所以不能燙衣服，太幸運了！

范．丹恩先生希望我用餐時坐在他的旁邊，因為瑪歌吃得少，相形之下，顯得他吃太多了。我無所謂，反正我喜歡變化。有隻小黑貓老在院子走來走去，讓我想起我心愛的莫奇。我願意換位子還有一個原因，媽咪老是挑剔我，尤其在餐桌上的時候。這下換瑪歌首當其衝啦。不過她也許不會被唸，因為媽媽不會對她冷嘲熱諷，她可是品德模範生呢！我最近老是調侃瑪歌是品德模範生，她不喜歡我這麼說，也許這會讓她不要再這樣當乖寶寶。她早該學到教訓。

在此用范．丹恩先生講的爆笑笑話結束今天的新聞雜燴：

什麼東西咚咚咚九十九下，然後發出一聲啪？答案：一隻腳長歪的蜈蚣。

拜拜，安妮

一九四二年十月三日星期六

親愛的吉蒂：

昨天每個人都笑我，因為我和范．丹恩先生一起躺在床上。「這年紀就這樣！嚇死人了！」等等的評語，真是蠢話。我絕對不想像大家說的那種意思和范．丹恩先生睡覺。

昨天我和媽媽又吵架了，她實在是沒事找事，跟爹地數落我的過失，說著說著還哭了，害我也哭起來，我本來都已經頭痛得要命。最後我告訴爹地，我愛他勝過媽媽，爸爸聽了，說現在只是過渡時期。我才不這麼想，我就是受不了媽媽，隨時都要忍著不對她大聲說話，想打她耳光時，只能強迫自己冷靜下來。不知道我為什麼這麼討厭她。爹地說，媽媽如果不舒服或頭痛，我應該主動幫她，但我不會幫她，因為我不愛她，也不喜歡幫她。我可以想像媽媽有天死掉，但無法想像爸爸去世，我這樣實在太壞了，但我就是這種感覺。希望媽媽永遠不會讀到這些話或我寫的其他東西。

最近我獲准可以讀更多成人書籍，目前忙著讀尼可·范·舒赫特倫的《夏娃的少女時代》，我覺得這本書跟其他少女讀物沒有什麼差別。夏娃以為小孩像蘋果一樣從樹上長出來，成熟後，大嘴送子鳥從樹上摘下來送到小孩的母親那裡。可是她的女生朋友的貓咪生小貓，夏娃看見小貓從母貓的身體出來，以為貓會生蛋，再像雞一樣孵蛋，想生小孩的媽媽，也要在下蛋孵蛋前先上樓待幾天，寶寶生出來後，媽媽因為蹲太久所以很虛弱。有一天，夏娃也想要一個寶寶，拿了一條羊毛圍巾鋪在地上，讓蛋生出來可以落在上面。接著她蹲下來開始出力，一面等，一面咯咯叫，可是沒有生出蛋來。她蹲了很久很久，終於有東西出來了，但不是蛋，而是一條香腸狀的東西。夏娃好尷尬，以為自己生病了。很好笑，是不是？《夏娃的少女時代》也有幾段講到在街上出賣身體換取大筆金錢的女人，我要是那樣面對男人，一定覺得很丟臉。另外，書裡也講到夏娃的月經，啊，希望我的經期快來——這樣我就真正長大了。

爹地又在發牢騷，嚇唬要沒收我的日記。太可怕了，從今以後我要把它藏起來。

安妮·法蘭克

一九四二年十月七日星期三

以下是我的想像：

我去了瑞士，爹地跟我睡同一間房，男孩子們[2]的書房改成起居室，我在那裡接待客人。他們要讓我驚喜，偷偷買了新家具送我，包括茶几、書桌、幾張扶手椅和長沙發。一切都太美妙了。過了幾天，爹地給我一百五十荷蘭盾（當然已經換成瑞士貨幣，但我還是叫它們荷蘭盾），叫我去買我認為需要的任何東西。（後來我每星期有一盾零用錢，也可以買我想要的任何東西。）我跟伯恩德一塊出門，買了以下的東西：

三件棉內衣每件〇·五〇＝一·五〇
三件棉內褲每件〇·五〇＝一·五〇
三件羊毛內衣每件〇·七五＝二·二五
兩件襯裙每件〇·五〇＝一·〇〇
兩件胸罩（最小號）每件〇·五〇＝一·〇〇
五件睡衣每件一·〇〇＝五·〇〇
一件薄袍每件二·五〇＝二·五〇
一件厚袍每件三·〇〇＝三·〇〇
兩件短睡衣每件〇·七五＝一·五〇

2. 安妮的表兄弟伯恩哈德（伯恩德）·愛里亞斯（Bernhard Elias）與史蒂芬·愛里亞斯（Stephan Elias）。

一顆小枕頭每顆一・〇〇＝一・〇〇
一雙輕便拖鞋每雙一・〇〇＝一・〇〇
一雙保暖拖鞋每雙一・五〇＝一・五〇
一雙夏天鞋子（上學穿）每雙一・五〇＝一・五〇
一雙夏天鞋子（漂亮的）每雙二・〇〇＝二・〇〇
一雙冬天鞋子（上學穿）每雙二・五〇＝二・五〇
一雙冬天鞋子（漂亮的）每雙三・〇〇＝三・〇〇
兩條圍裙每條〇・五〇＝一・〇〇
二十五條手帕每條〇・〇五＝一・二五
四雙絲襪每雙〇・七五＝三・〇〇
四雙及膝長筒襪每雙〇・五〇＝二・〇〇
四雙短襪每雙〇・二五＝一・〇〇
兩雙厚短襪每雙一・〇〇＝二・〇〇
三團白毛線（織內衣、帽子）＝一・五〇
三團藍毛線（織毛衣、裙子）＝一・五〇
三團雜色毛線（織帽子、圍巾）＝一・五〇
圍巾、皮帶、領子、鈕釦＝一・二五

還有兩件校服（夏季）、兩件校服（冬季）、兩件漂亮連身裙（夏季）、兩件漂亮連身裙（冬季）、一條夏裙、一條漂亮的冬裙、一條學校冬裙、一件雨衣、一件夏季外套、一件冬季外套、兩頂帽子。總計一〇八盾。

兩個手提包、一套溜冰裝、一雙溜冰鞋、一只箱子（裡面有香粉、面霜、粉底霜、潔膚霜、防曬乳液、棉花、急救包、口紅、唇膏、眉筆、沐浴鹽、爽身粉、古龍水、肥皂、粉撲）。

還有四件毛衣，每件一．五〇；四件襯衫，每件一．〇〇；雜項，每件一〇．〇〇；書與禮物，每件四．五〇。

一九四二年十月九日星期五

親愛的吉蒂：

今天我只有令人難過沮喪的消息要告訴你。我們許多猶太朋友與熟人被一大票一大票地帶走了，蓋世太保對他們動粗，用裝牲口的卡車把他們送到韋斯特柏克，就是德倫特那個大集中營，他們把所有猶太人都送到那裡去。有人設法從那裡逃出來，蜜普告訴我們他的情形。韋斯特柏克那裡一定很可怕，裡面的人幾乎沒有東西吃，更不用說喝的了，因為一天只供水一小時，幾千個人，只有一間廁所和一個洗手臺，男女睡在同一個房間，女人與小孩經常被剃光頭。逃跑幾乎是不可能的，許多人外表一看就是猶太人，剃掉頭髮的光頭也是記號。

要是在荷蘭的情況已經那麼糟，被德國人送去那些遙遠落後地方的人，又會面對怎樣可怕的情景呢？我們認為大多數人都遭到殺害，英國廣播說他們被毒氣毒死了，也許那是最快的死法。

我覺得很恐怖。蜜普說的這些可怕事情讓人心都碎了，蜜普自己也非常煩惱，比方說，前幾天蓋世太保把一個跛腳的猶太老婆婆丟在蜜普家門前的臺階，自己跑去找車子，刺眼的探照燈和朝上空英國飛機掃射的槍聲讓老婆婆非常害怕，可是蜜普不敢讓她進門，沒有人敢這麼做。德國人處罰人是不會手軟的。

貝普的情緒也非常低落。她的男朋友被送去德國，每次飛機從上方飛過，她就擔心飛機把攜帶的全部炸彈扔到貝爾圖斯的頭上，這種時候也不適合說「哎呀，別擔心，不可能都掉到他的頭上」或「只要掉一顆炸彈，命早就沒了」這種笑話。不是只有貝爾圖斯被迫前往德國工作，每天都有一火車一火車的年輕男子出發，有人趁火車停靠小站時開溜，只有少數人順利逃走沒被發現，而且找到了地方躲起來。

但難過的事還沒說完呢。你聽過「人質」這個詞嗎？這是處罰破壞分子的最新手段，你都想像不到有這麼恐怖的事。社會上的重要人物（都是無辜老百姓）被帶去關起來等候處決，如果蓋世太保找不到破壞分子，就立刻抓五名人質出來，讓他們貼牆站成一排。報紙會刊登他們的死訊，上面說他們死於「致命意外」。

這些德國人可真是優良的人類品種，想想我居然也是其中一個呢！不，我不是，希特勒早開除我們的國籍了。另外，世上沒有比德國人與猶太人之間更大的仇恨了。

安妮敬上

一九四二年十月十四日星期三

親愛的吉蒂：

我忙死了。昨天我開始翻譯《美麗的妮維爾內女人》其中一章，把單字抄下來，接著解了一題很難的數學，還翻譯三頁法語文法。今天是法語文法和歷史。我不肯每天做討厭的數學，爹地也覺得數學很難，我的數學好像還比他好，不過我們兩個其實都不太行，所以總是得向瑪歌求救。我也持續練習速記，我喜歡學速記，我們三個人中，我進步最多。

我讀了《史多姆一家》，還不錯，只是比不上《朱普．塔．扈爾》。兩本書可以找到同樣的字眼，這也難怪，因為出自同一個作者嘛，西斯．范．馬克思菲爾特是個很棒的作家，我一定也會讓自己的小孩讀她寫的書。

另外，我讀了很多寇爾納的劇本，我喜歡他的寫作手法，例如《海威格》、《來自布萊梅的表兄》、《家庭女教師》、《綠色骨牌》等等。

媽媽、瑪歌和我又變成最好的朋友，這樣真的好多了。昨晚我和瑪歌並肩躺在我的床上，擠死了，但這樣才好玩。她問能不能偶爾讀一讀我的日記。

我說：「某些部分可以。」然後問能不能看她的日記，她也准我看她的日記。

聊著聊著，我們聊到未來。我問她長大以後要做什麼，她不肯說，神秘兮兮的，我猜跟教書有關。當然，我也不是百分之百肯定，但推測是那一類的工作。我實在不該這麼愛管閒事。

今天早上我把彼得趕走，躺到他的床上，他很火大，可我不在乎。他有時也該想想是不是要對我好一點，不說別的，我昨天夜裡可是送他一顆蘋果呢。

我曾經問過瑪歌，她是不是覺得我很醜，她說我還不錯，眼睛好看。講得有點含糊對不對？

好了，下次再談！

安妮．法蘭克

附筆：今天早上大家輪流量體重。瑪歌現在是一百三十二磅、媽媽一百三十六磅、爸爸一百五十五磅、安妮九十六磅、彼得一百四十八磅、范．丹恩太太一百一十七磅、范．丹恩先生一百六十五磅。來這裡三個月，我竟然重了十九磅，重了很多，對吧？

一九四二年十月二十日星期二

親愛的吉蒂：

驚嚇已經過去兩個小時，我的手卻還在發抖。我得先跟你解釋一下，這棟樓有五具滅火器，辦公室員工很笨，忘了提醒我們，木匠還是什麼傢伙要來灌滅火器，結果我們沒有刻意保持安靜。後來我聽見樓梯平臺（書架對面那裡）傳來敲敲打打的聲音，立刻猜到可能是木匠，便跑去警告正在吃午餐的貝普，要她不要下樓。我和爸爸守在門口聽那人什麼時候走開。他做了大約十五分鐘後，把鐵鎚和其他工具放在我們的書架上（這是我們的猜測！），開始用力敲門。我們嚇得臉色發白，他是不是還是聽到了什麼，現在想檢查這個看起來很神秘的書架？好像就是這樣，因為他不停敲啊，拉啊，推啊，撞啊。

想到這個完全陌生的人正在設法找出我們絕妙的藏身處，我嚇得快暈過去了。正當我以為末日即將到來，我們聽到克萊曼先生的聲音說：「開門，是我。」

我們立刻打開門。怎麼回事？原來固定書架的鉤子卡死了，所以沒有人能警告我們木匠要來的消息，那人走後，克萊曼先生想來接貝普，卻拉不開書架。我無法跟你形容我當時鬆了多大的一口氣，在我的想像中，我以為想進入密室的那個男人不停變大，最後變成巨人，而且是世界上最殘忍的法西斯分子。呼，幸好一切順利，至少這次沒有問題。

星期一我們很開心，蜜普跟詹在這裡過夜，我和瑪歌睡在爸爸媽媽的房間，讓吉斯夫婦睡在我們的床上。為了歡迎他們，我們擬了新菜單，這一頓好好吃哦。歡樂的氣氛一度暫時中斷，因為爸爸的檯燈電線短路，我們頓時陷入黑暗中，該怎麼辦呢？我們有保險絲，但保險絲盒在黑漆漆的倉庫後頭，晚上進去修理特別討厭。不過男士們還是前去冒險，十分鐘後，我們已經可以把蠟燭收起來了。

今天我起得很早，起來時，詹已經穿好衣服了，他八點半就得離開，所以八點就上樓吃早餐了。蜜普忙著穿衣服，我進去時，見她只穿著襯衣。她騎自行車時，穿跟我一樣的長內褲。我和瑪歌也換上衣服，比平常早上樓。吃過愉快的早餐後，蜜普衝下樓。外面正在下大雨，她很高興不必騎自行車上班。我和爹地整理床鋪，之後我學了五個法語不規則動詞，很用功對吧？

瑪歌和彼得正在我們房間看書，穆鬚在長沙發上，蜷偎在瑪歌的身邊。我背好法語不規則動詞後也加入他們，拿起《在樹叢之上歌唱》來讀，這本書寫得相當優美，非常奇特。我快讀完了。

下星期輪到貝普來過夜。

安妮敬上

一九四二年十月二十九日星期日

我最親愛的吉蒂：

我好擔心，爸爸生病了，全身出疹子，又發高燒，看起來像麻疹。想想看，我們連醫生也不能請！媽媽正在設法讓他出汗，希望靠著流汗退燒。

今天早上蜜普告訴我們，范．丹恩家位於祖德—阿姆史泰大道的公寓裡的家具已經全被搬走了，我們還沒告訴范．丹恩太太這件事，因為她最近非常「nervenmässig」[3]，我們不想聽她又在哀怨她不得不丟下的精美瓷器和漂亮椅子。我們也不得不拋棄大多數的好東西，現在發牢騷又有什麼用呢？

爸爸希望我開始讀黑貝爾與其他著名德國作家的作品，我現在讀德文很流暢，只是通常會小聲把字讀出來，而不是默讀。不過會過去的。爸爸從大書架拿下歌德與席勒的劇本，打算每天晚上讀給我聽。我們從《唐．卡洛斯》開始讀。受到爸爸好榜樣的鼓勵，媽媽也把她的祈禱書塞到我的手裡，出於禮貌，我讀了幾段德語祈禱文。聽起來的確好美，但對我沒有什麼意義，她為什麼硬要我表現得十分虔誠呢？

明天我們將第一次生起壁爐的火，煙囪已經好久好久沒有清掃，所以一定會弄得整間屋子烏煙瘴氣。但願煙囪還能通風！

安妮敬上

一九四二年十一月二日星期一

親愛的吉蒂：

貝普星期五晚上在我們這裡過夜，好好玩，可是她喝了一些紅酒，所以沒有睡好。其他就沒什麼特別的事情好說，我昨晚頭好痛，早早就上床睡覺。瑪歌又開始惹人生氣。

今天早上我開始整理辦公室的索引卡，因為卡片掉落在地，順序通通亂了。整理沒多久，我就快瘋了，我找瑪歌和彼得幫忙，但是他們太懶了，所以我就把卡片收起來。我才沒笨到自己一個人做這件事！

安妮．法蘭克

附筆：我忘了提一條重要消息，我的月經大概快來了。我知道，因為我一直在內褲發現帶一點白色的污漬，媽媽預測很快就會來了。我等不及了，這是多麼重大的事，可惜，我不能使用衛生棉，反正現在也買不到了。媽媽的棉條又只有生過小孩的女人才能用。

安妮在一九四四年一月二十二日補充：

我現在寫不出這種事。

一年半後重讀日記，我很驚訝自己曾經這麼幼稚單純，不管我多麼希望自己是個單純的人，在內心深處，我知道自己再也不會那樣單純了。我可以理解那些情緒變化，以及關於瑪歌、媽媽和爸爸的看法，就好像那些日記是我昨天才寫的一樣，但是我無法想像這麼率直寫下其他的事。有一些我所描述的主題其實並不如我印象裡那樣妥當，現在讀到那幾頁日記，我非常不好意思。我的文筆真沒教養。夠了，不要再想了。

我也理解自己想家、想念莫奇的心情，來這裡以後，我一直不知不覺渴望信任和關愛，希望

3. 原註：神經質。

有人抱抱我、親親我——有時很清楚自己這些渴望。這股渴望有時強烈，有時微弱，但永遠存在。

安妮・法蘭克

一九四二年十一月五日星期四

親愛的吉蒂：

英國人終於在非洲打了幾場勝仗，史達林格勒還沒淪陷，男士們很高興，於是今天早上我們喝咖啡和茶。別的沒有什麼特別可說的。

這星期我讀了很多書，沒做什麼事，本來就該這樣，這樣一定會進步。

最近我和媽媽相處越來越融洽，只是始終都不親近。爸爸不大表露自己的感情，但永遠還是對我那麼好。幾天前我們生了爐火，整間屋子還是煙霧瀰漫。我比較喜歡中央暖氣，大概不是只有我這樣想。瑪歌是個卑鄙小人（沒有其他字可以形容），從早到晚都在惹人生氣。

安妮・法蘭克

一九四二年十一月九日星期一

親愛的吉蒂：

昨天是彼得十六歲生日，我八點上樓，和彼得一塊看他的生日禮物。他收到一套大富翁遊戲，一把刮鬍刀，一只打火機，他並沒有經常抽菸，真的沒有，只是打火機看起來十分特別。

最大的驚喜來自范・丹恩先生，他在一點鐘時宣布，英國人已經登陸突尼斯、阿爾及爾、卡薩布蘭加和奧倫。

大家都說：「這是結束的開始。」英國首相邱吉爾在英國一定也聽到同樣的話，反而斷言：「這不是結束，甚至不是結束的開始。但也許是開始的結束。」你聽得出不一樣的地方嗎？不過我們有樂觀的理由，史達林格勒，這座俄國城市已經被攻打了三個月，還沒落入德國人的手裡。

本著密室的真正精神，我該跟你聊一聊食物。（我先解釋一下，樓上的人實在是愛吃鬼。）關於麵包：每天有一位人非常好的麵包師傅會送過來，他是克萊曼先生的朋友。當然，麵包不像在家時那樣多，但也夠吃了。我們也在黑市買了一本一本的配給券，價格不斷上漲，已經從二十七盾漲到三十三盾，花這麼多錢，只為了幾張印了字的紙！

除了我們儲存在這裡的幾百罐食物，為了持續獲取營養，我們買了三百磅的豆子，這些豆子不只給我們吃，也給辦公室員工吃。我們把一袋袋的豆子掛在秘密入口內側走廊的鉤子上，結果有些接縫處被壓得裂開了，所以我們決定將它們搬到閣樓去，由彼得負責扛。共有六袋，他順利把五袋完好無損扛上樓，正忙著最後一袋時，麻布袋破了，褐色的豆子像洪水——不，像冰雹那樣從半空中落下，沿著樓梯往下滾。那袋豆子大約有五十磅，嘩啦嘩啦，震耳欲聾。樓下的人一定以為房子正從腦袋瓜上方垮了下來吧。彼得大吃一驚，接著看見我站在樓梯底，忍不住哈哈大笑，因為我像褐色海洋中的一座島嶼，豆子形成的波浪拍打我的腳踝。我們立刻開始撿豆子，但是豆子又小又滑，滾進每一個想像得到的角落和洞孔。現在每次上樓，我們都會彎腰四處找一找，最後還能交給范．丹恩太太一把豆子呢。

我差點忘了說，爸爸病好了。

安妮敬上

附筆：廣播剛才宣布，阿爾及爾失守，英國已經掌控摩洛哥、卡薩布蘭加與奥倫幾天了。我們現在在等待突尼斯的消息。

一九四二年十一月十日星期二

親愛的吉蒂：

大消息！我們計畫找第八個人跟我們一起躲藏。

這是真的。我們一直認為這裡可以多供一個人吃住，只是怕給古格勒先生與克萊曼先生再添麻煩。不過，猶太人遭到迫害的消息一天比一天可怕，爸爸決定打探兩位先生的口氣，結果他們認為這是很棒的計畫，「不管是七個還是八個人，都一樣危險。」這句話說得很對。這一點解決後，我們坐下來想一想認識的熟人，想找一個可以與我們這個大家庭相處融洽的單身者。不難。爸爸拒絕范．丹恩家的所有親戚後，我們選了一個名叫亞伯特．杜瑟爾的牙醫，他跟一位嬌媚的基督徒女子同居，那人年紀小他很多，兩人應該沒有結婚，不過那並不重要。大家都知道他個性溫和，又有教養，依照我們對他粗淺的認識，他似乎很好相處。蜜普也認識他，可以負責必要的安排。杜瑟爾先生如果來了，必須睡在我的房間，瑪歌得搬出去，將就睡在折疊床上[4]。我們會請他帶補蛀牙的東西來。

安妮敬上

一九四二年十一月十二日星期四

親愛的吉蒂：

蜜普過來告訴我們，她已經去找杜瑟爾醫生，她一進門，醫生就立刻問她知不知道什麼地方可以躲起來，蜜普說她已經有了主意，醫生高興得不得了。她還要醫生盡快躲起來，最好星期六就躲起來，醫生認為不大可能，因為他想更新病歷，結清帳目，還要替兩三個病人看牙齒。今天早上蜜普將這個消息轉達我們，我們覺得拖這麼久並不明智，他想做的準備工作都需要向很多人解釋，我們認為應該別讓那些人知情。蜜普又去問杜瑟爾醫生能不能設法星期六來，他說不行，所以安排星期一來。

好奇怪，他居然沒有立刻接受我們的提議。如果他們在街上把他抓走，他既不能寫病歷，也不用看病人了，所以為什麼還要拖下去呢？我覺得爸爸遷就他實在是太傻了。

沒有其他新聞了。

安妮敬上

一九四二年十一月十七日星期二

親愛的吉蒂！

杜瑟爾先生來了，一切進行順利。蜜普要他上午十一點到郵局前的某個地點，有一個男人會

4. 原註：杜瑟爾來了之後，瑪歌與其父母同睡一房。

去接他，他在約定時間到達約定地點，克萊曼先生走過去找他，說他等的人不能來，請他上辦公室找蜜普。接著，克萊曼先生搭電車返回辦公室，杜瑟爾先生則步行跟過來。

十一點二十分時，杜瑟爾敲辦公室的門，蜜普請他脫掉外套，以免讓人看見黃星，接著帶他到私人辦公室。怕他無聊，克萊曼先生在那裡，等待清潔女工離開。蜜普推說私人辦公室要另作他用，便帶杜瑟爾先生上樓，拉開書架走進來，杜瑟爾驚訝地看著她做這些動作。

在此同時，我們七個人已經圍著餐桌就座，準備好咖啡與白蘭地，等著最新成員加入我們這個大家庭。蜜普先帶他到法蘭克家的房間，他立刻認出我們的家具，但不知道我們在樓上，就在他的頭頂上。蜜普告訴了他，他錯愕得快暈過去。謝天謝地，她沒有再讓他繼續焦慮下去，立刻帶他上樓。杜瑟爾先生一屁股坐到椅子上，呆呆看著我們，驚訝地說不出話來，好像以為能從我們的臉上看到真相。接著他結結巴巴地說：「Aber……你們nicht在比利時嗎？那個軍官，那輛車子，都沒來嗎？你們沒有順利逃走？」[5]

我們向他解釋整件事，說我們故意散布軍官和車子的謠言，誤導德國人與其他可能尋找我們的人。杜瑟爾先生聽到這樣的絕妙計畫啞口無言，只能驚奇地四下張望，東瞧瞧，西瞧瞧，在我們可愛又超級實用的密室探險。大家一起用了午餐，接著他小睡片刻，跟我們一塊喝茶，整理蜜普事先能夠帶來的少許東西，開始覺得越來越自在。尤其在我們交給他以下用打字機打出的密室規範守則之後（范．丹恩家的傑作）：

密室簡介與指南

專屬猶太人與無依無靠者的暫時安身之所

全年開放：位於阿姆斯特丹市中心，優美安靜，綠樹環繞，附近無私人住宅。乘十三路或十七路電車可達，亦可開車或騎自行車。德國當局禁止使用上述交通工具者，也可步行抵達。提供附家具與未附家具房間，隨時可入住，供應三餐，亦可自理。

房租：免收。

膳食：低脂。

自來水在浴室（抱歉，無浴缸）與多面內外牆。舒適火爐提供暖氣。

寬敞儲藏空間收納各類貨物，兩個現代大型保險箱。

私人收音機可直接收聽倫敦、紐約、特拉維夫與其他許多電臺。下午六點後所有房客均可使用。不可收聽列禁廣播，除非幾個例外，如德國電臺只許收聽古典音樂。嚴禁收聽與傳播德國新聞快報（無論自何處播送）。

休息時間：晚間十點到上午七點三十分，週日至上午十點十五分。礙於環境，管理部門如在日間發出休息指示，房客必須遵守。為確保全體安全，請務必嚴格遵守休息時間。

自由活動：禁止一切戶外活動，除非另有通知。

語言使用：必須隨時輕聲細語，只許使用文明人語言，因此禁止使用德語。

5. 譯註：德語，aber意為「但是」；nicht意為「不」。

閱讀與休閒：禁讀德文書籍，除了經典與學術著作。其他書籍均可。
體操：每日皆有。
唱歌：只許下午六點以後輕聲歌唱。
電影：需事先安排。
課程：每週一次函授速記課程。英語、法語、數學及歷史日夜隨時開課。以授課代替學費，例如教荷蘭語。
獨立部門負責照顧家庭小寵物（害蟲除外，需另外徵求許可）。
用餐時間：
早餐：每日上午九點，假日及星期日除外，星期日與假日大約在上午十一點三十分。
午餐：簡餐，從下午一點十五分到一點四十五分。
晚餐：涼菜或熱食。用餐時間依新聞廣播而定。
對後勤部隊的義務：住戶必須隨時準備支援辦公室工作。
洗澡：每星期日上午九點以後，所有房客都可使用澡盆。可按個人選擇在樓下廁所、廚房、私人辦公室或前辦公室洗澡。
酒類：只供醫療用途。
完。

安妮敬上

一九四二年十一月十九日星期四

親愛的吉蒂：

正如大家所想，杜瑟爾先生是個非常好的人，他當然不介意跟我共用一個房間。老實說，我不是很高興讓一個陌生人使用我的東西，不過為了做好事，總得做出犧牲，我很樂意能夠做這個小小的犧牲。爸爸說：「哪怕只能救一個朋友，其他事情都不要緊。」這句話說得對極了。

在這裡的第一天，杜瑟爾先生問了我各種問題，例如清潔女工什麼時候到辦公室，我們怎麼安排使用浴室，什麼時候可以上廁所。你可能覺得好笑，但這些事情在藏匿處可不是那麼簡單。白天時，我們不能發出任何樓下可能聽到的聲響，有其他人在時，例如清潔女工，我們必須格外小心。我耐心地對杜瑟爾先生解釋所有事情，結果他過了好久才慢慢理解，我很驚訝。他凡事都問兩次，卻還記不得你剛才對他說的話。

也許情況突然改變，他昏了頭，慢慢就會恢復。除此之外，一切都好。

杜瑟爾先生告訴我們很多外面的情形，我們已經與外界失聯很久了。他說的都是壞消息。數不清的朋友熟人被帶走，下場可怕。一晚又一晚，綠色或灰色的軍用車輛在街上巡邏，挨家挨戶敲門，問有沒有猶太人住在裡面，有的話，全家立刻帶走，沒有的話，他們繼續前往隔壁人家。除非躲起來，否則難逃魔掌。他們經常帶著名單四處查探，只查那些他們知道會大豐收的人家。他們經常懸賞高額獎金，按人頭計算，很像過去追捕奴隸的情形。我並不是不把這當一回事，只是太悲慘了。傍晚天黑後，我時常看見善良無辜的人排成一長列，帶著哭哭啼啼的小孩，幾個男人跟在隊伍旁邊，命令他們不停往下走，對他們又打又罵，直到他們幾乎要倒地為止。無人倖免。病人、老人、幼童、嬰兒、孕婦——都被逼著往死亡邁進。

我們多麼幸運，能夠遠離那些騷動。如果不是因為十分擔心我們關心的人、我們愛莫能助的人，我們一分鐘也不用想起這些折磨苦難。睡在溫暖的床鋪上，我親愛的朋友卻在外面某處累垮或被打倒在地，我覺得自己好壞。好友的生死，正操在世界有史以來最殘酷的怪獸手中，想到這一點，我好害怕。而這一切只因為他們是猶太人。

安妮敬上

一九四二年十一月二十日星期五

親愛的吉蒂：

我們實在不知道該怎麼辦，本來很少有猶太人的消息傳到我們的耳裡，我們也認為最好盡量保持愉快的心情。蜜普有時提起某個朋友的遭遇，媽媽或范．丹恩太太就會開始哭，所以她決定最好別再提這些事。但是我們劈哩啪啦對杜瑟爾先生問了一堆問題，他能說的故事都好可怕，好嚇人，在腦中揮之不去。不過，等到這些消息的印象淡了之後，我們大概又會像以前那樣說說笑笑吧，如果我們繼續像現在這樣沮喪，對我們和外面的人都沒有好處，把密室變成「憂室」又有什麼用呢？

無論做什麼，我都忍不住想起那些走了的人。我意識到自己正在大笑時，就會想起這麼開心是可恥的。但，難道我就該整天哭嗎？這我又做不到。低迷的氣氛終究會過去。

除了這些苦難外，還有一件不幸的事，但是屬於我個人的事，與我剛剛告訴你的那些痛苦相比，是小巫見大巫。不過，我還是忍不住要告訴你。最近我開始覺得自己被人遺棄，被一大片空虛包圍。我以前很少想這個問題，因為我想的都是朋友與玩樂。現在我想的不是快樂的事，就是思考自己，想了好久，終於明白了一件事，不管爸爸多麼慈祥，永遠無法取代我以前的那個世界。而對於媽媽和瑪歌，我老早就沒有感情了。

可我又何必拿這種傻念頭來煩你呢？吉蒂，我知道，我實在令人討厭，但當我不知道第幾次挨罵時，又想到其他種種的悲傷，我的頭就開始暈了！

安妮敬上

一九四二年十一月二十八日星期六

親愛的吉蒂：

我們用電過量，超過配給定額，下場是：必須厲行節約，而且還有遭到斷電的可能。沒燈兩星期，有意思吧？誰知道呢，也許用不了這麼久吧！四點或四點半後，天色就已經暗得無法看書，所以我們想盡各種奇招打發時間：猜謎、摸黑做體操、說英語或法語、回憶書的內容——沒多久做什麼又都無聊了。昨天我發現一個新消遣：用好的望遠鏡偷看鄰居亮燈的房間，白天我們不能開窗簾，天黑時就沒關係。

我從不知道鄰居可以這麼有趣，至少我們的鄰居很有趣。我看見幾個人吃晚餐，有一家人在拍家庭電影，對面的牙醫替一個驚慌的老太太看牙。

以前聽說杜瑟爾先生跟小孩相處融洽，非常喜歡小孩，其實他是一個老古板，做事一板一眼，又愛說教，講到禮貌這檔事，總是長篇大論，叫人受不了。因為我有殊榮（！）與這位閣下共用我那窄得要命的房間，因為我被公認是三個小輩中最沒規矩的一個，只好盡量避免他老對我講同一套訓詞告誡，盡量把他的話當作耳邊風。如果杜瑟爾先生不是那麼愛打小報告，如果他不是偏偏挑中媽媽打小報告，事情就不會那麼討人厭。杜瑟爾先生才罵過我，媽媽就從頭又教訓我一頓，而且教訓得更厲害。如果特別走運的話，五分鐘後范．丹恩太太也要來刮我一頓，兇得不得了！

在一個吹毛求疵的家庭，身為沒規沒矩的孩子，要成為眾所矚目的焦點實在太容易了。

夜晚躺在床上，我思索自己許多錯事和被人放大的缺點，要想的事太多了，想得我都糊塗了，不是開始笑，就是開始哭，視當時心情而定。接著我抱著一種奇怪的感覺入睡。我想成為跟自己不一樣的人，或者與希望中的自己不一樣的人，至少表現得跟現在的我或希望中的我不一樣。

啊，天啊，我把你也弄糊塗了。原諒我，但我不喜歡刪字，在物資缺乏的年代，就是一張紙也絕對不能丟掉。所以，我只能勸你不要重讀上面這一段話，不要試圖追根究柢，因為一進去就找不到路出來了！

安妮敬上

一九四二年十二月七日星期一

親愛的吉蒂：

今年的光明節與聖尼古拉節差一點落在同一天，只隔一天而已。我們沒有特別準備光明節，只是交換一些小禮物，點了蠟燭。因為蠟燭不足，我們只點了十分鐘。不過，只要唱了聖歌就沒關係。范・丹恩先生用木頭做了光明節用的九燈燭臺，所以這個問題也解決了。

星期六的聖尼古拉節好玩多了。晚餐時，貝普和蜜普忙著跟爸爸竊竊私語，引發我們的好奇心，我們猜他們在打鬼主意。果然沒錯。八點時，大家成群結隊下樓，穿過漆黑的走廊（我怕得格格發抖，希望能安全回到樓上！）到凹室。我們可以開燈，因為這間房間沒有窗戶，開了燈後，爸爸打開大櫃子。

「噢，好棒！」所有人大叫起來。

角落有個大籃子，上面裝飾著彩紙，還有一個黑彼得[6]的面具。

我們馬上把籃子提上樓。籃裡有小禮物，每個人都有，還搭配一首詩。你很清楚大家在聖尼古拉節互贈的那種詩，所以我就不抄給你了。

我收到一個娃娃，爸爸收到一對書檔，等等。不管怎樣，這個主意真好，我們八個人以前不曾慶祝過聖尼古拉節，現在開始正是時候。

安妮敬上

附筆：我們也給樓下每個人準備禮物，是美好的往日留下的一些東西。另外，蜜普和貝普收到錢總是心懷感激。

今天我們聽說范・丹恩先生的菸灰缸、杜瑟爾先生的相框、爸爸的書檔不是出自別人之手，而是佛斯哥耶爾先生親手做的，怎麼有人的手能這麼巧，好奇妙！

6. 譯註：在荷蘭與比利時的民間傳說中，黑彼得是聖尼古拉的隨從，在十二月五日兩人會分送糖果禮物給乖小孩。

一九四二年十二月十日星期四

親愛的吉蒂：

范．丹恩先生以前做過肉品、香腸與香料生意，公司雇用他，是因為他的香料知識，而現在他做香腸的手藝終於有了用武之地，我們好開心。

我們訂購一大批肉（當然是從黑市買的），打算做成醃肉，以免未來日子不好過。范．丹恩先生決定做成三種香腸，除了傳統香腸，還有一種或煎或烤的小香腸，最後一種是絞肉香腸，可以生吃，也可以煙燻過後再吃。他把肉放進絞肉機，絞了一次、兩次、三次，我在一旁看著覺得好有趣。接著他把剩餘的原料拌進去，用一條長管把混好的肉灌進腸衣。午餐我們就煎了香腸配酸菜吃。傳統香腸要保存起來，所以必須先風乾，我們從天花板懸了一根竿子把它們掛上去。每個人走進屋子，看見晃來晃去的香腸，都會噗哧大笑，那場面實在很好笑。

廚房像屠宰場一樣。范．丹恩先生繫上他太太的圍裙，看起來胖了很多，忙著處理肉。他滿手是血，臉紅通通的，圍裙也血跡斑斑，看起來好像真的屠夫。范．丹恩太太想一心多用：擺著本書學荷蘭語，攪湯，顧肉，咳聲嘆氣抱怨肋骨受傷。這就是上了年紀的（！）女士想靠愚蠢至極的體操甩掉大屁股的下場！杜瑟爾一隻眼睛感染發炎，所以坐在火爐旁，用甘菊茶塗眼睛。皮姆坐在從窗戶投進來的一束陽光中，不停把椅子往左移、往右移，以免擋到了路。他的風濕一定又犯了，因為他微微駝著背注意范．丹恩先生，表情很痛苦，讓我想起那些在救濟院看見的生病虛弱的老人。彼得和貓咪穆鬚在屋裡嬉鬧，我和媽媽、瑪歌則在替水煮馬鈴薯去皮。其實仔細想想，我們沒有一個人好好在做手上的事，因為都忙著看范．丹恩先生。

杜瑟爾的牙醫診所開張了，我來說一說他替第一個病人看牙的經過，好玩嘛。

媽媽燙衣服，范．丹恩太太坐在房間中央的椅子，成了第一個犧牲者。杜瑟爾帶著自大的神情打開工具箱，要了古龍水當消毒劑，還有凡士林代替蠟。他仔細檢查范．丹恩太太的口腔，發現有兩顆牙齒只要他一碰，范．丹恩太太就痛得往後縮，斷斷續續發出哀號。經過漫長的檢查（就范．丹恩太太來說很漫長，其實還不到兩分鐘），杜瑟爾開始刮一個蛀洞。但是范．丹恩太太不想讓他刮，手腳一直亂動，最後杜瑟爾放開探針……結果，探針卡在范．丹恩太太的牙齒上，這下真的慘了！范．丹恩太太往四面八方亂揮亂踢，大聲慘叫（雖然有一個那樣的器具卡在嘴裡，還是盡量大叫），想把探針取下，卻反而將它刺得更深。杜瑟爾先生扠腰冷眼旁觀，其他觀眾哄堂大笑。當然，我們這樣很壞，要是我的話，一定叫得更大聲。經過一番扭動、踢腿、叫喊，范．丹恩太太好不容易把那玩意兒拔出來，杜瑟爾先生若無其事繼續工作，這次手腳很快，范．丹恩太太沒有時間再玩什麼新花樣。不過，那是因為這次他的助理前所未有的多，至少有兩個，范．丹恩先生和我表現得很好。整個場面很像一幅叫「庸醫看診」的中世紀版畫，看病的同時，病人越來越不安，因為她還得顧著「她的」湯與「她的」食物。有一點是肯定的，短期內范．丹恩太太不會再看牙了！

安妮敬上

一九四二年十二月十三日星期日

親愛的吉蒂：

我現在正舒舒服服坐在前辦公室，從厚簾的縫隙偷看外面。天色昏暗，但亮度足以寫字。

看著人群走過感覺好奇怪，他們似乎都匆匆忙忙，腳快要絆到另一隻腳。騎自行車的咻一下就過去了，快得我都還來不及看清楚騎車人的樣子。這附近的人不怎麼吸引人的眼光，尤其是小孩，髒得要命，叫你拿撐篙碰他們你都不願意。真正的貧民窟小孩都拖著兩行鼻涕，說的話我一個字也聽不懂。

昨天下午我和瑪歌洗澡時，我說：「要是我們拿釣竿，在那些小孩經過時，一個個把他們釣上來，按進盆子裡，把他們的衣服洗一洗、補一補，然後……」

「然後明天他們又跟以前一樣破破爛爛、髒兮兮的。」瑪歌這樣回答。

我不過是隨便說說罷了。還有其他東西可看：汽車、船和雨。我聽得見電車和孩童的聲音，覺得很有趣。

我們沒什麼改變，想的事也一樣沒什麼變化，像旋轉木馬，從猶太人轉到食物，從食物轉到政治。說到猶太人，對了，我昨天從窗簾偷看時，看到兩名猶太人，覺得好像看到世界七大奇觀之一。我心中浮現一種很奇怪的感覺，好像我向當局告發他們，此刻正在偷窺他們的不幸。

我們對面是一間船屋，船長跟妻小住在上面，養了一條喜歡汪汪亂叫的小狗。我們只認得小狗的叫聲與尾巴，牠在甲板上跑來跑去時，我們會看到牠的尾巴。唉，好可惜，剛剛開始下雨了，大多數的人都躲到雨傘底下，我只能看見雨衣，偶爾見到套著絨線帽的後腦勺。說真的，也不用仔細看，我現在瞄一眼就能辨認出哪些是女人，她們吃了太多馬鈴薯，變得胖嘟嘟，身上穿著紅色或綠色的外套，腳踏磨損的鞋子，手臂上掛著購物袋，表情不是嚴厲，就是愉快，隨她們丈夫的心情而不同。

安妮敬上

一九四二年十二月二十二日星期二

親愛的吉蒂：

聽說大家耶誕節可以多收到四分之一磅的奶油，密室洋溢著喜悅的氣氛。根據報載，每個人都能領取半磅，但這指的是能從政府那裡拿到配給券的幸運兒，我們躲起來的猶太人就別想了，只能在黑市買配給券，而且只買得起四本，而不是八本。我們每個人都準備用奶油烤東西，今天早上我做了兩個蛋糕和一堆餅乾，樓上非常忙碌，媽媽已經告知我，等家事都做完了，我才能溫習功課或看書。

范．丹恩太太肋骨撞傷，躺在床上養傷，整天抱怨，不斷要求換繃帶，什麼事都不滿意。等到她又可以站起來，又能隨手整理東西，我一定會很高興。我必須承認，她非常勤勞，特別愛整潔，只要身體與精神狀況很好，人其實滿開朗的。

好像我白天還沒聽夠「噓、噓」的聲音（因為我總是「太吵」）似的，我親愛的「室友」現在也想整晚對我「噓」個不停，對他而言，我連翻身也不可以。我才不理他呢，下次他噓我，我就噓回去。

他一天比一天惹人生氣，一天比一天自私。除了第一個星期，我再也沒見過他慷慨答應要請我吃的餅乾。星期日尤其討厭，天一亮，他就開燈做十分鐘體操，氣死我了。

對我來說，這折磨好像持續幾個鐘頭之久，我還想繼續睡，那幾張用來加長床鋪的椅子，就在我腦袋底下被他弄得不停搖晃。這位閣下，精神奕奕地轉了幾下手臂，結束熱身操，開始穿衣服。他的內衣掛在鉤子上，所以他先咚咚地走過去拿，然後又咚咚地經過我的床回來。可是呢，他的領帶在桌上，所以他又一次碰碰撞撞從椅子旁走過。

我也不要再討論這個老男人來浪費你的時間，反正也於事無補。我其實有復仇計畫，像是把燈泡轉鬆，鎖上門，藏起他的衣服，可惜為了和平都放棄了。

哎呀，我已經變得這麼懂事了呢！這裡做的每一件事都要講道理：用功，傾聽，閉嘴，互助，友善，妥協，還有我不知道的種種。我本來就沒什麼常識，恐怕很快就會用完，等戰爭結束時，已經一點也沒剩了。

安妮敬上

一九四三年一月十三日星期三

親愛的吉蒂：

今天早上我一直被人打擾，結果一件事也沒做成。

我們有了新的消遣，也就是把肉汁粉裝進包裝袋內。肉汁粉是吉斯公司的產品，古格勒先生找不到人裝袋，而且由我們來做也比較省錢。這是監獄裡的那種工作，無聊死了，做得我們頭暈眼花，咯咯傻笑。

外頭的情況很可怕。不分日夜，隨時有可憐無助的人被拖出家門，他們只准隨身帶一個背包與少許現金，即使只有這一丁點的東西，在路上也會被搶。一個個的家庭被拆散了，男女老幼被強行隔離，小孩放學回家發現父母不見了，女人買東西回家發現家已經遭到查封，家人都走了。荷蘭的基督徒也活在恐懼之中，因為他們的兒子會被送去德國。人人膽戰心驚。每晚數以百計的飛機從荷蘭上空飛往德國城市，把炸彈投在德國的土地上，每個小時有幾百人、甚至幾千人在俄國與非洲喪命，沒有人能置身衝突之外，全世界都在戰火之中。雖然同盟國越戰越勇，戰爭結束之日依然遙遙無期。

至於我們，我們相當幸運，比幾百萬人幸運。這裡又安靜又安全，我們用自己的錢買食物。我們真自私，談著什麼「戰爭結束後」，期待新衣新鞋，其實我們應該省下每一分錢，留在戰後幫助他人，盡量救助可以救助的人。

附近的孩子穿著單薄的上衣與木屐跑來跑去，沒有外套，沒有襪子，沒有帽子，沒有人幫助他們。他們啃胡蘿蔔充飢，從冷冰冰的家走出來，穿過冷冰冰的街道，到更冷的教室。荷蘭的情況變得很糟糕，成群的孩子在街上攔下路人討麵包。

關於戰爭帶來的苦難，我可以跟你說上幾個小時，但那只會讓自己更難過。我們能做的只有等待，盡量保持冷靜，等待一切結束。猶太人和基督徒一樣在等待，全世界都在等待，而有很多人等待的是死亡。

安妮敬上

一九四三年一月三十日星期六

親愛的吉蒂：

我氣死了，卻不能表現出來。我想尖叫跺腳，用力搖一搖媽媽，大哭一場等等，因為她每天對我說難聽的話，露出嘲諷的表情，不停指責我，像拿一把張得緊緊的弓箭射穿我，我幾乎無法把弓箭從身上拔下來。我想對媽媽、瑪歌、范．丹恩夫婦、杜瑟爾、還有爸爸大聲說：「別煩我，讓我至少有一個晚上，不用紅腫著眼睛、腦子嗡嗡響、哭著睡著吧。讓我離開，離開一切，離開這個世界！」但我不能，我不能讓他們看到我的疑惑，或者他們給我帶來的創傷。我不能忍受他們的同情，他們善意的嘲笑。那只會讓我更想尖叫。

每個人都以為，我開口是炫耀，沉默是嘲笑，回話是無禮，想到好主意就是狡猾，累了就叫懶惰，多吃一口就叫自私，我愚蠢、膽小、工於心計等等等等。我成天只聽見別人說我是一個多愛惹人生氣的孩子，我一笑置之，假裝不以為意，但其實我在意。但願能夠要求上帝給我另一種性格，一種不會把誰都惹惱的性格。

但那是不可能的，我天生個性就是這樣，那是改不了的，但我相信我不是壞人。我已經盡量討好每個人，他們萬萬也沒想到我是多麼努力。在樓上時，我盡量一笑置之，因為不想讓他們看出我的煩惱。

不只一次，在遭受一連串不合理的指責後，我生氣地對媽媽說：「我不在乎妳怎麼說，妳何不乾脆別管我了——反正我無藥可救了嘛。」當然，她就會叫我別頂嘴，兩天不太理我，接著一切突然都忘了，她對我又像對其他人一樣。

我無法今天滿臉笑容，明天滿嘴惡言，我寧可折衷（折衷也不見得那麼好），把話藏在心裡。也許有一天我會像他們輕視我那樣輕視他們。啊，但願能夠那樣就好了。

安妮敬上

一九四三年二月五日星期五

親愛的吉蒂：

好久好久沒跟你提到吵架的事，不過情況並沒有改變，起初杜瑟爾先生把我們這種轉眼就拋到腦後的衝突看得很認真，現在也習慣了，不再試圖調解。

瑪歌和彼得一點都不像所謂的「年輕人」，兩人都好安靜、好無趣，在他們身邊，我特別惹人注意，因此老是有人告訴我：「瑪歌和彼得就不會那樣做，妳怎麼不學學姊姊的好榜樣！」真討厭這種話。

坦白說，我一點也不想像瑪歌，她意志薄弱又被動，這種個性我不喜歡。她任人擺布，永遠屈服於壓力，我想要更有骨氣！不過這些想法我藏在心裡，因為如果我拿這些話為自己辯解，他們只會嘲笑我。

用餐氣氛經常很緊張，幸好有時「湯客」在場，大家忍住沒有發作。「湯客」就是辦公室的人，午餐時上來喝碗湯。

今天下午范．丹恩先生又提起瑪歌吃太少這件事，還調侃她說：「我想妳這樣是為了保持身材吧。」

媽媽向來幫瑪歌說話，大聲說：「我再也無法忍受你這種蠢話。」

范．丹恩太太滿臉通紅，范．丹恩先生兩眼直瞪，沒有說話。

儘管如此，我們還是時常開懷大笑。前不久，范．丹恩太太講了一些無聊的蠢事逗我們開心，聊到以前的事，說她跟她的父親多麼要好，她的父親多會講甜言蜜語。她又說：「知道嗎，我爸爸告訴我，如果有男士對我輕薄，我就要說：『先生，請住手，我可是一位淑女。』這樣他就懂我的意思了。」我們捧腹大笑，好像她講了多麼精彩的笑話。

連平日安安靜靜的彼得，偶爾也會引起一陣狂笑。他很倒楣，因為他有個習慣，喜歡用他不懂意思的外國字。有天下午，辦公室來了訪客，我們不能上廁所，後來他憋不住，去上了廁所，但沒有沖水。為了警告我們裡面氣味難聞，他在門上釘了一張字條，寫著：「ＲＳＶＰ——臭氣！」他想表達的意思當然是：「危險——臭氣！」卻誤以為「ＲＳＶＰ」看起來比較文雅，根本不知那是「敬請回覆」的意思。

安妮敬上

一九四三年二月二十七日星期六

親愛的吉蒂：

皮姆認為盟軍隨時會登陸歐洲反攻。邱吉爾患了肺炎，但已經慢慢好起來。印度自由鬥士甘地正在進行不知第幾次的絕食抗議。

范・丹恩太太口口聲聲說自己相信宿命，但槍聲響起時，誰最害怕？就是這位佩特洛尼拉・范・丹恩。

詹帶來了聖公會主教寫給教區信徒的信。信寫得很美，非常鼓舞人心。「荷蘭人民，奮起行動吧！我們每個人都要選擇自己的武器，為我們的國家、我們的人民、我們的宗教自由而戰！伸出援手，現在就行動！」這是他們佈道的內容，有用嗎？對於我們猶太同胞，肯定已經太遲了。

猜一猜我們碰到什麼狀況？這棟樓的屋主沒有知會古格勒先生和克萊曼先生，就把房子賣了。有天早上，新房東帶著一位建築師來看房子，謝天謝地，克萊曼先生正好在辦公室，帶了兩位紳士參觀每個角落，除了密室以外。他推說鑰匙留在家，新房東也就沒有再多問。但願他不會又跑來要求看密室，那樣的話，我們的麻煩可大了！

爸爸騰空一個卡片匣給我和瑪歌，放了很多單面空白的索引卡，當成我們的閱讀資料夾，我和瑪歌會記下我們讀過的書、作者與日期。我學到兩個生字：「妓院」與「賣弄風情的女子」。我買了一本作業簿專門抄寫新單字。

奶油與乳瑪琳有了新的分配方法，每個人用自己的盤子裝自己的份，分得很不公平，早餐一向是范．丹恩夫婦替大家做，他們給自己的份比我們的多了一半。爸爸媽媽為了避免爭吵，不敢說話。可惜啊，我認為對付那種人，就該以其人之道還治其人之身。

安妮敬上

一九四三年三月四日星期四

親愛的吉蒂：

范．丹恩太太有了個新綽號——我們開始叫她畢佛布魯克太太。你一定不懂這是什麼意思，所以我解釋一下。英國的廣播電臺有位畢佛布魯克先生，經常在廣播中說，盟軍對德國的轟炸太仁慈了。范．丹恩太太總是跟每個人唱反調，邱吉爾的話與新聞廣播也不信，但卻完全同意畢佛布魯克先生的看法。因此我們認為她如果嫁給這個人，一定是天作之合，她把這個意見當作恭維，所以我們決定從今以後喊她畢佛布魯克太太。

倉庫快要有一個新員工，原本那位將被派去德國，這對他來說是壞事，對我們來說卻是好事，因為新來的人不熟悉這棟樓。我們還是擔心倉庫工作的男人。

甘地又開始進食了。

黑市生意興隆，如果我們付得起那種荒謬的價錢，真可以吃到肚皮都撐了。賣我們蔬菜的人跟德國「國防軍」買馬鈴薯，一袋袋送到私人辦公室。他懷疑我們躲在這裡，所以故意午休時候來，因為那時倉庫員工都不在。

現在這裡正在磨大量的胡椒，弄得每呼吸一下都會咳嗽打噴嚏，每個人上樓，都用一聲「哈——啾」跟我們打招呼。范・丹恩太太發誓不下樓，再吸一下胡椒，她就要生病了。

我覺得爸爸做這一行並不好，不是果膠，就是胡椒，既然是做食品生意，怎麼不生產糖果呢？

今天早上我又劈哩啪啦挨了一頓罵，大量惡毒的話閃過空中，害得我的耳朵嗡嗡作響，一直聽見「安妮這點不好」和「范・丹恩一家那點很好」的話。簡直像在地獄中受苦。

安妮敬上

一九四三年三月十日星期三

親愛的吉蒂：

昨晚這裡電線短路。此外，槍聲隆隆，一直響到天亮。我還無法克服對飛機與掃射的恐懼，幾乎每天夜裡都要爬到爸爸的床上尋找安慰。我知道聽起來很幼稚，但等你遇到這種事就知道了！高射炮好吵，你連自己的聲音都聽不見。畢佛布魯克太太，那個相信宿命的人，嚇得都快哭了，用膽怯的聲音小聲說：「噢，好可怕，噢，砲聲好大聲！」實際上的意思是：「我怕死了。」黑漆漆的，但如果點了蠟燭，就不會那麼可怕。我瑟瑟發抖，像發燒一樣，求爸爸再把蠟燭點亮，他堅持不肯，因為不可以有光線。突然之間，我們聽到一陣機關槍掃射的聲音，那聲音比地對空飛彈還要嚇人十倍。媽媽從床上跳起來，不理會皮姆非常氣惱，還是把蠟燭點亮了。爸爸咕噥抱怨，媽媽堅決回答：「安妮又沒當過兵！」這件事就這麼結束了。

我告訴過你范．丹恩太太還怕其他事嗎？我想沒有。我應該也告訴你，你才能知道密室的最新奇遇。一天晚上，范．丹恩太太覺得聽到閣樓傳來咚咚的腳步聲，她很怕小偷登門，所以叫醒她的先生。就在那一刻，小偷消失了，范．丹恩先生只聽見他相信宿命又嚇壞的太太的心跳聲。她哭著說：「噢，普提！他們一定把我們所有的香腸和乾豆子都偷走了，彼得呢？哎呀，你想彼得還好好睡在床上嗎？」（普提是范．丹恩太太對丈夫的暱稱。）

「我肯定他們沒有偷走彼得，別這麼傻了，讓我再繼續睡覺吧！」

休想，范．丹恩太太怕得根本無法入睡。

又過了幾晚，范．丹恩一家被可怕的聲響吵醒，彼得拿手電筒上閣樓，結果，東竄西竄——你猜他看見什麼跑掉？一窩大老鼠！

我們知道小偷是誰之後，馬上讓穆鬚睡在閣樓，從此再也沒有聽見不速之客……起碼夜裡沒有出現。

前幾天晚上（當時七點半，還有光線），彼得到頂樓拿舊報紙，爬梯子下來時，必須緊緊抓住地板活板。他把手放下時，沒有注意看，因此沒發現他把手放到一隻大老鼠上，老鼠往他手臂一咬，他嚇了一跳，手臂又痛，差一點從梯子摔下來。他來找我們時，臉色發白，兩腿發軟，睡衣沾滿了血。難怪他嚇得魂都沒了，摸老鼠可不是好玩的，況且牠還會咬掉你一塊手臂肉。

安妮敬上

一九四三年三月十二日星期五

親愛的吉蒂：

容我介紹：法蘭克媽媽，兒童的代言人！多分點奶油給青少年吧。現今年輕人所面對的問題，凡是你想得到的，她都會為下一代說話。她經歷一兩次的小衝突，最後總是能夠稱心如願。

有一罐滷牛舌壞了，穆驪和波奇享受了一頓大餐。

你還不認識波奇，其實牠在我們躲起來之前就在這裡了。牠是倉庫和辦公室的貓，讓老鼠不敢靠近儲藏室。牠的怪名字帶有政治色彩，理由很容易解釋。有一陣子，吉斯公司養了兩隻貓，一隻管倉庫，一隻管閣樓，兩隻貓經常狹路相逢，結果免不了要打一架。倉庫貓總是先挑釁，最後則是閣樓貓獲勝，跟政治一模一樣。因此倉庫貓被叫做德國人，或者「波奇」，閣樓貓叫英國人，或者「湯米」。過了一段時間，湯米被弄走了，波奇則繼續在我們每次下樓時逗我們開心。

我們吃了太多的赤豆與扁豆，吃得我都無法再看它們一眼，光是用想的也會反胃。

我們晚上已經沒有麵包吃了。

爹地剛剛說心情不好，眼神又是那麼傷心，可憐！

我迷上伊娜．巴克．波蒂爾的《敲門聲》，這本家族恩怨寫得非常好，描述戰爭、作家與婦女解放的部分則沒有很好，老實說，那些主題我也不太感興趣。

德國遭受猛烈空襲，導致范．丹恩先生抱怨連連，原因：香菸供應不足。

有關該不該開始吃罐頭食物的辯論，結果是我們贏了。

除了雪靴，我沒有能穿的鞋子，穿雪靴又不方便在屋內走來走去。一雙用六．五盾買來的草涼鞋，穿不到一星期，腳跟就磨破了。也許蜜普能在黑市挖出什麼東西。

爸爸該剪頭髮了。皮姆信誓旦旦地說，我剪得太好了，戰後他絕對不會再找其他理髮師，只是我不要經常剪到他的耳朵就好了。

安妮敬上

一九四三年三月十八日星期日

親愛的吉蒂：

土耳其參戰了，真是令人興奮。焦慮地等著收聽廣播報告。

一九四三年三月十九日星期一

親愛的吉蒂：

喜悅不到一個小時就成了失望。土耳其還沒參戰，只是有一名內閣閣員說土耳其很快會放棄中立立場，大廣場的報販大喊：「土耳其支持英國！」於是手上的報紙就被搶購一空。這就是我們如何聽到這個令人振奮的傳言。

一千盾紙鈔宣布作廢，這對做黑市生意一類的人是個打擊，對藏起來的人，以及有錢卻不能說明來源的人，更是一大打擊。要繳回千盾紙鈔，必須說明鈔票的來源，還要提出證據。這些鈔票還能用來繳稅，但只到下星期為止。五百盾鈔票同時也將失效。吉斯公司還有一些來歷不明的千盾鈔票，將用來繳交未來幾年預估的稅金，這樣一來，一切就會顯得光明正大。

杜瑟爾收到一架老式腳動鑽牙機，這表示我大概不久就要徹底檢查牙齒了。

杜瑟爾非常馬虎，不遵守這裡的家規，不但寫信給他的夏洛特，還繼續和很多很多人通信閒聊。瑪歌（密室的荷蘭語老師）本來會替他改信，爸爸已經禁止他繼續寫信，瑪歌也不再改了。但我想他不久又會再寫。

希特勒持續慰問傷兵，我們從廣播聽到他的聲音，好乏味，問答內容大概是這樣的：

「我叫海因里希・謝佩爾。」

「你在哪裡受傷的？」

「史達林格勒附近。」

「受了怎樣的傷？」

「兩腳凍瘡，左手骨折。」

這就是廣播如實播送的討厭傀儡戲，傷者似乎以受傷為榮——傷得越多越好。有一個想到要跟希特勒握手（我想他還有一隻手），激動得說不出話來。

我不小心把杜瑟爾的肥皂弄到地上，還踩下去，現在整塊肥皂不見了。我已經請爸爸賠償他，因為杜瑟爾每個月只有一塊戰時劣質肥皂可以用。

安妮敬上

一九四三年三月二十五日星期四

親愛的吉蒂：

我、爸媽和瑪歌昨晚坐在一塊，氣氛頗愉快的，這時彼得突然進來，在爸爸耳邊竊竊私語。我聽見「倉庫有個大桶翻了」、「有人亂動門」。

瑪歌也聽見了，但想叫我鎮定下來，因為我嚇得臉色慘白，緊張得不得了。我們三人在原地等著，爸爸和彼得下樓，一兩分鐘後，原本在聽廣播的范．丹恩太太上來，告訴我們皮姆叫她把收音機關掉，輕聲上樓來。但你也知道，當你想保持安靜時，偏偏就會無法保持安靜；老舊的樓梯嘎嘎響了兩聲。五分鐘後，彼得和皮姆面無血色回來，向我們報告他們的遭遇。

他們站在樓梯底等著，什麼事也沒有，接著突然聽見兩三聲巨響，好像兩道門從屋內被人用力關上。皮姆跳起來跑上樓，彼得則去警告杜瑟爾，杜瑟爾好不容易上樓來，卻也引起一陣大驚小怪，弄出許多聲響。接著，大家只穿襪子，躡手躡腳到另一層樓找范．丹恩夫婦。范．丹恩先生重感冒，已經上床了，所以我們圍在他的床邊，輕聲細語討論我們懷疑發生了什麼事。范．丹恩先生只要大聲咳嗽，我和范．丹恩太太就頓時緊張起來，他咳個不停，後來有人想出讓他喝可待因的妙招，他的咳嗽立刻減緩。

我們再次等待，等了又等，什麼聲音也沒聽見。最後我們下了結論，登門的小偷聽見應該安靜的屋子響起腳步聲，於是溜之大吉。現在的問題是，私人辦公室的椅子恰好圍著收音機，收音機聽的又是英國廣播，如果小偷破門而入，防空隊員注意到了，跑去報警，那麼後果不堪設想。於是范．丹恩先生起床，穿上外套長褲，戴上帽子，小心翼翼跟著爸爸下樓，彼得（為安全起見，拿了一把很重的鐵鎚當武器）緊跟在後。女士們（包括我和瑪歌）提心吊膽等在原地，五分鐘後，男人們回來，報告屋內沒有活動的跡象。我們說好了，不要開自來水，也不沖馬桶，但是在緊張之下每個人的腸胃都一陣翻騰，你可以想像我們每個人輪流上過廁所後的臭氣。

這種意外永遠伴隨其他的災難，這一回也不例外。第一：西教堂鐘樓不響了，我一直覺得鐘聲給我莫大的安慰。第二：佛斯哥耶爾先生昨晚提早離開，我們不確定他是否把鑰匙留給貝普，貝普會不會忘記鎖門。

不過這些事現在不要緊了。夜晚才剛開始，我們還不確定等一下會發生什麼事。有一件事倒是頗令我們放心，在八點十五分（小偷剛闖進來，我們面臨生命危險之際）到十點半時間，我們什麼聲響都沒聽見，我們越想，越覺得不可能有小偷傍晚這麼早就闖進來，街上都還有人呢。除此之外，我們想到隔壁凱格公司的倉庫經理當時可能還在工作，我們慌慌張張，牆壁又薄，很容易聽錯聲音，更何況想像力往往在危險時刻讓人產生錯覺。

於是我們上床，雖然睡不著。爸爸、媽媽和杜瑟爾先生幾乎整夜都醒著，如果我說我一晚上也幾乎沒有合眼，那也不誇張。今天早上，男人們下樓看看外門是否還鎖著，結果一切好好的！

當然囉，我們把這起意外一五一十說給辦公室所有員工聽，事發當時心情很不愉快，事後拿來說笑，卻容易多了。只有貝普把我們的話當真。

安妮敬上

附筆：今天早上馬桶塞住了，爸爸拿根長竿，捅出一大堆的糞便與草莓食譜（最近我們拿草莓食譜當衛生紙）。之後我們把竿子燒了。

一九四三年三月二十七日星期六

親愛的吉蒂：

我們上完了速記課，現在正在練習加快速度，我們很聰明吧！讓我再告訴你更多關於我「殺時間」（我這樣稱呼我上的課，因為我們無論做什麼，都是為了讓日子盡量過得快一點，以便讓這裡的日子快快結束）的方法。我非常喜歡神話，尤其是希臘與羅馬那些神，這裡每個人都認為我只是心血來潮產生興趣，因為他們從沒聽過一個十幾歲的女孩懂得欣賞神話。那好吧，我想我就做第一個吧！

范．丹恩先生感冒了，其實也只是喉嚨癢癢的，但他搞得很誇張，用甘菊茶漱口，在上顎抹沒藥酊，在胸口、鼻子、牙齦和舌頭塗維克牌薄荷膏，最叫人受不了的是，他脾氣壞透了！

勞特，某個德國頭面人物，最近發表演說，表示「所有猶太人必須在七月一日前離開德國占領的領土，烏特勒支省將在四月一日到五月一日之間清除猶太人，北荷蘭與南荷蘭則將在五月一日到六月一日清除。」清除，講得好像他們是蟑螂一樣！這些可憐人，就像一群一群生病沒人要的牲口被送去髒兮兮的屠宰場。我不想再說這個了，想到這些，我就會做惡夢！

有則好消息，有人蓄意縱火燒了職業介紹所，幾天後戶政事務所也起火，有人假扮成德國警察，把警衛綁起來塞住嘴，順利毀了某些重要文件。

安妮敬上

一九四三年四月一日星期四

親愛的吉蒂：

我實在沒心情開玩笑（看看今天的日期），相反的，今天卻一定可以用「禍不單行」這句話來形容。

首先，我們「歡樂的陽光」克萊曼先生昨天又胃出血，至少得臥床躺三星期。我該告訴你，他的胃已經折磨他一陣子了，而且治不好。第二，貝普得了流行性感冒。第三，佛斯哥耶爾先生下星期得去醫院，很可能得了潰瘍，必須動手術。第四，波摩辛工業的幾位經理從法蘭克福來討論歐佩克塔的新交貨問題，爸爸已經先和克萊曼先生討論過重點，但來不及向古格勒先生一一說清楚。

幾位先生已經從法蘭克福來了，爸爸想到討論的進展就開始瑟瑟發抖，哀嘆：「我要是能在現場就好了，我要是能在樓下就好了。」

「躺下把耳朵貼在地板上就好了，他們會被帶進私人辦公室，你什麼都聽得到。」

爸爸臉上的憂愁一掃而空。昨天早上十點半，瑪歌和皮姆（兩隻耳朵勝過一隻）在地板就定位，到了中午，討論還沒結束，爸爸的身體狀況已經無法繼續偷聽行動。以難受的奇怪姿勢躺幾個小時，他非常痛苦。到了兩點半，我們聽見走廊有談話聲，就由我代替爸爸，瑪歌繼續陪我。談話內容囉嗦無趣，我一個不小心，在又冷又硬的油布地板上睡著了。瑪歌不敢碰我，怕他們會聽見我們，當然也不能叫出聲。我睡了足足半個小時，突然驚醒，把重要討論的每一個字都忘光光了。幸好，瑪歌比我專心。

安妮敬上

一九四三年四月二日星期五

親愛的吉蒂：

噢，老天，我的罪狀又多了一條。昨晚我躺在床上等爸爸來幫我蓋好被子，跟我一起禱告，媽媽走進房間，坐在床上輕聲問我：「安妮，爹地還沒好，不如今天晚上我來聽妳禱告吧？」

我回答：「不要，媽姆西。」

媽媽起身，在床邊站了一會兒，慢慢朝門口走去，突然又轉身，滿臉痛苦地說：「我不想跟妳生氣，我沒辦法強迫妳愛我！」她走出房門時，幾滴淚從她臉頰滑落。

我躺在床上一動也不動，心想我這麼狠心拒絕她，好壞。但我也知道，我不可能用其他方式回答她。我不能做偽君子，明明不喜歡跟她禱告還勉強跟她一起禱告，我絕對沒辦法。我對媽媽感到抱歉，非常非常抱歉，因為我生下來第一次注意到，她並不是不計較我對她很冷漠，她說不能強迫我愛她時，我看見她悲傷的表情。真相不容易說出口，但真相是，她才是拒絕我的人，她常不客氣地批評我，常開我不認為好笑的殘忍玩笑，讓我對她任何關愛的表示都沒有感覺。每次聽到她無情的話語，我的心就會往下沉，當她領悟到我們之間不再有愛時，她的心當然一樣也要往下沉。

她哭了半個晚上，完全沒睡。爸爸故意不看我，不小心與我眼神交會時，我從他眼裡讀到他沒有說出口的話：「妳怎麼可以這麼無情？妳怎麼敢把妳媽媽弄得這麼傷心！」

大家都希望我道歉，但這不是我能道歉的事，因為我說的是實話，媽媽早晚也一定會發現，我好像不在乎媽媽的眼淚和爸爸的眼神。我是不在乎，因為他們兩個現在總算感受到我一直以來的感受。我只能為媽媽感到難過，她必須自己決定她應該是怎樣的態度。至於我，我會繼續保持沉默與冷漠，我不打算迴避真相，因為拖得越久，他們最後聽到真相時就會越難以接受！

安妮敬上

一九四三年四月二十七日星期二

親愛的吉蒂：

整間屋子還因為吵架餘波而震動。每個人都跟每個人生氣：媽媽和我，范．丹恩先生和爸爸，媽媽和范．丹恩太太。好融洽的氣氛呢，是不是？安妮平日的罪狀又一次被大肆宣揚。

我們的德國訪客上星期六再度光臨，他們待到六點，我們坐在樓上不敢動。這棟屋子或附近沒人工作時，在私人辦公室可以聽到每一個腳步聲。我靜靜坐得太久了，心裡急得要命。

佛斯哥耶爾先生住院了，但克萊曼先生回來上班，他的胃出血比之前更快好起來，他告訴我們，戶政事務所禍不單行，因為消防員不只滅了火，還害得整棟樓都鬧水災。我聽了好開心！

卡爾頓飯店毀了，兩架英國飛機裝載火焰炸彈，恰恰降落在德國軍官俱樂部的頂樓。維澤街與辛格街交會的轉角全燒掉了，空襲德國城市的次數一天比一天多，我們晚上已經很久很久沒好好休息過了，由於睡眠不足，我的眼袋都跑出來了。

我們吃得很差，早餐是沒有塗奶油的原味麵包以及合成咖啡。過去兩星期，午餐不是菠菜，就是水煮萵苣，配上有種腐爛甜膩味道的大顆馬鈴薯。想減肥的話，密室正是好地方！樓上的叫苦連天，我們卻覺得沒有那麼慘。

一九四〇年打過仗或動員過的荷蘭男人，通通都被徵召到戰俘營工作。我敢說，這一定是為了同盟國登陸反攻所採取的預備措施！

安妮敬上

一九四三年五月一日星期六

親愛的吉蒂：

昨天是杜瑟爾的生日，起初他一副不想慶生的樣子，蜜普帶了一個裝滿禮物的大購物袋來了，他卻雀躍得像個小孩子。他心愛的「小洛」送了雞蛋、奶油、餅乾、檸檬汁、麵包、法國白蘭地、香料蛋糕、花朵、橘子、巧克力、書、信紙。他把禮物堆在桌上，展示了至少三天，愚蠢的老傢伙！

你可別以為他在挨餓。我們在他的櫃子找出麵包、乳酪、果醬和蛋。我們對杜瑟爾這麼好，收容他，救他一命，他居然背著我們填飽肚子，什麼也不分我們，太可恥了。我們可是什麼都跟他分享！不過，我們認為更惡劣的是，他不尊重克萊曼先生、佛斯哥耶爾先生和貝普，什麼也不給他們。克萊曼先生的胃不舒服，非常需要橘子，但在杜瑟爾的眼中，那些橘子吃進自己的肚子的話，好處更多。

今晚槍聲響個不停，我已經不得已收拾全部家當四次了。今天我收拾了一個小提箱，裝了萬一要逃難時所需的東西，但媽媽說得沒錯：「妳能去哪裡？」

全荷蘭因工人罷工而苦哈哈，已經宣布戒嚴，每個人將少一張奶油券。多麼調皮的小孩。

今晚我幫媽媽洗頭髮，現在洗頭可不容易，我們必須用非常黏的液態清潔劑，因為已經沒有洗髮精了。另外，媽媽梳頭髮也很辛苦，因為家裡的梳子只剩下十齒。

安妮敬上

一九四三年五月二日星期日

如果思考在這裡的生活，我通常的結論是：比起沒有躲起來的猶太人，我們住在天堂中。不過，等到以後一切恢復正常時，我大概會奇怪，我們一向過得那麼舒服，居然會「淪落」到這種地步。我是指生活方式。比方說，我們到這裡後，餐桌鋪的是同一塊油布，用久了，很難說它乾乾淨淨，一點污垢也沒有。我努力想把它弄乾淨，但抹布也是躲起來之前買的，破洞多得已經不能叫做布了，所以擦也是白擦。范．丹恩夫婦整個冬季睡在同一條法蘭絨床單上，他們不能洗，因為肥皂粉是配給的，而且供應不足，品質又很差，幾乎沒有清潔效果。爸爸穿著起毛球的長褲走來走去，領帶也看得出磨損撕裂的痕跡。媽咪的束腹今天裂開了，無法再補了，瑪歌穿的胸罩小了兩號。媽媽和瑪歌整個冬天合穿三件內衣，我的則太小，穿上去肚子都跑出來。這些事都能克服，可有時我想不明白：我們所有的東西，從我的燈籠褲到爸爸的修面刷，都這麼破舊了，我們怎麼還能期盼回到戰前所擁有的生活水準呢？

一九四三年五月二日星期日

密室居民對戰爭的態度

范．丹恩先生。我們都認為，這位可敬的紳士對政治很有洞見。不過，他預言我們必須在這裡待到四三年底，那將是一段漫長的時間，但我們也應該可以撐得到那時。不過，誰能向我們保證，只帶來痛苦與悲傷的戰爭，到時就會結束了呢？還有在那之前，我們和幫助我們的人，不會已經出事了呢？沒人能保證！這就是為什麼每天都充滿著緊張，期待與希望會引起緊張，就像恐懼一樣。例如，當聽見屋內或屋外出現聲響，當槍聲響起，當在報紙讀到新「公告」，我們就會開始緊張，因為害怕幫助我們的人自己哪一天也要被迫躲起來。這些日子人人都在討論必須躲起來的問題，我們不知究竟有多少人躲起來，跟全部人口相比，躲起來的人數當然算少，但是以後我們一定訝異，原來荷蘭有這麼多好心人願意收留猶太人與基督徒，不管他們有沒有錢。使用假身分證的人也多到難以置信。

范．丹恩太太。這位美麗女郎（自稱）聽說，近來比較容易弄到假身分，立刻建議我們每個人弄一個來，說得好像這種事很簡單，好像爸爸和范．丹恩先生是用錢做的。范．丹恩太太總說些荒謬絕倫的話，經常惹毛她的普提，這也難怪了，因為克莉如果今天宣布：「這一切結束後，我要去受洗。」明天又會說：「從有記憶以來，我就想去耶路撒冷，我只有跟猶太人在一起才覺得自在！」

皮姆超級樂天，但總有他的理由。

杜瑟爾先生總是隨口編造故事，想跟他這位閣下唱反調的人最好三思，在亞伯特．杜瑟爾的家中，他的話是金科玉律，但對安妮．法蘭克完全沒有約束力。

密室大家族其他成員對於戰爭的看法可有可無，談到政治，只有這四個人的看法算數。其實只有兩個，但是范．丹恩夫人與杜瑟爾也把自己算進去。

一九四三年五月十八日星期二

親愛的小蒂：

我最近親眼目睹一場德英之間的激烈空戰，可惜，盟軍幾位空軍被迫從失火的飛機跳下。幫我們送牛奶的人住在哈爾夫韋德，看見四個加拿大人坐在路邊，其中一個說了一口流利的荷蘭語，他問牛奶工有沒有打火機點菸，說他們一共有六個人，駕駛員已經燒死，第五個人不知道去哪裡躲了起來，剩下四個人都沒受傷。不久德國安全警察過來將他們帶走。從一架著了火的飛機跳傘下來，怎麼還能這麼鎮定呢？

雖然熱得要命，我們每兩天還是得點火燒掉果皮菜葉和垃圾。我們什麼都不能扔到垃圾桶，怕倉庫員工會看見。一個大意，我們就會完蛋了！

所有大學生被要求在一份官方聲明上簽名，以示他們「同情德國人，贊同新秩序」，百分之八十的人決定聽從良知，但會受到嚴厲處分。拒絕簽名的學生將送往德國勞動營，我們國家的年輕人如果都在德國做苦工，那會變成怎樣呢？

昨夜槍砲聲太吵，所以媽媽關上窗戶，我到皮姆的床上。突然，就在頭頂上方，我們聽見范．丹恩太太跳起來，好像被穆鬚咬了一口。接著是一聲隆隆巨響，聽起來像火焰炸彈落在我的床邊似的，我連忙大叫：「燈！燈！」

皮姆打開檯燈，我以為房間隨時會起火，結果沒事。大家衝上樓看怎麼回事，范．丹恩夫婦打開窗戶，看見了紅光，范．丹恩先生認為附近起火了，范．丹恩太太則認定是我們的屋子失火。那聲巨響傳來時，范．丹恩太太已經兩腳發抖站在床邊。杜瑟爾留在樓上抽菸，我們則爬回床上。不到十五分鐘後，槍聲又響起，范．丹恩太太跳下床，到樓下杜瑟爾的房間，尋找在她先生那裡得不到的安慰。杜瑟爾歡迎她，說：「到我床上吧，我的孩子！」

我們哈哈大笑，震耳的槍聲再也嚇不著我們，我們的恐懼一掃而空。

安妮敬上

一九四三年六月十三日星期日

親愛的吉蒂：

爸爸寫給我的生日詩太美了，我不能據為己有。

皮姆只會用德語寫詩，所以瑪歌自告奮勇翻譯成荷蘭語。你自己看看瑪歌是不是翻得非常棒。詩的開始大略描述了這一年所發生的事，接著說：

年紀最輕，不再幼小，
日子難熬，人人說教：
「經驗豐富！向我學習！」
「懂得竅門，熟知規則，
我們都是這樣長大的。」

從古至今，向來如此，
自身缺點，輕如鴻毛，

他人過錯，重如泰山，
挑剔他人，輕而易舉，
做妳的父母則不簡單，

又要公平，也要慈祥，
吹毛求疵，惡習難改，
長輩同堂，嘮叨不休，
只能忍耐，吞下苦丸，
都是為了和睦的日子。

此地歲月，並非虛度，
虛擲光陰，非妳本性，
日夜開卷，排遣無聊，
難題難忍，妳開口問：
「究竟要穿，哪件衣裳？
短褲沒了，衣服太緊，
背心纏腰，實在可笑！
要穿鞋子，先削腳趾，
哎呀老天，我的煩惱可真多！」

關於吃的那一段，瑪歌不知該如何押韻，所以我就省略不寫了。除了那部分，你不覺得這是一首好詩嗎？

至於其他，我被寵壞囉，收到一大堆可愛的禮物，包括一本大部頭書，內容是我喜歡的題材：希臘與羅馬神話。我也不能再抱怨沒糖果了，每個人都翻箱倒櫃找出最後的存貨。身為密室年紀最小又最受疼愛的人，我得到的超過我應得的。

安妮敬上

一九四三年六月十五日星期二

親愛的吉蒂：

發生一大堆事，但我常常想，老找枯燥的話題跟你閒聊，你快聽膩了吧，寧可少收到幾封信。所以我長話短說吧。

佛斯哥耶爾先生的潰瘍後來沒動手術，他上了手術檯，醫生刀開下去，就發現他得了癌，而且已到了末期，開刀也沒有用了。所以他們又把他縫起來，讓他住院三星期，給他吃好喝好，接著叫他回家。不過，他們犯了一個不可原諒的錯誤：他們告訴這個可憐人他將面臨什麼問題。他不能再工作，只好待在家裡，身邊圍繞著他的八個孩子，難過地想著死亡快要到來。我替他感到非常難過，只恨不能出門，否則我會盡量去探望他，要他別想這些事。現在這個好人再也不能告訴我們倉庫的人說了什麼，做了什麼，對我們來說是大災難，因為在安全措施方面，佛斯哥耶爾先生給予我們最多的幫助與支持，我們非常想念他。

下個月輪到我們把收音機交給當局。克萊曼先生家裡藏的那臺小的會送給我們，以取代我們這架漂亮的飛利浦。真可惜，我們得交出大臺的，但躲起來的人無法招惹政府當局。當然，我們會把「寶貝型」收音機放在樓上，已經有了地下猶太人和地下金錢，再來架地下收音機算得了什麼？

全國各地的人都在想辦法弄一架舊收音機交上去，不要交出手上的「士氣推進器」，這是真的，因為外面的報導越來越令人沮喪，收音機奇妙的聲音會幫助我們不氣餒，繼續告訴自己：「快樂一點，振作起來，情況一定會變好！」

安妮敬上

一九四三年七月十一日星期日

親愛的吉蒂：

回到教養孩子的主題上（不知是第幾次了），告訴你，我正在盡力做一個樂於助人又友善客氣的人，盡量讓大雨般的責備減弱為毛毛細雨。在你受不了的人面前，很難表現得像模範生，尤其在口是心非的時候。但是，比起以前想到什麼就說什麼（雖然根本無人詢問我的意見或在乎我的想法），我發現虛偽一點比較吃得開。當然，他們不公平時，我經常忘了自己的身分，無法嚥下這口怒氣，於是，接下來的一個月，他們會不斷說我是世上最沒大沒小的女孩。你不覺我得有時很可憐嗎？幸好我不會怨天尤人，否則可能會變得刻薄又愛發脾氣。我通常能看見他們的責備中幽默的一面，不過，挨罵的如果是別人，那就更容易了。

另外，我決定（深思熟慮後）放棄速記。第一，這麼一來，我會有更多時間留給其他科目，第二，因為我的眼睛。說來叫人傷心，我近視已經很深，早就該戴眼鏡了（呃，戴上去不會像傻瓜吧！），但你也知道，躲起來的人不能……

昨天大家怎麼談都是關於安妮的眼睛，因為媽媽建議由克萊曼太太帶我去看眼科。只是聽到這個建議，我腿都軟了，這可不是小事。到外面去！你想想看，走在街上！我真無法想像。起初我嚇呆了，接著才高興起來，但事情哪有這麼簡單，這麼一個手段必須徵得各權威人士的同意，可是他們無法當場做決定，必須先仔細衡量所有的難處與風險。不過蜜普已經準備好立刻陪我出發，我也從衣櫃拿出灰色外套，衣服太小了，看起來好像是我妹妹穿的，我們已經把下襬放長，可還是扣不起來。我很想知道他們的決定，只是我認為他們想不出什麼計畫，因為英國已經在西西里登陸，爸爸認為會「速戰速決」。

貝普交代我和瑪歌許多辦公室的工作，讓我們覺得自己很重要，這樣也是幫她一個大忙，把信件歸檔、填寫銷售紀錄誰都會，但是我們做得特別仔細正確。

蜜普跟馱騾一樣，必須帶好多東西，她幾乎每天都出門找蔬菜，把買好的東西放在大型購物袋，再用自行車載回來。每星期六從圖書館借五本書來的人也是她。我們期待每星期六的到來，星期六代表會收到新書，我們收到新書，就像一群收到禮物的小孩。一般人不懂書對一個關在狹小空間裡的人的意義，看書、用功與收聽無線電，是我們僅有的消遣。

安妮敬上

一九四三年七月十三日星期二

最好的小桌

昨天下午，我徵得爸爸的同意後，詢問杜瑟爾先生能否好心容我（瞧我多客氣！）使用我們臥室的桌子，每星期兩次，從下午四點到五點半。我已經每天趁杜瑟爾午睡時間，在桌子前從兩點半坐到四點，但其餘時間我不可使用房間與桌子。下午在隔壁房間根本不可能念書，因為人來人往。此外，爸爸有時下午想坐在書桌前。

這個請求聽起來合情合理，我非常禮貌地詢問杜瑟爾，你猜這位博學的紳士怎麼回答：「不行！」正是一句乾脆的「不行」！

我很生氣，也不甘心就這樣被拒絕，我問他「不行」的理由，卻根本沒用。他的回答大意如下：「我也得要進修，妳知道的，下午不看書的話，就找不出時間來了。我必須完成自己設定的任務，否則當初何必設定呢。再說，妳也不是那麼在乎功課的嘛，神話——那算什麼工作？看書和編織也不是。我要用那張書桌，我不會讓出來的！」

我回答：「杜瑟爾先生，我非常在乎我的功課，我下午無法在隔壁讀書，如果你願意重新考慮我的請求，我會非常感激你！」

說完這些話，遭受侮辱的安妮就轉身，當那位博學的醫生並不存在。我火冒三丈，覺得杜瑟爾實在太無禮（他確實是無禮），而我自己彬彬有禮。

那天晚上，我趁皮姆有空時，把事情經過告訴他，我們討論接下來我該怎麼做，因為我不準備放棄，寧願獨自處理這件事。皮姆大致告訴我該如何與杜瑟爾交涉，但勸我等到隔天再說，因為我當時還在氣頭上。我沒聽從最後這個勸告，洗好碗盤後，就等著杜瑟爾過來。皮姆就坐在隔壁，這會讓我保持鎮定。

我開口說：「杜瑟爾先生，你好像認為那件事再討論也沒用，但我請求你再考慮考慮。」

杜瑟爾對我露出他最迷人的笑容，說：「我隨時願意討論那件事，雖然這個問題已經塵埃落定了。」

我繼續說下去，不管杜瑟爾一再打岔。我說：「你剛來的時候，我們說好房間兩人共用，如果公平分配的話，你用整個上午，那麼我就能用整個下午！我現在也沒要求那麼多，我覺得一星期兩個下午很合理。」

杜瑟爾從椅子上跳起來，好像坐到一根針。「妳沒有權利談什麼房間的使用權，妳叫我去哪裡？也許我該請范．丹恩先生在閣樓替我蓋個小隔間，不是只有妳找不到安靜的地方工作，妳老是找人吵架，如果妳姊姊瑪歌對我提出同樣的請求，我根本不會拒絕她，她比妳更有權利要求工作空間，而妳……」

他又把神話與編織的事拿出來說，安妮又遭到侮辱。不過我沒有露出受辱的樣子，反而讓杜瑟爾把話說完：「真沒辦法跟妳說話，妳可恥，只想到自己，只想自己稱心如意，別人都無所謂。我從沒見過這種小孩，不過，說到最後，我還是得順妳的意思，我不希望以後有人說，安妮．法蘭克考試不及格，都是因為杜瑟爾先生不肯讓出桌子！」

他繼續說個沒完沒了，滔滔不絕，我幾乎跟不上。有一瞬間我心想：「這傢伙，滿嘴謊話，我要狠狠往他的醜臉打一個耳光，叫他撞上牆壁又彈起來！」但接下來我又想：「冷靜，他不值得妳這麼生氣。」

好不容易，杜瑟爾先生的怒火終於燃燒殆盡，他離開房間，露出夾著氣憤的得意表情，外套口袋塞滿了食物。

我跑去找爸爸，把整個經過說給他聽，至少把他沒聽清楚的地方告訴他。皮姆決定當天晚上找杜瑟爾談一談，他們談了超過半個小時。一開始討論是否應該讓安妮使用書桌，到底是行，還是不行。爸爸說，他和杜瑟爾以前就談過這個話題，當時他假裝同意杜瑟爾，因為不希望在晚輩面前反駁長輩。不過，當時他已經認為這事不公平。杜瑟爾認為，我沒有權利把他說得像是一個看到什麼都占為己有的入侵者，爸爸強烈反駁，因為他親耳聽到我們的談話，我並沒有說出這種話。兩人就這樣反覆爭論，爸爸為我的「自私」與「非正經事」辯護，杜瑟爾則從頭到尾都在發牢騷。

最後杜瑟爾不得不讓步，於是我每星期有兩天下午可以在不受打擾的情況下工作。杜瑟爾繃著一張臉，兩天不跟我說話，而且從五點到五點半一定霸著桌子——真是幼稚。

五十四歲還這麼小心眼、這麼古板，一定是天生的，永遠改不了。

一九四三年七月十六日星期五

親愛的吉蒂：

又有人破門而入，這次是真的！彼得跟平常一樣，一早七點下樓到倉庫，立刻察覺倉庫門與通往大街的門都開著。他馬上向皮姆報告，皮姆到私人辦公室，把收音機轉到德國電臺，並且把門鎖上。接著兩人回到樓上。碰到類似情況，按照規定我們「不梳洗、不用水、不出聲，八點前穿好衣服，不上廁所」，這次也一樣嚴格遵守。我們都慶幸自己睡得很熟，什麼都沒有聽見。有一段時間我們很氣憤，因為整個上午辦公室都沒有人上來，克萊曼先生讓我們提心吊膽到十一點半才過來。他告訴我們，小偷用鐵橇撬開外面的門與倉庫門，發現沒有什麼好偷的，就換一層樓試試手氣。他們偷走兩個錢箱，裡面有四十盾與支票本，最糟糕的是，還有三百三十磅砂糖配給券，那是我們全部的砂糖，很難再弄到新的配給券。

古格勒先生認為，這次的小偷和六星期前沒有順利打開所有三道門（倉庫門與兩道外門）的人是同一夥。

竊盜事件又引起一陣騷動，不過，就是刺激，密室才會有活力。當然，我們很高興收在衣櫃的收銀機與打字機安然無恙。

安妮敬上

附筆：登陸西西里，又跨出一步邁向……！

一九四三年七月十九日星期一

親愛的吉蒂：

星期日阿姆斯特丹北部遭受猛烈轟炸，顯然受到嚴重破壞，整條街道成了廢墟，要花一段時間才能挖出所有屍體。到目前為止，已知有兩百人死亡，無數人受傷，醫院擠得水洩不通。我們聽說有小孩獨自在悶燒的瓦礫中尋找死去的父母。一想起遠處響起的單調嗡嗡聲，毀滅越來越靠近我們，我就忍不住開始格格發抖。

一九四三年七月二十三日星期五

貝普現在可以弄到作業簿，尤其是流水帳與總帳的作業簿，對我那個正在學簿記的姊姊可有用了！其他種類的作業簿也可以買到，但別問是哪種本子，或是能用多久。此刻作業本都標著「無須配給券」！跟不用配給券可以買到的每一樣東西一樣，它們現在根本一文不值，裡面只有十二張灰紙，畫著又窄又斜的線條。瑪歌想上書法課，我建議她趕快學吧，媽媽不讓我學，因為我的眼睛，但我覺得這樣做很蠢，我不管做什麼，不都得用到眼睛嗎？

吉蒂，因為你沒有經歷過戰爭，雖然有我的信，你對藏匿生活是怎樣的情景，也知道不多，我來告訴你，如果可以出去，我們每個人第一件想做的事，就當好玩吧。

瑪歌和范．丹恩先生最希望洗個熱水澡，把浴缸注滿水，躺在裡面至少半個小時。范．丹恩太太想要吃蛋糕，杜瑟爾只想見他的夏洛特，媽媽巴不得立刻來一杯真正的咖啡，爸爸想去探望佛斯哥耶爾先生，彼得要去市區走一走。至於我，我一定高興死了，不知道要先做哪一件事。我最希望的是擁有一個自己的家，能夠自由自在走來走去，又有人教我寫功課，也就是說，可以回學校上學！

貝普自願以外面所謂「廉價」的價格幫我們買水果：葡萄每磅二．五盾，醋栗每磅七十分，一顆桃子五十分，甜瓜每磅七十五分。難怪報紙每天晚上都會出現大大的粗體字：「公平交易，抑制物價！」

一九四三年七月二十六日星期一

親愛的吉蒂：

昨天天下大亂，我們到現在還是很激動。其實，你可能會想，我們哪有一天是沒有出現騷動的呢。

吃早餐，第一聲警報響起，我們不以為意，因為這只表示飛機正在飛越海岸線。我頭痛得要命，所以早餐後先躺了一個小時，約兩點到辦公室。兩點半，瑪歌做完辦公室的工作，正在收拾東西之際，警報再次響起，於是我和她一塊回到樓上。回去的還真是時候，不到五分鐘，猛烈的槍砲聲響起，我們只好到走廊站著。屋子搖搖晃晃，炸彈不停落下。我緊抓著我的「逃生包」，倒不是想逃，而是因為想要抓住個東西。我知道我們不能離開這裡，如果不得不出去，在街上被人看見，那也與遭受空襲一樣危險。過了半小時，隆隆的引擎聲越來越遠，屋子再度一陣忙碌。彼得從前閣樓的瞭望臺下來，杜瑟爾留在前辦公室，范．丹恩太太覺得私人辦公室最安全，范．丹恩先生一直在頂樓觀望，我們在樓梯間的人散開，去看從海灣升起的煙柱。不久，到處瀰漫燃燒的味道，往外看去，城市彷彿籠罩在濃霧中。

那樣的大火並非什麼愉快的景象，幸好對我們來說都過去了，我們又各自做各自的事。正開始吃晚餐時，又一次空襲警報。菜色很好，但一聽到警報我就沒胃口了。不過，這回沒事，四十五分鐘後，警報解除。洗好碗盤後，又是空襲警報、槍砲聲與成群飛機飛來的聲音。我們心想：「哦，老天，一天炸兩次，這也太多了。」抱怨也沒用，因為炸彈又一次像雨一樣落下，這次落在城的另一邊。根據英國報導，斯奇泊機場被炸了。飛機俯衝下來又飛上去，空氣充滿嗡嗡的引擎聲，好可怕，我從頭到尾都心想：「來了，這回真的來了。」

我可以向你保證，我九點上床時兩腿還在顫抖。午夜鐘響時，我又醒來：又是飛機！杜瑟爾正在脫衣服，我沒注意，聽到第一聲槍響時就清醒地跳起來。我在爸爸的床上待到一點，在自己的床上待到一點半，兩點時回到爸爸的床上。可是飛機不停飛來，好不容易終於停火，我又可以回「家」了。過了兩點半，我終於睡著。

七點鐘，我突然驚醒，在床上坐起來。范・丹恩先生跟爸爸在一起，我第一個念頭是：有小偷上門。我聽見范・丹恩先生說「所有的」，以為所有的東西都被偷了。結果不是，這次是天大的好消息，這幾個月來最好的消息，甚至可能是開始打仗後最好的消息。墨索里尼下臺，義大利國王接管政府。

我們高興地手舞足蹈。經過昨日一整天的可怕事件後，終於等到一件好事為我們帶來了……希望！戰爭結束的希望，和平到來的希望。

古格勒先生突然來了，告訴我們佛克飛機工廠遭到猛烈轟炸。今天早上還有另一次空襲，飛機飛過上空，又一陣警報聲。我已經受不了警報聲，睡也睡不好，根本不想工作。但現在義大利懸而未決的局勢，以及戰爭可能在年底結束的希望，讓我們保持清醒……

安妮敬上

一九四三年七月二十九日星期四

親愛的吉蒂：

我、范・丹恩太太和杜瑟爾洗碗盤時，我非常安靜，這對我來說是非常反常的一件事。他們當然注意到了，為了避免他們追問下去，我立刻絞盡腦汁找個中性話題。我以為《對街亨利》這本書很適合，結果大錯特錯，當時范．丹恩太太沒有突然兇我，但是杜瑟爾先生對我破口大罵了。事情簡單來說是這樣的：杜瑟爾先生向我和瑪歌推薦這本書，說是優秀的寫作範例，我們認為這本書寫得一點也不好，小男孩刻劃得很好，其他的……少提為妙。洗碗盤時，我講了這一類的話，杜瑟爾就確確實實訓了我一頓。

「妳怎麼可能了解一個男人的心理？了解小孩的心理嘛，倒沒有那麼難懂（！）。可看這種書，妳年紀還太小了，連一個二十歲的人也無法理解。」（那麼他為何一開始那麼熱心推薦給我和瑪歌？）

范．丹恩太太和杜瑟爾繼續數落我：「妳知道太多妳不該知道的事，妳受到的教養錯了，以後妳年紀大一點，享受不到任何事情的樂趣，妳會說：『哦，那我二十年前就在某某書中看過了。』妳想找個丈夫還是談戀愛的話，最好動作快一點，因為妳以後對什麼事都不會滿意的。理論方面妳已經都知道了，實際情形呢？那可就另當別論了！」

你能想像我的感受嗎？我自己也很驚訝，居然能夠冷靜地回答：「你們可以認為我所受的教育方式有問題，但很多人會有不同看法！」

他們顯然相信，教養子女的良好方式，包括讓我與父母對立，因為他們一向如此。不在我這種年紀的女孩面前討論成人話題，那也好，我們都看到了受這種教育長大的人的德行。

在那一刻，我好想給這兩個嘲笑我的人一巴掌。我氣炸了，如果知道還要在一起忍受彼此多久，我會馬上開始數日子。

范．丹恩太太還有臉說別人！她樹立了一個榜樣——一個壞榜樣！她是出了名的咄咄逼人，自我中心，狡猾奸詐，斤斤計較，永遠不知足。還有，虛榮，賣俏，毫無疑問是一個十足卑劣的小人。關於范・丹恩夫人，我都可以寫一本書了，說不定我哪天真寫了。人只要願意，就可以穿上迷人的外衣，范・丹恩太太對陌生人很友善，尤其是陌生男人，所以剛認識她時很容易看走眼。

媽媽認為范・丹恩太太蠢到難以形容的地步，瑪歌認為她不值一提，皮姆認為她太醜陋（長相與為人都是！），經過長期觀察（我這人不會一開始就抱持偏見），我得出了結論：她以上三者兼具，還有許多其他缺點。既然她缺點這麼多，我何必只單挑其中一樣呢？

安妮敬上

附筆：讀者請注意，本文作者下筆時，怒氣未消。

一九四三年八月三日星期二

親愛的吉蒂：

政治形勢越來越好，義大利查禁法西斯黨，許多地方人民與法西斯分子打架，有的連軍隊也加入。那樣的國家怎麼可能繼續跟英國作戰呢？

我們漂亮的收音機上星期被拿走了。杜瑟爾非常生氣古格勒先生在指定日把它交出去，我對杜瑟爾的評價越來越低，已經落到負的分數了。他不管是談論政治、歷史、地理、還是其他任何事，都可笑得讓我幾乎不敢重複他的意見：希特勒將自歷史消失，鹿特丹的海港比漢堡港大，英國人是白癡，因為沒有把握機會把義大利炸個粉碎，諸如此類。

我們剛經歷第三次空襲，我決定咬緊牙關練習勇敢一點。

范・丹恩太太，那一個老把「炸就炸吧」與「炸死好過苟活」掛在嘴邊的人，其實是我們之中最沒膽的一個。今天早上她抖得像葉子一樣，連眼淚都嚇出來了。她丈夫安慰她，吵了一星期的架後，她才剛宣布休戰，看到這一幕，我差一點感動了。

穆鬚已經讓我們確信，養貓有利也有弊。整間屋子跳蚤橫行，一天比一天嚴重。克萊曼先生在每個死角縫隙撒上黃粉，但跳蚤根本不理不睬，害得所有人神經兮兮，永遠幻想手腳還是身體哪裡被叮了，趕快跳起來做幾下體操，因為這樣正好有理由好好檢查手臂或脖子。不過，我們缺乏運動，這下吃到了苦頭，全身上下僵硬，頭都轉不動。真正的體操早就半途而廢了。

安妮敬上

一九四三年八月四日星期三

親愛的吉蒂：

我們已經躲了一年多，你很了解我們的生活，但我也無法什麼都告訴你，因為這裡的生活與普通日子、普通人很不一樣。不過，為了讓你更深入了解我們的生活，我偶爾還是會跟你描述日常生活片段。我從傍晚與夜間講起。

晚間九點。密室就寢時間從一陣大騷動開始。挪椅，拉床，鋪毯子——這些東西在白天都換了位置。我睡在一張小型長沙發上，只有五英尺長，所以必須靠幾張椅子加長。棉被、床單、枕頭、毯子——白天通通搬到杜瑟爾的床上。

隔壁房間嘎吱嘎吱響，那是瑪歌的折疊床拉開的聲音，還要放上毯子枕頭，任何能讓木板更舒服一點的東西都好。樓上轟隆轟隆像在打雷，其實不過是范．丹恩太太的床被推到窗戶邊，女王陛下以粉紅睡袍盛裝打扮，床推到窗邊，她那嬌弱的小鼻孔才能聞到夜氣。

九點整。彼得梳洗完畢，輪我使用浴室。我從頭到腳洗一遍，經常發現臉盆飄著一隻小跳蚤（炎熱的月份、星期與日子才有）。我刷牙、上髮捲、修指甲、往上唇上方拍一點過氧化氫漂白黑茸毛——全在半小時內完成。

九點三十分。我穿上浴袍，一手肥皂，一手尿壺、髮夾、燈籠褲、髮捲與棉花，匆匆離開浴室。下一個進去的人，總是叫我回去，清理我留在臉盆那些捲得很美卻有礙觀瞻的頭髮。

十點。拉上遮光簾，道晚安的時間到了。其後至少十五分鐘內，屋內充滿床鋪發出的嘎吱聲與壞掉彈簧的哼哼聲。接著，如果樓上鄰居沒有在床上唇槍舌戰，一切就歸於平靜。

十一點三十分。浴室門嘎吱響，一束窄光射入房間。嘎吱的鞋子，大外套，比衣服裡面的人還大……在古格勒先生的辦公室做晚間工作的杜瑟爾回來了。我聽見他拖拖拉拉來回走了整整十分鐘，紙的窸窸窣窣聲（因為他把食物藏到櫃子裡面），鋪床的聲音。接著人影又消失，只聽見廁所偶爾傳來的可疑聲音。

大約三點。我必須起床用床底的鐵罐。為了安全起見，怕滲漏情況發生，罐底鋪了一層橡皮墊。這時我總是屏住呼吸，因為小便流進罐子時，會發出像山坡小溪的嘩啦嘩啦聲。尿壺回到原位，穿著白睡袍的人影（害瑪歌每晚驚呼「哎喲，那件猥褻的睡衣！」的那一件）爬回床上。某人醒著躺了大約十五分鐘，聽著夜晚的聲響。首先聽聽樓下有沒有小偷，接著聽聽不同的床——樓上的，隔壁的，我房間的——聽聽別人是睡了，還是半夢半醒著。並不好玩，尤其聽到某位名叫杜瑟爾醫生的家庭成員的聲音。首先像是一條魚大口呼吸的聲音，這聲音重複九次、十次。接著，拚命濡濕嘴唇的聲音，中間夾雜輕微的咂嘴聲，接下來在床上翻來覆去，枕頭移來移去，靜悄悄五分鐘後，同樣步驟重複三次，之後大概又安穩睡了一會兒。

有時夜裡一點到四點之間有槍砲聲響起，我還沒搞清楚狀況，就突然發現自己站在床邊，應該是純粹出於習慣吧。有時我深陷夢中（夢見不規則法語動詞或樓上吵架），直到夢醒，才發現已經停止射擊，我依然安靜待在房間。不過我通常會醒來，抓個枕頭或手帕，趕緊披上睡袍，衝到隔壁找爸爸，就像瑪歌在這首生日詩裡面所描寫的：

黑夜槍聲響起，
房門嘎一聲開啟，
出現一條手帕，一顆枕頭，一抹白色人影……

我一到那張大床，最可怕的事就都過去了，除非槍砲聲格外響亮。

六點四十五分。鈴鈴鈴……鬧鐘響了，無論白天夜晚，無論你要或不要，它隨時會放聲尖叫。嘎……碰……范．丹恩太太把它關了，范．丹恩先生起床，像大船下水，起床衝向浴室。

七點十五分。門又嘎一聲開了，杜瑟爾可以去浴室了。終於剩下我一個人，我拉開遮光簾……密室新的一天開始了。

安妮敬上

一九四三年八月五日星期四

親愛的吉蒂：

今天談談午餐時間。

十二點三十分到了，大夥鬆了一口氣，因為那個背景可疑的范．馬倫先生與德．考克先生回家吃中餐了。

樓上可以聽到吸塵器砰砰砰敲在地毯上的聲音，那張美麗的小地毯是范．丹恩太太的，她也只有這麼一張。瑪歌往腋下塞了幾本書，去教「笨鳥班」荷蘭語，杜瑟爾好像就在那一班。皮姆帶著固定伴侶狄更斯走到角落坐下，圖片刻的安寧。媽媽匆匆上樓幫助那位忙碌矮小的家庭主婦，我則收拾浴室，同時打扮一下自己。

十二點四十五分。大家一個接一個進來。首先是吉斯先生，然後是克萊曼先生或古格勒先生，隨後是貝普，有時連蜜普也來了。

一點。所有人圍著收音機，拉長耳朵收聽ＢＢＣ廣播節目，只有這個時候密室成員不會互相干擾，因為連范．丹恩先生也無法跟說話的人爭辯。

一點十五分。分發食物。樓下每個人分到一碗湯，如果剛好有布丁的話，也會分到布丁。吉斯先生心滿意足坐在長沙發，或靠著書桌，捧著碗讀報紙，通常貓咪會在他的腳邊，三樣東西若少了一樣，他會毫不猶疑提出抗議。克萊曼先生轉述城裡最近發生的事，他的消息非常靈通。古格勒先生匆匆上樓，敲門聲短而有力，他進來時不是絞著雙手，就是喜孜孜地搓手，取決於他是情緒不佳不願說話，還是心情很好正想聊天。

一點四十五分。人人離開餐桌做自己的事。瑪歌與媽媽洗碗盤，范．丹恩夫婦朝長沙發走去，彼得去閣樓，爸爸去自己的沙發，杜瑟爾也是。安妮做功課。

接下來是白天最安靜的時候，大家都睡著了，毫無騷動。從杜瑟爾的表情，可以判斷他夢見了食物。但我也不會欣賞太久，因為時間咻一下就過去了，在不經意中就到了下午四點，而愛賣弄學問的杜瑟爾醫生拿著錶站在那裡，因為我晚了一分鐘收拾桌面。

安妮敬上

一九四三年八月七日星期六

親愛的吉蒂：

幾個星期前，我開始寫一個故事，從頭到尾都是我虛構的，我好喜歡寫作，所以越寫越多。

安妮敬上

一九四三年八月九日星期一

親愛的吉蒂：

現在繼續說說密室的一天通常是怎麼過的。我們已經說過了午餐，現在該講講晚餐。

范．丹恩先生。他最早開動，喜歡的菜一定拿很多。通常加入談話，從不吝嗇發表自己的高見，一旦開口，他的話永遠是對的，任何人膽敢暗示其他意見，范．丹恩先生會奮勇抵抗，哎喲，兇得跟貓一樣嘶嘶叫呢……但我寧願他別這樣，那樣子見過一次，就永遠不會想再看到。他的意見是最高明的，他什麼事都懂得最多，就算這人很聰明，但也自我膨脹得太厲害了。

夫人。說實在的，少說為妙。有時候，尤其是她心情快要變壞的時候，她的臉色很難捉摸。如果事後分析當時的討論，你會發現，她不是話題，而是犯錯的一方！這個事實大家都寧可忽略，即使如此，她還是老愛煽風點火。惹事生非是范．丹恩太太口中的樂趣，她老是離間法蘭克太太和安妮之間。瑪歌和法蘭克太太之間就沒那麼容易了。

還是回到餐桌上吧。范．丹恩太太也許認為她拿的食物總是不夠，才怪呢，上選的馬鈴薯，美味的佳餚，什麼都挑最鮮最嫩的，這是夫人的座右銘。別人可以輪流沒關係，只要我能拿到最好的（她就是這樣指責安妮．法蘭克的！）。她的第二條標語是：滔滔不絕。只要有人肯聽，她從沒考慮到對方有沒有興趣。她一定以為范．丹恩太太的話大家都想聽。

風騷的笑容，假裝什麼都懂，給每個人幾句勸告，過分殷切照顧他們——那當然一定給人留下好印象。但仔細一看，那好印象就會淡去。一，她勤勞，二，開朗，三，賣弄風騷，有時那張臉也很漂亮。這就是佩特洛尼拉．范．丹恩。

第三位用餐者。話很少，年輕的范．丹恩先生通常很安靜，幾乎讓人感覺不到他的存在。至於他的食量，就像達那斯的女兒的大水缸，永遠都裝不滿[7]。即使大吃大喝過後，他也能冷靜地看著你的眼睛，說他還能再吃下兩倍的東西。

第四位——瑪歌。食量像小鳥，從來不說話，只吃蔬果。「被寵壞了」是范．丹恩夫妻的看法，我們則認為「太少運動，太少呼吸新鮮空氣」。

她身邊——媽咪。胃口好，健談。范．丹恩太太給人家庭主婦的印象，她不會，兩人之間有何不同呢？嗯，范．丹恩太太做菜，媽媽洗碗盤、擦家具。

第六與第七位。關於我和爸爸就不多說了。後者是餐桌上最謙虛的人，總是留意其他人是否已經夾了菜，自己都不需要，最好的留給小孩。他是善良的化身，坐在他身邊的則是密室那個小神經質。

杜瑟爾。別客氣啊，盯著食物，吃就好，別說話。如果你不能不開口，那麼拜託講跟吃的有關的吧，那樣才不會引起爭吵，只會有人吹牛而已。他食量奇大，字典裡沒有「不要」二字，無論東西好吃與否。

穿到胸口高度的褲子，紅外套，黑色漆皮拖鞋，牛角框眼鏡——這是他在小桌子前工作時的打扮，他永遠在做研究，永遠沒有進步，只有午睡、食物與廁所（他最喜愛的地點）才能打斷他的研究工作。每天總有三、四次，甚至五次，有人在廁所門外苦等，不耐地跳著交換雙腳重心，努力憋尿，卻快要忍不住了。杜瑟爾在乎嗎？才不呢。從七點十五分到七點三十分，從十二點三十分到一點，從兩點到兩點十五分，從四點到四點十五分，從六點到六點十五分，從十一點三十分到十二點，你可以靠這些時間來對時，這些是他「定期會議」的時間。他從不改變習慣，也不會受到門外求他在災難發生前開門的聲音影響。

第九個不是密室家族成員，雖然她常來家裡，也常一起用餐。貝普胃口很好，總把盤子吃得乾乾淨淨，並且不挑食。貝普隨和，大家跟她在一起都很開心。她可以這樣形容：開朗，好脾氣，親切又樂於助人。

7. 達那斯（Danaus）是希臘神話人物，有五十個女兒，其中四十九個因謀害親夫，必須永遠往一只漏水的大缸倒水。

一九四三年八月十日星期二

親愛的吉蒂：

新想法：用餐時，我多跟自己說話，少跟別人交談，這樣做有兩個好處。第一，他們很高興不必聽我喋喋不休。第二，我不用為他們的意見生氣。我不認為我的意見很蠢，但別人這樣認為，所以有話最好放在心裡。被迫吃討厭的東西時，我也是用這一招，我把盤子放在面前，假裝這東西好吃，盡量避免看著它，在我還沒吃出來那是什麼時，已經吃下肚了。早晨起床是另一個非常不愉快的時刻。我跳下床，心想著：「妳馬上就要鑽回被窩了。」走到窗邊，放下遮光簾，從窗簾縫用力吸，吸到感覺到一點新鮮空氣為止，於是就清醒了。我趕快把床單抽開，這樣就不會忍不住又爬上床去。你知道媽媽怎麼形容這種事嗎？「生活的藝術」，是不是很好笑的說法？

上星期我們都有一點糊里糊塗，因為我們心愛的西教堂鐘樓大鐘已經送去熔掉了，準備供前線使用，所以不管夜晚或白天，我們都不知道確切的時間。我還是希望他們找個替代品為附近的人報時，像是用錫或銅一類所鑄成的鐘。

不管走到哪裡，不管是上樓或是下樓，大家都對我的雙腳投以羨慕的眼光，因為一雙十分漂亮（在這種年代！）的鞋子就穿在我的腳上，蜜普以二十七．五盾的價格設法弄來的。酒紅色仿麂皮與真皮，中等高度的鞋跟，穿上去感覺像在踩高蹺，我本來就高，穿上去又更高了。

我昨天很倒楣，右手拇指被一根粗針的針鼻刺傷了，結果瑪歌只好幫我削馬鈴薯皮（因禍得福），寫字也很不方便。接著，又用力撞上櫥櫃門，差點跌倒在地，還因為弄得大聲小聲而挨罵。他們不讓我開自來水沖額頭，所以我現在右眼上方頂著一個大腫包走來走去。還有更糟的事情，我右腳小趾頭卡進吸塵器，流了血，好痛，不過其他地方的痛已經帶來很多麻煩，所以我就沒理會這一個，真是笨，結果現在指頭發炎了，只好塗藥膏，纏繃帶，再不能穿那雙美麗無比的新鞋。

杜瑟爾不知第幾次差一點害死我們，居然叫蜜普帶一本書給他，一本反墨索里尼的批評書籍，那是禁書耶。她來這裡的路上，被一輛黨衛軍摩托車撞倒，氣得失去了理智，罵了一聲「畜生！」才又繼續上路。我不敢想像，要是她那時被押回總部，會有什麼後果。

安妮敬上

本小型社區日常家務：削馬鈴薯皮！

一個人去拿報紙，另一個人拿刀子（當然把最好的那一把留給自己），第三個人搬馬鈴薯，第四個人拿水。

杜瑟爾先生開始削皮。他削得不是非常漂亮，但削個不停，還東瞧西瞧，看看大家是不是像他那樣削。才不是呢！

「看，安妮，我是這樣拿削皮器，要由上往下削：Nein[8]，不是這樣……是這樣！」

「我覺得我這樣比較容易，杜瑟爾先生。」我試探性地說。

「但我這才是最好的法子，安妮，妳可以學我，當然啦，妳要用妳喜歡的方法也沒關係。」

我們繼續削皮。我用眼角餘光瞄了瞄杜瑟爾，他陷入沉思，搖著頭（肯定是因為我），但不再說話。

8. 譯註：德語，意為「不」。

我繼續削皮。然後看著另一側的爸爸，對爸爸來說，削馬鈴薯皮不是家事，而是一件精確的工作。他看書時，後腦勺會出現深深的皺紋，處理馬鈴薯、豌豆或蔬菜時，則好像全神貫注投入工作，露出他那種削馬鈴薯的表情，當他露出這種表情時，是不可能削出不完美的馬鈴薯。

我繼續工作，抬眼看了一秒，一秒就夠了。范．丹恩太太正在想辦法吸引杜瑟爾的注意，一開始看著他的方向，杜瑟爾假裝沒注意到，她眨眨眼，杜瑟爾卻繼續削皮。她大笑，杜瑟爾還是沒有抬起頭。接著媽媽也笑了，杜瑟爾卻不理會她們。范．丹恩太太無法得逞，只好改變戰術。一陣短暫的沉默後，她說：「普提，你怎麼不圍上圍裙呢？不然明天我得花一整天的時間弄掉你那套衣服的污漬！」

「我又沒有弄髒。」

又一陣短暫沉默。「普提，你為什麼不坐下？」

「我這樣很好，我喜歡站著。」

沉默。

「普提，小心，du spritzt schon[9]！」

「我知道，媽咪，但我很小心了！」

范．丹恩太太思索另一個話題。「嗯，普提，英國人今天為什麼沒有來轟炸？」

「因為天氣不好，克莉！」

「但昨天天氣這麼好，他們也沒飛過來。」

「別談這事了。」

「為什麼不？人家就不能說那件事，談談自己的意見？」

「不行！」
「咦，到底為什麼不行？」
「哎呀，安靜安靜吧，Mammichen[10]！」
「法蘭克先生就會回答他太太的問題。」
范．丹恩先生努力控制情緒，這句話永遠會激怒他，但范．丹恩太太還不住嘴：「唉，永遠都不會登陸反攻的！」
范．丹恩先生的臉都白了，范．丹恩太太察覺了，臉也紅了，但才不會就此罷休：「英國人都沒做事！」
炸彈爆炸了。「馬上給我閉嘴，Donnerwetter noch mal[11]！」
媽媽幾乎忍不住要笑出來，我則直視前方。
這樣的場景幾乎每日重演，除非他們才大吵一架，那樣的話，范．丹恩先生與范．丹恩太太都不會說話。
我該再去多拿些馬鈴薯。我上去閣樓，彼得正忙著替貓咪抓跳蚤，他抬起頭，貓注意到，一溜煙跑了，從窗戶跳到雨水檐槽上。
彼得罵髒話，我笑了笑，溜出房間。

9. 原註：你濺得到處都是！
10. 原註：媽咪。
11. 原註：該死。

密室裡的自由

五點三十分。貝普來了，代表我們晚上的自由時間開始了。活動立刻開始進行。我跟貝普上樓，她通常比我們其他人更早吃布丁。她一坐下，范．丹恩太太馬上開始細數她的心願，通常是這樣開始的：「啊，對了，貝普，我還想要另一樣東西……」貝普朝我眨眨眼。只要有人上樓來，范．丹恩太太一定會讓那人知道她想要什麼的願望，這一定是沒有人想上樓的理由之一。

五點四十五分。貝普走了。我走下兩層樓到處看看，先去廚房，然後去私人辦公室，接著到煤炭儲藏室幫穆鬚把貓門打開。

漫長的巡視之旅後，最後來到古格勒先生的辦公室。范．丹恩先生正在徹底搜查所有抽屜卷宗，尋找今天的郵件。彼得抱起波奇，拿了倉庫鑰匙。皮姆把打字機搬上樓，瑪歌四處找安靜地方做辦公室工作，范．丹恩太太提一壺水放到瓦斯爐上，媽媽端著一鍋馬鈴薯下樓，我們都知道自己的工作。

不久彼得從倉庫回來。他們問他的第一個問題是，記不記得拿麵包。他忘了。他蹲在前辦公室門口，盡量縮起身子，朝鐵櫃匍匐前進，拿出麵包，準備離開。總之，他打算離開，結果還沒意識到發生什麼事，穆鬚已經從他頭上跳過，坐在辦公桌底下。

彼得到處找牠，哈，找到了！他爬回辦公室，伸手抓住貓尾巴。穆鬚發出噓聲，彼得嘆了口氣。他完成了什麼？穆鬚先坐在窗邊舔身上的毛，非常得意逃脫彼得的魔爪。彼得別無選擇，只好拿一片麵包引誘牠，穆鬚上當了，跟他出了辦公室，門關上。

這一幕我自門縫從頭看到尾。

范．丹恩先生生氣甩上門，我和瑪歌交換一個眼色，想著同樣的事：他一定又自己在那裡生氣了，氣古格勒先生出了什麼大錯，完全忘了凱格公司就在隔壁。

走廊傳來另一個腳步聲。杜瑟爾進來，走向窗戶，一副很有禮貌的神態，用力吸了吸……接著咳嗽，打噴嚏，清喉嚨。他運氣不好——聞到了胡椒。他繼續走到前辦公室，窗簾開著，這表示他不能去拿他的信紙。他皺著眉頭消失了。

我和瑪歌又交換眼色。「明天他的心上人會少收到一頁信。」我聽見她說。我點頭同意。

樓梯傳來大象的跺足聲，是杜瑟爾，他去他最愛的地點尋求安慰。

我們繼續工作。叩叩叩……敲三下，表示晚餐時間到了！

一九四三年八月二十三日星期一

Wenn Die Uhr Halb Neune Schlägt……[12]

瑪歌和媽媽緊張起來。「噓……爸爸，安靜，奧圖，噓……皮姆！八點半了，過來這裡，不能再用水了。走路輕一點！」爸爸用浴室時，我們經常對他說這些話。八點半的鐘聲響起時，他必須到起居間，不能用自來水，不能沖馬桶，不能走來走去，不能發出任何聲音。只要辦公室員工還沒到，聲音就更容易傳到倉庫。

12. 原註：當鐘敲八點半……

樓上的門在八點二十分打開，有人輕輕敲地板三下……安妮的麥片粥好了，我爬上樓領我的狗碗。

回到樓下，每一件事都得趕快完成。我梳頭髮，收起尿壺，把床推回去。安靜！鐘敲八點三十分了！范・丹恩太太脫下鞋子，換穿拖鞋在房裡走動，范・丹恩先生也是——真可稱得上是卓別林。屋子靜悄悄。

理想的家庭情景這時進入高潮。我想看書或做功課，瑪歌也是。爸爸媽媽也一樣。爸爸坐在床邊（當然拿著狄更斯和字典），凹陷的床嘎嘎響，連個像樣的床墊也沒有，可以拿兩個靠枕疊在一塊，但他心想：「我不需要，沒有靠枕我也可以！」

他一開始閱讀，就不會再抬起頭。他偶爾笑出聲，想叫媽媽也來讀一段。

「我現在沒空！」

他露出失望的表情，繼續讀下去，過了一會兒，又讀到有趣的段落，再試一次：「媽媽，這裡妳一定要讀一讀！」

媽媽在折疊床上坐下，或者讀書，或者縫衣服，或者打毛線，或者學些什麼，反正就是做她計畫中接下來要做的事。突然，她想到一個主意，怕忘了：「安妮，記住……瑪歌，拿枝筆記一下……」

過了片刻，又安靜下來。瑪歌砰一聲把書闔上，爸爸皺起額頭，眉毛形成一道好笑的彎弧，後腦勺又出現專心時的皺紋，他又埋頭看書。媽媽開始和瑪歌閒聊，我很好奇，也豎耳聆聽。皮姆也忍不住加入談話……九點，吃早餐囉！

一九四三年九月十日星期五

親愛的吉蒂：

每次我寫信給你，總是發生了特別的事，通常都不是快樂的事，而是不愉快的事。這次卻有好事發生了。

在九月八日星期三，我們收聽七點新聞時，聽見收音機宣布：「現在報導戰爭爆發至今以來最好的消息：義大利投降了。」義大利無條件投降了！從英國發出的荷蘭廣播在八點十五分開始播報這條新聞：「各位聽眾，一個小時又十五分鐘前，正當我撰寫好每日新聞播報稿時，我們收到義大利投降的大好消息。我可以告訴各位，我從來沒有像今天這樣雀躍地將稿子扔進字紙簍！」

收音機播放了〈天佑吾王〉[13]、美國國歌與蘇聯共產黨的〈國際歌〉。跟平常一樣，荷蘭語的廣播節目鼓舞人心，可態度並不過度樂觀。

英國已經自拿坡里登陸，義大利北部由德國人占領，停戰協定在九月三日星期五簽署了，也就是英國人登陸義大利的那一天。德國人在每份報紙痛罵巴多格里奧與義大利國王。

不過也有壞消息，是克萊曼先生的事。你也知道，我們都非常喜歡他，他一向爽朗，又超級勇敢，其實他生病了，忍受痛苦，不能多吃，也不能多走路。「當克萊曼先生走進房間，陽光就會照射進來。」媽媽最近這麼說，說得真好。

現在他好像必須進醫院動一個非常困難的胃部手術，至少得住院四星期，你真該看看他向我們道別時的樣子，表現得跟平常一樣，好像只是去辦點事而已。

安妮敬上

13. 譯註：英國國歌。

一九四三年九月十六日星期四

親愛的吉蒂：

密室裡，大家的關係每況愈下，用餐時沒人敢開口（除非是偷偷塞一小口食物進嘴裡），因為不管說什麼，一定會冒犯到誰，不然就是有人會聽錯意思。佛斯哥耶爾先生偶爾會來探望我們。很遺憾，他身體狀況不好，而他也沒讓家人好過，他的態度似乎是這樣的：管他的，反正我要死了！當我想到這裡每個人是多麼的敏感，就能想像佛斯哥耶爾家是怎樣的情景。

為了抵抗焦慮與憂鬱，我每天都服用纈草，但第二天還是更加痛苦。開心大笑幾聲，比十滴纈草油還有效，但我們幾乎已經忘了怎麼笑，有時我怕我的臉會因為憂傷而鬆弛，嘴角會一輩子往下垂。其他人也好不到哪裡去，這裡的每個人都害怕那個叫冬天的恐怖東西。

還有一個原因也讓我們的日子開心不起來，那就是范．馬倫先生，在倉庫工作的那個男人，他開始對密室起了疑心。任何有點腦筋的人現在一定注意到了，蜜普有時說要去到實驗室，貝普要去拿卷宗，克萊曼先生要去拿歐佩克塔儲備品，古格勒先生聲稱後面的增建根本不屬於這一棟樓，而是跟隔壁連在一起。

我們本來不在乎范．馬倫先生怎麼想，只是他出了名的不可靠，好奇心又強，無法用薄弱的藉口打發。

有一天，古格勒先生想格外謹慎一點，在十二點二十分時，穿上外套，到街角的藥房，不到五分鐘後回來，像小偷一樣，躡手躡腳上樓來看我們。在一點十五分，他準備要離開，貝普卻在樓梯平臺上等他，警告他范．馬倫在辦公室裡。古格勒先生轉身回來，在我們這裡待到一點三十分。接著，他脫掉鞋子，只穿著襪子（顧不得已經感冒了）到前閣樓，從另一個樓梯下去，走一步就停一下，以免發出聲響。他花了十五分鐘才走完樓梯，不過終究從外面進來，安全返回辦公室。

在同一時間，貝普弄走范．馬倫，想從密室把古格勒先生帶走，但他已經離開了，那時正躡手躡腳走下樓。路人看見堂堂一個經理在屋外穿鞋子，會怎麼想呢？喂，你，就是你，穿襪子的！

安妮敬上

一九四三年九月二十九日星期三

親愛的吉蒂：

今天范．丹恩太太生日，除了一張乳酪配給券、一張肉品配給券和一張麵包配給券，我們只送給她一罐果醬。她丈夫、杜瑟爾和辦公室員工只能送她花以及一些吃的。這個時代就只能這樣！

貝普上星期突然情緒崩潰，因為好多差事要忙，一天被派出去跑腿十趟，而且每次都一定要她立刻出發，或者再去一次，不然就是她拿錯了東西。想想看，她已經有日常的辦公室工作要做，克萊曼先生病了，蜜普感冒在家，貝普自己腳踝扭傷，除了煩惱男朋友的事，還有個脾氣暴躁的爸爸，難怪她會忍無可忍。我們安慰她，告訴她只要堅持立場拒絕一兩次，推說自己沒空，購物清單自然會縮短。

星期六上演了一場好戲，這裡還未見過類似的場面。這場戲從討論范．馬倫開始，以大吵與眼淚結束。杜瑟爾向媽媽抱怨，說他被當成痲瘋病人對待，沒有人對他友善，他什麼也沒做，不該受到這樣的待遇，接著是一堆甜言蜜語。幸好，媽媽這次沒有上當。媽媽告訴他，我們對他很失望，他不只一次惹大家很生氣。接著杜瑟爾向她保證不會再犯，結果呢，跟以前一樣，是張空頭支票，我們還沒發現絲毫的改變。

范．丹恩一家又在醞釀什麼麻煩了，我一看就知道！爸爸很火大，因為他們騙我們，一直把肉和其他東西藏起來。哼，這次怎樣的炸彈會突然爆炸呢？但願我不會被這些衝突波及！但願我可以離開這裡！他們快把我逼瘋了！

安妮敬上

一九四三年十月十七日星期日

親愛的吉蒂：

克萊曼先生回來了，謝天謝地！他臉色有些蒼白，卻還是興高采烈出發去替范．丹恩先生賣衣服。

有件事很討厭：范．丹恩先生的錢用完了，他最後的一百盾在倉庫不見了，這件事還在給我們惹麻煩，男人們懷疑這一百盾怎麼會在某個星期一早上去了倉庫裡呢。疑雲密布，而一百盾已經被偷了，誰偷的呢？

但是我要談的是缺錢的事。范．丹恩太太有一大堆衣服、外套和鞋子，沒有一樣覺得可以割捨。范．丹恩先生的套裝很難脫手，彼得的自行車牽去賣過，又牽回來，因為沒有人想要。但故事還沒結束。是這樣的，范．丹恩太太得跟她那件毛皮大衣分開，在她看來，公司應該負擔我們的生活費用，太可笑了。他們剛才激動地為這件事吵了一架，現在已經進入「噢，我心愛的普提」與「克莉心肝寶貝」的和好階段。

在過去一個月，聽見這間高尚的屋子必須忍受的髒話，我就心驚膽戰。爸爸抿著嘴走來走去，一聽到有人喊他的名字，就驚慌地抬起頭，好像怕被叫去解決又一個棘手的問題。媽媽因為太緊張了，臉頰都浮現了紅斑，瑪歌抱怨頭痛，杜瑟爾失眠，范．丹恩太太成天煩惱生氣，我則完全瘋了。老實告訴你，我有時竟忘了我們跟誰不和，我們沒跟誰吵架。

唯一能讓我不去想這一切的是溫習功課，我最近很用功哦。

安妮敬上

一九四三年十月二十九日星期五

我最親愛的吉蒂：

克萊曼先生又走了，他的胃讓他一刻不得安寧，他甚至不知道是否停止出血了。他來告訴我們，他不舒服，準備回家去。他頭一次顯得很沮喪。

范．丹恩先生和范．丹恩太太吵得更兇，理由很簡單：他們破產了。他們想賣掉范．丹恩先生的一件大衣和一套套裝，但找不到買主，他開的價格太高了。

不久前，克萊曼先生聊到一個他認識的皮貨商，這才讓范．丹恩先生想到可以賣他太太的毛皮大衣，那件衣服是兔毛做的，她穿了十七年。范．丹恩太太賣得了三百二十五盾，這可是一大筆數字。她想把錢留給自己戰後添購新衣，范．丹恩先生費了好一番功夫，才讓她明白他急著用這筆錢來貼補家用。

你無法想像，她不停地尖叫嘶吼跺腳咒罵，嚇死人了。我們一家人屏住呼吸站在樓梯底，準備必要時上去把他們兩人拉開。口角、淚水和緊張的局勢，對我造成龐大的壓力，夜裡我倒在床上哭，感謝老天保佑，終於有半個小時屬於自己的時間。

我還好，只是沒有胃口。我不停聽見：「天啊，妳氣色很難看！」我得承認，他們想盡辦法維持我的健康，不斷要我吃葡萄糖、鱈魚肝油、啤酒酵母和鈣片。我經常緊張兮兮，尤其到了星期日，我在星期日總是覺得痛苦不已，令人窒息的氣氛讓我提不起勁來，沒有活力。外面聽不到一聲鳥叫，屋子籠罩在沉重又死寂的無聲中，沉默依附著我，好像把我拉進陰間最底層。在這種時候，爸爸、媽媽和瑪歌對我來說沒有絲毫的意義，我從一個房間徘徊到另一個房間，在樓梯爬上爬下，感覺像是折翼的鳴鳥，不停用身子碰撞漆黑鳥籠的柵欄，內心有個聲音大喊：「放我出去，我要到有新鮮空氣與歡笑的地方！」我根本懶得回應，只是躺在長沙發上，睡眠能讓寂靜與可怕的恐懼快一點消逝。時間無法扼殺，只能設法消磨。

安妮敬上

一九四三年十月三十日星期六

親愛的吉蒂：

媽媽非常緊張不安，這對我不是一個好預兆。爸爸媽媽從不罵瑪歌，什麼事都怪我，這只是巧合嗎？比方說，昨晚瑪歌讀一本插圖很漂亮的書，她站起來把書放到一旁一會兒，我當時沒在做什麼，所以就拿起來開始欣賞插圖，瑪歌回來看見「她的」書在我手上，皺起眉頭，兇巴巴地要把書討回去。我想再看幾頁，瑪歌卻越來越生氣。媽媽插嘴說：「瑪歌正在看那本書，還給她。」

爸爸走進來，根本還沒弄清是怎麼一回事，見到瑪歌受了委屈，就對我破口大罵：「我倒想看看如果瑪歌看妳的書，妳會怎麼做！」

我立刻讓步，把書放下，走出了房間，按照他們的說法，「氣呼呼」地走出了房間。我才沒氣呼呼，也沒發脾氣，只是很傷心。

爸爸不該還沒弄清楚狀況就指責我，要不是爸爸媽媽插手，立刻就站在瑪歌那一邊，好像她受了什麼天大的委屈，我老早就主動把書還給她了。

媽媽當然一定站在瑪歌那一邊，她們總是相互偏袒，我早習以為常，所以一點也不在乎媽媽的責備和瑪歌的喜怒無常。我愛她們，但只因為她們是媽媽和瑪歌，一點也不欣賞她們的為人，她們去跳湖，我也不會在乎。爸爸就不一樣了，我看見他偏愛瑪歌，讚美瑪歌的每一項作為，誇獎她，擁抱她，心就一陣刺痛，因為我愛死了爸爸。我以爸爸為榜樣，世界上沒有我更愛的人。他並不知道他對瑪歌和對我是不同的，誰叫瑪歌是最聰明、最善良、最漂亮、最優秀的一個。但我也有權利受到大家的重視，我一直是家裡的小丑、搗蛋鬼，永遠必須為所犯的錯付出雙重代價，一重是挨罵，一重是自己的絕望感。無意義的感情和他們口中的嚴肅對談，已經不能再滿足我，我渴望從爸爸那裡得到他無法給我的某樣東西，我並不是嫉妒瑪歌，也不羨慕她的腦筋或美貌，只是想感受到爸爸是真心愛我的，不是因為我是他的小孩，而是因為我是我，安妮。

我依戀爸爸，因為我一天比一天看不起媽媽，只有透過爸爸，才能留住心中僅剩的一絲家庭溫情。他不懂我有時需要發洩對媽媽的情緒，他不想談這件事，他避免討論到媽媽的缺點。

而媽媽就是有那麼多缺點，我覺得更難面對她，不知該怎麼表現。我不能指責她的粗心、挖苦與狠心，也無法繼續承擔所有事情的責任。

我與媽媽個性完全相反，當然會起衝突。我不是想批評她，我沒那個權利。我只是把她當作一個母親來看，她對我來說不是母親，我必須像母親一樣照顧自己。我已經與他們斷絕關係，我要決定自己的方向，大家會看到我航向何處。我別無選擇，因為我知道為人母親與為人妻子應該是什麼樣子，但在我應該稱為「母親」的女人身上，好像找不到一點類似的影子。

我一再提醒自己忽略媽媽的壞榜樣，只看到她好的一面，在自己身上尋找她所欠缺的東西。但沒用，最糟糕的是，爸爸和媽媽不明白他們自己的缺陷，也不知道我很怨恨他們讓我失望。難道就沒有能讓孩子完全滿意的父母嗎？

有時我認為上帝正在考驗我，考驗我的現在和未來，我必須靠自己成為一個好人，沒有人做我的模範，沒有人指點我，但最後這會讓我變得更堅強。

除了我以外，還有誰會讀到這些信呢？除了自己以外，還有誰我能夠尋求安慰？我經常需要安慰，我時常感到脆弱，更時時達不到自己的期許。這我都知道，我也每天都下決心要變得更好。

他們對我的態度也不是始終如一。今天說安妮很懂事，可以知道所有事，明天說安妮是笨蛋，什麼都不懂，卻自以為從書上學到了所需的一切！我已經不是小娃娃或被慣壞的小寶貝，做什麼都惹人嘲笑，我有自己的想法、計畫和理想，只是還無法清楚說出來。

算了。夜裡一個人時，或白天必須忍受那些我受不了或老是誤解我意思的人時，我會想到好多事。因為這樣，我永遠回到我的日記身邊——這裡是我的起點，也是我的終點，因為吉蒂永遠很有耐心。我向她保證，無論如何，我會繼續下去，我會找到自己的道路，忍住淚水。但願我能看到一些成果，或者得到愛我的人給予的鼓勵，一次也好。

別責備我，把我想成一個偶爾也會爆發的人就好了！

安妮敬上

一九四三年十一月三日星期三

親愛的吉蒂：

為了讓我們減少煩惱，也為了讓我們發展腦力，爸爸向一所函授學校訂了目錄。瑪歌把厚厚的手冊仔細看了三遍，找不到喜歡且在預算內的課程。爸爸比較容易滿足，決定寫信報名試上「基礎拉丁語」，而且說到就做到。課本寄來了，瑪歌興致勃勃開始讀，結果決定上這門課，不管學費高低。我也很想學拉丁語，可是這門課對我來說太難了。

爸爸也想給我擬一個新計畫，所以跟克萊曼先生要了一本兒童版聖經，讓我開始讀點新約。

「你想在光明節送安妮一本聖經？」瑪歌有點不安地問。

「對……啊，也許聖尼古拉節比較適合。」爸爸回答。耶穌和光明節的確不搭調。

因為吸塵器壞了，我每天晚上必須拿舊刷子清潔地毯。窗戶關著，燈亮著，爐火燒著，而我在那裡清理地毯。「一定會發生問題。」我第一次刷時就這麼想。「一定有人會抱怨。」沒錯，媽媽因為滿屋子瀰漫的濃密灰塵而頭痛，瑪歌的新拉丁字典蒙上一層灰，皮姆抱怨地板看起來跟沒清理一樣。好心沒好報。

我們決定，從今以後，星期日生爐子的時間從早晨五點三十分改到七點三十分，我認為這樣做很危險，鄰居看到冒煙的煙囪會怎麼想呢？

窗簾也一樣。從我們一躲起來，窗簾就牢牢釘在窗戶上，有時某位女士或先生忍不住偷看外面，結果呢，就會劈哩啪啦遭到指責，反應呢，「哎呀，又沒有人會注意到。」每一個粗心的舉動就是這樣開始與結束，沒有人會注意，沒有人會聽到，沒有人會對這裡有一點點的關注。說起來容易，可真的嗎？

目前大吵大鬧的情況已經減少了，只有杜瑟爾和范・丹恩夫婦依然經常出現摩擦。杜瑟爾提到范・丹恩太太，總是以「那個瘋婆娘」或「那個蠢巫婆」稱呼，范・丹恩太太反過來稱我們永遠那麼有學問的這位紳士「老處女」或「嫁不出去的神經質」等等。

他們兩人五十步笑百步！

安妮敬上

一九四三年十一月八日星期一晚

親愛的吉蒂：

如果把我所有的信一次讀完，你肯定很驚訝，因為這些信居然是在那麼多不同的心境下寫出。深受密室氣氛的影響，我也很煩惱，但不是只有我這樣，大家都受到情緒左右。如果我沉迷於一本書，跟其他人交流前，必須整理一下思緒，否則他們可能會認為我怪怪的。你也看得出來，我目前情緒很低落，也說不出是什麼原因，但我想是源自我的懦弱，它動不動就與我作對。今天晚上貝普還在這裡時，門鈴響了，鈴鈴鈴，響了好久。我頓時臉色發白，覺得反胃，心噗通噗通瘋狂地亂跳——都是因為害怕。

夜晚躺在床上時，我想像自己獨自在地牢，爸爸媽媽都不在身邊。或者，在街頭遊蕩，密室失火了，他們在三更半夜來抓我們了，我絕望地鑽到床底下。一切歷歷在目，好像真的發生一樣。而再好好想一想，一切可能很快就會發生了！

蜜普常說很羨慕我們，因為我們這裡又平靜又安詳，或許是真的，但她顯然沒有想到我們的恐懼。

我實在無法想像我們的世界會恢復正常，我也會提起「戰後」，但像在談論空中樓閣，那是一種永遠不會成真的東西。

我想像密室這八個人是一小片藍天，圍繞在險惡的烏雲之中，我們站立的圓圈依然安全，但是烏雲不斷圍上來，我們與迫近的危險之間那一圈空間越來越窄，我們被黑暗與危險困住，拚命找尋逃出去的路，彼此不斷碰撞。我們看著底下的混戰，發現上方平靜而美麗，在此同時，大片的烏雲阻斷了我們的路，我們上不去，也下不來。它像穿不透的牆朝我們逼近，想壓垮我們，只是還不能。我只好大聲哀求：「啊，圈子，圈子，打開讓我們出去吧！」

安妮敬上

一九四三年十一月十一日星期四

親愛的吉蒂：

這一則日記我有個好標題：

鋼筆頌——悼念我的鋼筆

我的鋼筆一向是我最寶貝的物品之一，我非常珍惜它，尤其因為它的鋼筆尖是粗的，我用粗筆尖寫字才整潔。這支鋼筆有一段長而有趣的歷史，我接下來簡單說一下。

九歲時，我的鋼筆以「無商業價值之樣品」的名義（用棉花包著），大老遠從亞琛寄來，外婆（慈祥的贈與人）以前住在那裡。我當時得了流行性感冒，躺在床上，二月的風在我們家的公寓四周呼呼地吹著。漂亮的鋼筆裝在紅皮盒寄來，我一拿到手就迫不及待向我的女生朋友展示。我，安妮．法蘭克，是一枝鋼筆的得意主人。

十歲時，我獲准帶這枝筆上學，沒想到老師也准我用它寫字。十一歲時，我的寶貝卻又得收起來，因為六年級老師只許我們用學校的筆和墨水瓶。十二歲時，我開始讀猶太學校，為了紀念這件事，鋼筆得到一個新盒子，盒子裡不但可以再收一枝鉛筆，更了不起的是還有拉鍊。十三歲時，鋼筆跟著我來到密室，我們一起寫出無數的日記和作文。我十四歲了，鋼筆快樂地度過與我的最後一年……

事情發生在一個星期五，剛過下午五點，我從房間出來，正要坐在桌子前寫字，結果瑪歌和爸爸想練習拉丁語，需要位置，就粗魯地把我推開。鋼筆擱在桌上還沒用，它的主人嘆著氣，被迫將就在桌子小小的角落搓豆子。我們把豆子發霉的地方搓下來，讓它們恢復原樣。五點四十五分時，我掃地，把泥土連同爛掉的豆子倒在一張報紙上，然後扔到爐子，突然一大束火焰竄起來，我還心想，很棒，爐火都快熄滅了，還能起死回生，太神奇了。

一切又安靜下來。拉丁語學生走了，我在桌子旁坐下，打算從剛才停下來的地方繼續寫字，卻四處找不到我的鋼筆。我又找了一回，瑪歌、媽媽和杜瑟爾也都幫忙找了，就是不見蹤影。

「也許跟著豆子掉進爐子裡了！」瑪歌猜測。

我回答：「不可能！」

但那晚我的鋼筆還是沒有出現，大家認定它已經燒掉了，賽璐珞又是那麼容易著火燃燒。我們最擔心的事在隔天證實已經發生了，爸爸清空爐子，在灰燼中發現用來別在口袋上的鋼筆夾子。金色筆尖無影無蹤，爸爸推測：「一定是熔到石頭裡了。」

只有一點讓我感到安慰，雖然只是小小的安慰：我的鋼筆火化了，將來有一天我也希望自己能這樣離去。

安妮敬上

一九四三年十一月十七日星期三

親愛的吉蒂：

最近發生的事動搖了這個家的基礎。由於貝普家有人患了白喉，她有六星期的時間不能和我們接觸，少了她，做菜和買東西都變得非常困難，更別說我們多麼想念她的陪伴。克萊曼先生還臥病在床，三星期來除了薄粥什麼都吃不下。古格勒先生的工作多到忙不過來。

瑪歌把她的拉丁語作業寄給一個老師，老師改好後寄回來，瑪歌用貝普的名字報名，老師人非常好，也很風趣，我敢說她一定很高興有這麼聰明的學生。

杜瑟爾最近陷入混亂之中，我們不知道為什麼。一開始是杜瑟爾在樓上時都不說話，絕口不跟范．丹恩先生與范．丹恩太太交談。大家都察覺到了。這情形持續幾天，媽媽找個機會要他小心范．丹恩太太，范．丹恩太太可以讓他日子變得很難過。杜瑟爾說，是范．丹恩先生先以沉默對待他，他不打算主動打破沉默。我應該先解釋一件事，昨天是十一月十六日，也就是他住進密室滿一週年的日子，媽媽因此收到一個盆栽，但范．丹恩太太暗示這個日期有好幾星期了，直言她認為杜瑟爾應該請我們吃晚餐，結果卻什麼也沒有收到。杜瑟爾沒有利用這個機會（頭一次）感謝我們無私收留他，反而隻字不提，在十六日早上，我問他該恭喜他還是慰問他，他說都行。媽媽主動扮演和事老，也沒有進展，這件事最後以和局結束。

杜瑟爾肯定腦筋有問題，這麼說一點也不誇張。我們經常私下笑他記性差，沒有主見，沒有常識，他不只一次想把剛聽到的新聞說給我們聽，卻惹得我們哈哈大笑，因為那些消息一定被他任意竄改。還有，每次挨罵或受到責備，他一定滿口好聽的承諾，卻沒有一次遵守過。

「Der Mann hat einen grossen Geist
Und ist so klein von Taten!」[14]

安妮敬上

一九四三年十一月二十七日

親愛的吉蒂：

昨晚我快要睡著時，漢娜莉突然出現在我的面前。

我見她衣服破爛，面容消瘦憔悴，她看著我，大眼睛充滿悲哀與責難，我可以讀出她眼裡的信息：「哦，安妮，妳為什麼拋下我？救我，救救我，救我離開這個地獄！」

我救不了她，我只能旁觀，看著其他人受苦死去，我只能祈求上帝將她帶回我們的身邊。我看到漢娜莉，但沒看到其他人，我明白為什麼。我錯怪她，我當時不夠成熟，不懂那對她是多麼困難。她忠於那個朋友，看起來一定好像我想把她搶走。她好可憐，她一定覺得很難過！我知道，因為我現在也有這種感受！我當時心中曾經閃過一絲理解，卻又自私地只想著自己的問題與快樂。

我那樣對待她，太壞了。現在她看著我，是那樣地無助，面無血色，眼神淨是懇求。但願我能夠幫助她！親愛的上帝，我已經擁有我所希望的一切，而她卻落入命運可怕的魔掌中，她跟我一樣虔誠，也許甚至更虔誠，她也願意做好事，但為什麼祢選擇我活下來，而她可能快要死了呢？我們之間有什麼不同？為什麼我們現在相隔這麼遙遠？

坦白說，我已經好幾個月——不，至少一年沒想起她。我並沒有完全忘記她，卻直到看見她出現在我眼前，才想起她受到的種種折磨。

噢，漢娜莉，希望妳能夠活到戰爭結束，回到我們身邊，我可以收留妳，彌補我對不起妳的地方。

但是，就算那時我有能力幫忙，她已經不像現在這麼需要幫忙了。不知她是否曾經想起過我，她現在是什麼感受呢？

仁慈的上帝，請安慰她，讓她至少不是孤獨的。噢，但願祢能告訴她，我帶著憐憫與關愛想著她，那樣也許能幫助她繼續撐下去。

14. 原註：德語俗諺：「此君是精神巨人，行動侏儒。」

我不能再繼續想這件事，想也沒用。我一直看見她的大眼睛，那雙大眼睛經常浮現我的腦海。漢娜莉是不是真心相信上帝？還是宗教只是別人強加給她的東西？我連那也不知道，我從不曾費心問問她。

漢娜莉，漢娜莉，但願我能帶妳走，但願我能跟妳分享我所擁有的一切。太遲了，我幫不上忙，也無法彌補我的過錯。我永遠不會再忘記她，我永遠會為她禱告！

安妮敬上

一九四三年十二月六日星期一

親愛的吉蒂：

離聖尼古拉節越近，我們越是經常回想起去年那個充滿過節氣氛的花籃，今年不過節的話，我可是比誰都覺得遺憾。經過長時間的苦思，我終於想出一個點子，一個有趣的點子。我請教皮姆，一個星期前，兩人動筆替每個人寫了一首詩。

星期日晚上七點四十五分，我們帶著大洗衣籃一塊上樓。我們用粉紅色與藍色的複寫紙做成剪紙圖案和蝴蝶結，裝飾在籃子上，最上面是一大張褐色包裝紙，貼了一張字條。看見這麼大的禮物，大家都相當驚奇。我拿下紙條大聲唸：

聖尼古拉節
再臨藏身地

憂心歡樂情
昔日比今高
往時有憧憬
信心抱滿懷
樂觀終將勝
此日再來到
自由又平安
雖無可贈物
莫忘此節日
另覓他法過
眾人請看自己的鞋子！

大夥從籃子拿出自己的鞋子，一陣大笑。每隻鞋子裡面有個小紙包，上頭有主人的名字。

安妮敬上

一九四三年十二月二十二日星期三

親愛的吉蒂：

我得了嚴重流行性感冒，所以直到今天才能寫信給你。在這裡生病很麻煩，每次咳嗽都得鑽到毯子底下，一聲，兩聲，三聲，然後憋著不要再咳了。絕大部分時候，喉嚨癢個不停，只好喝牛奶加蜂蜜、糖或止咳糖漿。想到我用過的各種治療方法，頭都暈了：出汗退燒，蒸氣療法，濕敷，乾敷，熱飲，喉嚨塗藥水，平躺，電毯，熱水瓶，檸檬水，還有每兩個小時量一次體溫。這些療法真能讓人舒服一點嗎？最糟糕的是，杜瑟爾先生決定充當醫師，把梳了髮油的頭擱在我赤裸的胸口聽聲音，他的頭髮弄得我好癢，而且我很尷尬，雖然他三十年前讀過書，的確拿到某種醫學學位。他為什麼非得把頭放在我的心上？又不是我的男朋友！而且他也分不出健康的聲音和不健康的聲音，他必須先清清耳朵，因為他重聽越來越嚴重。好了，我的病就說到這裡。我現在又是健健康康的，幾乎長高了半英寸，重了兩磅。雖然臉色蒼白，但巴不得趕快繼續看書。

Ausnahmsweise[15]（此處唯一貼切的字眼），大家相處融洽，沒有口角，雖然好景恐怕不長，這屋子起碼有六個月不曾如此平靜。

貝普還在隔離中，不過她妹妹很快就不會傳染人了。

耶誕節的關係，我們會拿到額外的食用油、糖果和糖蜜。為了慶祝光明節，杜瑟爾先生給了范．丹恩太太和媽媽一個漂亮的蛋糕，那是他請蜜普製作的，她必須做的事情已經那麼多了！我和瑪歌收到一個銅板做的胸針，閃閃發亮，我簡直無法形容，太可愛了。

我也準備了耶誕禮物送給蜜普和貝普。我花了一個月的時間，把原本加在麥片粥的糖存下來，交給克萊曼先生找人做成軟糖。

天空正下著毛毛細雨，滿天陰雲，火爐發出惡臭，食物沉沉積在胃裡，產生各種咕嚕咕嚕的聲響。

戰爭陷入僵局，士氣低落。

安妮敬上

一九四三年十二月二十四日星期五

親愛的吉蒂：

我跟妳提過好幾次，在這裡大家受到情緒影響很大，以我來說，最近這種情形越來越嚴重。「Himmelhoch jauchzend, zu Tode betrübt」[16]說的就是我。想到我們何其幸運，想到自己比其他猶太小孩幸運許多，我就「樂得飛上天」，而當——例如克萊曼太太上門，談起朱佩參加曲棍球俱樂部、去划獨木舟、在學校演戲、跟朋友喝下午茶，我就落入「絕望的深淵」。

我不認為我嫉妒朱佩，但我好想好想享受一次真正快樂的時光，好好大笑一場，笑到肚子都痛了。我們像痲瘋病人困在這棟屋子裡，冬季、耶誕與新年假期時尤其痛苦。其實我根本不該寫這些，因為這樣好像我不知感恩，但我不能把什麼都藏在心裡，所以我要把日記開頭所寫的那句話再寫一次：「紙比人有耐心。」

每當有人從外面進來，衣服夾著風，臉頰還有寒意，我就想把頭埋在毯子底下，才不會一直

15. 原註：破天荒。
16. 原註：歌德名句：「不是樂得飛上天，就是陷入絕望的深淵。」

想：「我們什麼時候可以再次呼吸新鮮空氣呢？」我不能把頭埋起來，反而必須抬頭挺胸，裝出一副勇敢的表情。但那些念頭還是不斷出現，不只一次，而是一而再再而三地出現。

相信我，你要是被關個一年半，有時也會受不了。不過，不管感受多麼不當或忘恩負義，都不能忽略。我渴望騎自行車，跳舞，吹口哨，看看這個世界，感受年輕的滋味，體驗自由自在，但這些情緒不能表現出來。想想看，如果我們八個人垂頭喪氣，或者整天臉上清清楚楚寫著不滿，那會是怎樣的情景呢？對我們有什麼好處呢？有時我想，是否有誰能了解我的意思，是否有誰會忽略我的忘恩負義，不管我是不是猶太人，而僅僅將我看成一個非常需要某些簡單樂趣的青少年。我不知道，也不能跟任何人討論這件事，因為一定還沒說就先哭了。

哭能放鬆情緒，只是別獨自哭泣。我有很多想法，也做過很多努力，可每天、甚至每小時，都發現自己缺少一個懂自己的母親。就是因為這樣，我不管做什麼，不管寫什麼，都會想像以後自己對子女要做一個怎樣的母親，不會把別人說的每句話都當真，但會把我說的話看得很認真的那種母親。我覺得很難說明自己的意思，但「媽」這個字說明了一切。你知道我想到什麼方法嗎？為了感覺自己叫媽媽的時候真的在叫「媽」，我經常叫「媽姆西」，有時簡稱「媽姆」，意思是不完美的「媽」。多麼希望我能由衷喊她一聲「媽媽」。幸好她並不知道這件事，因為知道了只會讓她不開心。

好了，說夠了。寫作把我從「絕望的深淵」拉上來一點了。

安妮敬上

今天是耶誕節的第二天，我忍不住想起去年此時的皮姆，還有他告訴我的故事。那時我不懂他的話，現在懂了，如果他再提起，我就能讓他知道我了解他的意思。

我想，皮姆會告訴我，因為他知道許多人的「私密」，偶爾也需要表達自己的感受。皮姆從不談自己的事，我想瑪歌完全不知道他的經歷。可憐的皮姆，他騙不了我，我知道他還沒忘記那個女孩，永遠也不會忘記，他對媽媽的缺點並非視而不見，所以才會變得這麼隨和。希望我能稍微像他一樣，但不必經歷他那種痛苦！

安妮

一九四三年十二月二十七日星期一

星期五晚上，我收到生平第一個耶誕禮物。克萊曼先生、古格勒先生和那幾個女孩為我們準備了一個美妙的驚喜。蜜普做了一個好好吃的耶誕蛋糕，上頭寫著「和平一九四四」，貝普準備了不輸戰前水準的餅乾。

我、彼得和瑪歌收到一罐優格，大人各得到一瓶啤酒。每樣東西又都包得很精緻，包裝上頭黏著漂亮的圖畫。除此之外，假期對我們而言轉眼就過去了。

安妮

一九四三年十二月二十九日星期三

昨晚我傷心極了，外婆和漢娜莉又來到眼前。外婆，哦，親愛的外婆，我們對她的痛苦知道得那麼少，她總是那麼慈藹，關心與我們相關的每一件事。想想看，原來她一直小心翼翼藏住她那可怕的秘密[17]。

外婆總是這麼忠誠，這麼善良，絕對不會讓我們任何一個人失望。不管發生什麼事，不管我多麼調皮搗蛋，外婆永遠護著我。外婆，妳愛我嗎？還是妳也不了解我呢？我不知道。雖然有我們，外婆一定非常寂寞吧，即使有很多人愛著，人也可能感到寂寞，因為我們仍舊不是任何人的「唯一」。

漢娜莉呢？她還活著嗎？她正在做什麼呢？親愛的上帝，請保護她，帶她回到我們的身邊。漢娜莉，妳總是讓我想起自己可能遭遇的命運，我不斷想像自己身在妳的處境。那麼，我為什麼經常對於這裡發生的事情感到痛苦呢？除了想起漢娜莉與跟她一塊受苦的人，我不是應該快樂、滿足、快活嗎？我自私又懦弱，為什麼老是思索幻想最可怕的事，想發出害怕的吶喊呢？因為我還是對上帝信心不足，祂給予了那麼多，我受之有愧，每一天還做那麼多的錯事！

想到親愛的人所承受的痛苦，我會掉下眼淚，我會哭上一整天。我們應該做的是，乞求上帝創造奇蹟，至少拯救他們其中一些人。希望我自己盡了全力！

安妮

一九四三年十二月三十日星期四

親愛的吉蒂：

自從最後幾次激烈的口角後，這裡的風波已經平息下來了，不只我們自己人之間，杜瑟爾和

「樓上的」之間，還有范．丹恩先生和太太之間，都風平浪靜。不過，幾朵閃著雷電的烏雲正往這邊移動，都是因為……伙食。范．丹恩太太想了個可笑的主意，建議我們早上一點炒馬鈴薯，留著中午晚上再吃。媽媽、杜瑟爾和我們其他人不同意她的主意，所以現在正在分馬鈴薯。肥肉和油好像也分得不是很公平，媽媽不得不去制止。如果有什麼有趣的進展，我會告訴你。這幾個月來，我們已經分了肉（他們的有肥肉，我們的沒有）、湯（他們喝，我們不喝）、馬鈴薯（他們的去皮，我們的沒有）與其他東西，現在連炒馬鈴薯也要分了。

但願能夠徹底分得乾乾淨淨就好了！

安妮敬上

附筆：貝普影印了一張王室全家福的明信片給我，朱利安娜看起來好年輕，女王也是。三個小女孩好可愛。貝普人真好，你覺得呢？

一九四四年一月二日星期日

親愛的吉蒂：

今天早上我閒著沒事，翻了翻日記，看見好多封信都談到「媽媽」，措辭強烈，我嚇了一

17. 原註：安妮的外婆罹患絕症。

跳。我跟自己說：「安妮，那個講著憎恨的人真的是妳嗎？噢，安妮，妳怎麼能那樣呢？」

我繼續坐在那裡，拿著翻開的日記本，不解自己怎麼會一肚子的怒氣與恨意，必須找你傾吐不可。我試圖了解去年的安妮，替她向你道歉，因為把這些譴責丟給你，卻不解釋那些指責的緣由，我會良心不安。我當時（現在還是）被情緒左右，把頭埋在水裡（打個比喻），讓自己只能從自己的觀點看待事情，我善變急躁的個性傷害或冒犯了別人，我沒有靜下心考慮他們所說的話，如果是他們，他們也會跟我一樣的表現。

我躲在自己的世界，只想著自己，在日記上冷靜地寫下所有喜悅、諷刺和悲傷，因為這本日記已成了一種剪貼本，對我意義重大，但本來許多頁我可以輕易寫下「已經過去了」這幾個字的。

我當時在生媽媽的氣（現在很多時候也是這樣），沒錯，她不懂我，但我也不懂她。因為她愛我，她溫柔慈祥，但我推她陷入困境，而且她也有自己的傷心事，所以才會緊張易怒。我能了解她為什麼經常對我那樣暴躁。

她刺傷我的感情，我太放在心上，所以對她沒大沒小又殘忍，換我令她覺得不高興。我們陷入爭執與傷心的惡性循環，那對我們都不是一段開心的日子，但至少快要結束了。我不想知道這是怎麼一回事，我為自己所做的事感到非常抱歉，但那也是可以理解的。

紙上那些激烈的情緒爆發，只是單純表達怒氣的方式，如果在正常的生活中，我可以鎖在房間跺幾下腳，或在媽媽背後罵她幾句，氣也就消了。

那段哭著批評媽媽的日子已經結束了，我變得更懂事，媽媽也不再那樣精神緊繃了。大多數氣惱的時候，我可以管住自己的舌頭，她也是，所以表面上我們相處越來越融洽。不過，有一件事我辦不到，那就是以一個孩子對母親的感情去愛她。

把刻薄的話寫在紙上，總好過讓媽媽記在心上，我是這樣安慰自己的良心。

安妮敬上

一九四四年一月六日星期四

親愛的吉蒂：

今天我有兩件事要向你坦白。說起來要花不少時間，但我得找個人傾吐才行，你是最適合的人選，因為我知道無論發生什麼事，你都會守住秘密。

第一件事是關於媽媽。你也知道，我經常抱怨她，然後又盡力表現親切。我突然領悟她的問題在哪裡了，媽媽說過，她不只把我們當女兒，更常把我們看作朋友，這當然非常好，只是一個朋友無法取代母親的角色。我需要我的母親為我樹立榜樣，做一個我能尊重的人，但在大多數事情上，她是不該學的榜樣。我感覺瑪歌對這些事的看法和我非常不一樣，所以永遠無法明白我跟你說的這些話。而爸爸呢，他迴避一切與媽媽有關的討論。

我想像的母親是這樣的，首先她待人處事會顧慮對方感受，尤其對自己處於青春期的孩子，不會像媽姆西在我哭的時候還取笑我。我哭不是因為痛，而是因為其他事。

這樣也許顯得心胸狹窄，但有一件事我永遠也不會原諒她。有一天我得看牙醫，媽媽和瑪歌本打算跟我一塊去，也說好讓我騎自己的自行車。看完牙醫後，我們回到外面，瑪歌和媽媽非常親切地告訴我，她們要到市區買什麼還是看什麼，我記不得了，我當然想一塊跟去，她們卻說我不能去，因為我還有自行車。我氣得哭了起來，瑪歌和媽媽開始笑我。我氣得要命，就在街上對她們吐舌頭。一個小老太太剛好經過，看起來非常吃驚。我騎自行車回家，一定哭了好幾個小時。說來非常奇怪，雖然媽媽傷我無數無數次，就只有這一次的創傷，讓我只要想起當時多生氣，心一定還是會痛。

第二件事我覺得比較難以啟齒，因為跟自己有關。我不是假正經的人，吉蒂，可每一次他們詳細描述上廁所的情形（他們經常如此），我就渾身不自在。

昨天我讀到希斯・海斯特一篇關於臉紅的文章，那篇文章好像是直接寫給我的。我並不是很容易臉紅，但文章其他部分吻合我的情況。她主要談到青春期少女往往心事重重，開始思考體內發生的奇妙變化。我也有那種感覺，大概就是因為這樣，我最近經常因為瑪歌、媽媽和爸爸而覺得尷尬。但是，瑪歌比我害羞多了，卻一點也不覺得尷尬。

我認為我身上的變化十分奇妙，我指的不只是身體外表的改變，還有內心的變化。我從沒有跟別人討論過我自己或這些事，必須跟自己討論。每次月經一來（到現在只來過三次），雖然又痛又不舒服，而且很麻煩，我感覺像藏著一個甜蜜的秘密。因此，雖然這檔事很討厭，我可以說是期待感受體內存在秘密的時刻再次到來。

希斯・海斯特還提到，我這年紀的女孩缺乏自信，開始發現自己是獨立個體，有自己的主見、思想與習慣。我到這裡時才剛滿十三歲，所以我開始思索自己，發現我比多數女孩更早成為「獨立的人」。夜晚躺在床上，有時我有一股衝動想摸自己的胸部，聽一聽安靜穩定的心臟跳動。

其實來這裡之前，我已經有這種感覺，只是沒有意識到。有一次在賈姬家過夜，我再也忍不住對她身體的好奇，因為她總是不讓我看，我也從沒看過。我問她，我們可不可以摸一摸彼此的胸部，證明我們是好朋友。賈姬不肯。我也有種強烈的慾望想親她，我也真的親了她。每次看見女性裸體，例如藝術史課本上的愛神維納斯，我都欣喜若狂。有時發現這些裸體那樣細膩優美，我都快掉下眼淚來。我如果有個女朋友，那該有多好！

一九四四年一月六日星期四

親愛的吉蒂：

我好想好想找人說說話，無法再壓抑這個念頭，結果不知怎地想到了一個主意，選擇彼得做我傾吐的對象。有幾次機會我白天必須去彼得的房間，總是覺得那裡很舒服。彼得很客氣，有人煩他，他也不會下逐客令，所以我從來不敢待太久，總怕他覺得我是個討厭鬼。我會一直找藉口在他房間逗留，趁他不注意的時候引他開口說話，昨天機會來了。彼得最近迷上填字謎遊戲，整天只顧著玩，其他事都不做。我幫他猜謎，兩人很快就隔著桌子對坐，彼得坐在椅子上，我坐在長沙發。

我注視他深藍色的眼睛，發現我突然來了讓他十分害羞，心中浮現一種奇妙的感覺。我可以看穿他心田深處的想法，在他的臉上，我看到無助與手足無措的表情，同時又見到男子氣概自覺一閃而過。看他靦腆的樣子，我都要融化了。我本來想說：「跟我聊一聊你的事，注意愛說話的外表底下的我吧。」但我發現想問題比問問題容易。

一晚的時間過去，什麼也沒發生，我只跟他提起談論臉紅的那篇文章，當然不是講我寫給你的這些，只是說他長大後就會更有安全感。

那晚我躺在床上哭得唏哩嘩啦，同時還得小心不讓人聽見。我居然去討好彼得，一想到這一點，我就快要吐了。但人為了滿足渴望，幾乎什麼都肯做，我就是一個例子，我下定決心要多去找彼得，設法讓他跟我聊天。

你千萬別以為我愛上了彼得，才沒有呢。如果范．丹恩夫婦生的是女兒，不是兒子，我早想辦法跟她做朋友了。

今天早上不到七點我就醒來，立刻想起我做的夢。夢裡我坐在一張椅子上，對面就是彼得……但卻是彼得．席夫。我們看著瑪莉．伯斯的素描。夢境栩栩如生，我甚至記得其中幾幅圖畫。可不只這樣，我還夢到別的。彼得突然與我四目相接，我凝望那雙柔和的棕色眼睛好久好久，接著他非常溫柔地說：「我要知道的話，老早就來找妳了！」我猛然轉過身，非常激動，然後感覺一張柔軟、冰涼又溫柔的臉頰貼上我的臉，那感覺好幸福，好幸福……

就在那時，我醒了過來，依然感覺他的臉頰貼著我的臉頰，他的褐色眼睛凝視我心深處，看出我是多麼愛他。我現在還是那麼愛他。我又淚眼汪汪。我好傷心，因為又一次失去了他，同時卻很高興，因為我確定彼得仍然是我的唯一。

好奇怪，但我經常夢見許多如真實般清晰的畫面。有一個晚上，我清清楚楚看到了奶奶，連她長出皺紋的柔軟皮膚也看得一清二楚。另一次奶奶像守護天使出現在我面前。之後是漢娜莉，在我的心中，她依然象徵朋友，以及所有猶太人所承受的苦難，所以當我為她祈禱時，也為所有猶太人及需要幫助的人祈禱。

而現在我夢見了彼得，我最親愛的彼得，我腦海從沒出現過他這麼清晰的形象。不用照片，我就能真真切切地看見他。

安妮敬上

一九四四年一月七日星期五

親愛的吉蒂：

我真是一個大笨蛋，忘了還沒告訴你我唯一的一段真愛故事。

很小的時候，當時還在讀幼稚園，我喜歡上薩利．金梅爾。他爸爸走了，他和媽媽與一個阿姨住在一塊。薩利有一個表哥長得很好看，瘦瘦的，黑頭髮，叫亞皮，後來長得像電影偶像，比矮矮胖胖又滑稽的薩利更讓人心動。有好長一段時間，我們到哪裡都一塊去，除了那以外，我的愛並沒有得到回報，直到遇見了彼得．席夫。我十分迷戀他，他也喜歡我，我們整個暑假形影不離。我還能想起我們手牽手在附近散步的情景，彼得穿白棉衣服，我穿夏季短裙。暑假結束後，他上了中學，我留在小學讀六年級。他回家途中會來接我，或者我去接他。彼得是完美的男孩，又高又瘦，長得好看，一張臉嚴肅冷靜又聰明。他有一頭黑髮，漂亮的棕色眼睛，紅潤的臉頰，堅挺好看的鼻子。他的笑容迷死了我，他笑起來像孩子一樣調皮。

暑假時，我去了鄉下，回來時，彼得已經不住在原本的地方，搬家了，和一個年紀大他許多的男孩一塊住，那男孩似乎告訴彼得，我只是一個小孩子，因為彼得不再跟我交往了。我好愛他，所以不肯面對現實，繼續纏著他，後來有一天想通了，如果繼續追他，大家會說我是花癡。

幾年過去了，彼得跟他同年齡的女孩交往，甚至連跟我打招呼都懶了。我開始讀猶太學校，班上好幾個男生都愛上我，我很享受這種感覺，他們對我大獻殷勤，我覺得很榮幸，不過也只是這樣而已。後來赫洛非常迷戀我，可我已經跟你說過了，我再也沒有墜入愛河。

俗話說：「時間能治癒一切傷痛。」我就是這樣。我告訴自己，我已經忘了彼得，完全不喜歡他了。但我對他的記憶如此深刻，不得不跟自己承認，我不再喜歡他只有一個理由，那就是我嫉妒其他女孩。今天早上，我發現一切都不曾改變，我長大了，成熟了，我的愛也跟著一天天加深。我現在明白彼得認為我幼稚是有道理的，但想到他已經完全忘了我，我還是會心痛。我清楚看見他的臉，我相信只有彼得一個人能這樣銘記在我的心中。

我今天心好亂，早上爸爸親我時，我想大叫：「噢，如果你是彼得，那該有多好！」我不斷想起他，整天反覆對自己說：「彼得兒，親愛的，親愛的彼得兒……」

我要到哪裡求助呢？我只能繼續活下去，向上帝祈禱，如果有一天我們離開這裡，彼得會與我相逢，他會凝視我的眼睛，從我眼中看到愛意，然後說：「噢，安妮，要是我早知道的話，我早就來找妳了。」

有一次爸爸和我談到了性，他說我太年輕，還不懂那種慾望。我當時認為我懂，現在我則確定我真懂了。現在沒有比我親愛的彼得兒更珍貴的了！

我從鏡子觀察自己的臉，看起來好不一樣。我的眼睛明亮深邃，臉頰紅潤，已經好幾星期沒這樣了，我的嘴柔軟許多。我看起來快樂，神情卻有種傷感，笑意頓時從嘴角消失。我不快樂，因為我知道彼得兒並沒有想我，我卻還能感覺他美麗的眼睛凝視著我，他冰涼溫柔的臉頰貼著我的臉頰……噢，彼得兒，彼得兒，我到底要怎麼才能擺脫你的樣子呢？任何取代你的人，都是蹩腳的替代品吧？我愛你，愛得那樣深，這份愛在我心中滋長，怎樣也停不下來，只好迸出來，轟轟烈烈地釋放。

一星期前，甚至一天前，如果你問我：「在朋友之中，妳覺得最可能嫁給誰？」我會回答：「薩利，因為他讓我覺得舒服、平靜又安全！」但現在我會大聲說：「彼得兒，因為我用整顆心與全部的靈魂愛著他，沉溺在這份愛裡無法自拔！」只有一點：他可以摸我的臉，但只能到這一步。

今天早上，我想像我與彼得兒坐在前閣樓窗邊的地板上，聊了一會兒後，我們兩人都哭了起來。過沒多久，我摸摸他的嘴和他那美妙的臉頰！噢，彼得兒，到我身邊來吧，想想我，我最親愛的彼得兒！

一九四四年一月十二日星期三

親愛的吉蒂：

貝普回來兩星期了，不過她妹妹要下星期才能回學校上課。貝普自己因為重感冒在床上躺了兩天，蜜普和詹也因為胃不舒服而兩天沒來。

我最近迷上舞蹈與芭蕾，每天晚上都勤練舞步。我用媽姆西一件淡紫色蕾絲襯裙做了超現代舞衣，上頭穿了一條窄布，在胸部上方打結，最後加上一條粉紅色稜紋緞帶就成了。我想把運動鞋變成芭蕾舞鞋，但沒有成功。我僵硬的手腳快要跟以前一樣柔軟了。有一個練習很難，要坐在地板上，一手抓著一邊的腳跟將兩腿往上舉，我得坐在墊子上，不然可憐的屁股真的很難受。

這裡每個人都在讀一本叫《向自由致敬》的書，媽媽認為這本書很棒，因為裡面描寫了許多青少年問題。我心裡冒出一個有點諷刺的想法：「妳何不先多關心自己青春期的孩子呢！」

我想，媽媽相信我和瑪歌與父母的關係是全世界最好的，沒有哪一個做母親的比她更參與孩子的生活。她心裡想的一定是姊姊，因為我不相信瑪歌跟我有同樣的問題與想法。我是絕對不會點破媽媽，跟她說她有一個女兒與她的想像截然不同，她知道了會非常困惑，反正她永遠是不會改變的，既然我都知道一切還是會照舊，所以也不想惹她傷心。媽媽確實感覺到瑪歌比我更愛她，但是她以為我只是正在經歷一個特殊時期。

瑪歌變得親切多了，與以前好像判若兩人，她最近不再搬弄是非，漸漸變成真正的朋友，不再把我當成一個無足輕重的小毛頭。

說來好笑，但我有時可以從別人的角度來看自己。我從容地看著這個名叫「安妮．法蘭克」的人，當她是陌生人一樣，瀏覽她的人生篇章。

來這裡之前，我不像現在這樣想很多的事，偶爾感覺自己不屬於媽姆西、皮姆和瑪歌，覺得我永遠只是一個外人。有時我連續六個月假裝自己是孤兒，然後責備自己裝可憐，其實自己一直是這麼幸運。之後我逼自己對他們好一陣子，每天早上聽見樓梯上的腳步聲，就希望是媽媽過來說早安。我親切地問候她，因為由衷盼望見到她慈愛的目光，可是她往往兇巴巴地為了這個或那個的理由罵我，於是我垂頭喪氣出門上學。放學回家途中，我替她找藉口，告訴自己她有好多事要操心。我興高采烈回到家，嘰嘰呱呱一直說話，然後早上的事又重演了，於是我拎著書包，帶著悶悶不樂的表情離開房間。有時我決心要一直生氣下去，可是放學後總是有好多話想說，就忘了先前的決心，希望媽媽放下手上的事，專心聽我說話。接下來又有一段時間，我不再傾聽樓梯上的腳步聲，覺得自己好孤單，每晚都埋在枕頭裡哭泣。

到了這裡，一切變得更糟，那些你已經知道了。現在，上帝派了一個人來幫我：彼得。我摸著項鍊墜子，把它貼在嘴唇上，心想：「怕什麼！彼得兒是我的，沒有人知道！」記住了這一點，任何惡言都不能影響我。這裡的人誰會想到一個十幾歲的少女心裡藏著這麼多事呢？

一九四四年一月十五日星期六

我最親愛的吉蒂：

我沒理由把每一次的口角爭執都一五一十告訴你，只是要告訴你，我們已經把很多東西都分了，像肉、肥肉和油，現在連馬鈴薯也各自炒來吃。最近我們會多吃一些黑麥麵包，因為不到四點，都已經餓得肚子咕嚕咕嚕叫，無法熬到晚餐時間。

媽媽的生日就要到了，古格勒先生另外送了些糖給她，惹得范．丹恩夫婦那邊很嫉妒，因為范．丹恩先生在生日時並沒有收到任何禮物。不過，你都知道那些粗話、惡言和眼淚讓我們更加難受了，所以又何必再轉述給你聽呢？

媽媽許了一個願望，一個近期不大可能實現的願望：整整兩星期不必見到范．丹恩先生的臉。不知道是不是不管跟誰同住一個屋簷下，早晚都會發生爭執，還是我們只是運氣不好呢？用餐時，杜瑟爾把半盆的肉汁倒了四分之一到自己的盤裡，剩下那一點，我們其他人根本不夠分，我胃口都沒了，想立刻站起來，把他從椅子上撞下來，扔到門外去。

是不是多數人都這麼小氣自私呢？來這裡以後，我對人性有了更深刻的了解，這是好事，但這些領悟也夠了。彼得也是這麼說。

不管我們如何吵架，不管我們如何渴望自由與新鮮空氣，戰爭照打不誤，所以我們最好隨遇而安吧。

我好像在說教，不過也相信如果我在這裡住太久，會變成一個乾癟的老太婆，但我其實真正想做的是一名平凡的少女啊！

安妮敬上

一九四四年一月十九日星期三，晚上

親愛的吉蒂：

我（又來了！）不知怎麼回事，自從做了那個夢以後，我不停注意到自己的改變。對了，順便說一下，昨晚我又夢見彼得，又感覺他的目光穿透我的眼睛，但這個夢不像上次那麼清晰美麗。

你知道的，我總是羡慕瑪歌跟爸爸的關係，現在卻一點也不嫉妒了。爸爸焦躁時，對我很不講理，我還是會傷心，但又想：「你是這樣的人，我不能怪你，你經常講著兒童和青少年的心理，卻根本不了解他們！」我渴望的不只是爸爸的愛，不只是要他抱抱我、親親我。我只顧著自己，這樣是不是很壞呢？既然我想成為聽話善良的孩子，難道不該先原諒他們嗎？我也原諒媽媽，但每次她諷刺我或嘲笑我，我只能盡力控制住自己。

我知道我離應該的境界還很遠，會有抵達的那一天嗎？

安妮・法蘭克

附筆：爸爸問我有沒有把蛋糕的事告訴你。媽媽生日時，辦公室送她一個真正的摩卡蛋糕，媲美戰前水準。那天實在好快樂！但我現在腦子沒有空間容納那些事情！

一九四四年一月二十二日星期六

親愛的吉蒂：

你能不能告訴我，為什麼人要千方百計隱藏起真正的自我呢？為什麼我永遠在人前表現得非常不一樣呢？為什麼人這麼不信任彼此呢？我知道其中一定有原因，但有時我覺得很可怕，你跟誰都不能吐露秘密，連最親近的人也不能。

自從那晚做了那個夢之後，我好像長大了，好像變得更獨立。我要是告訴你，我連對范．丹恩夫妻的態度也變了，你一定要大吃一驚。我不再從偏重我們家的角度來看所有的討論和爭執。什麼造成如此巨大的改變呢？嗯，是這樣的，我突然意識到，如果媽媽是另一個樣子，如果她是一個真誠的母親，我們的關係會非常非常不一樣。范．丹恩太太絕對不是一個非常好的人，但若不是每次碰到棘手的問題時，媽媽都這麼難應付的話，有一半的爭執是可以避免的。不過，范．丹恩太太的確有一個優點：你可以跟她講道理，她也許自私、吝嗇、狡猾，但只要別激怒她，惹她變得不講理，她很容易會退一步。這招並非每次都管用，但有耐心的話，繼續試下去，可看看效果如何。

如果我們保持開闊的心胸，和睦相處，別老是看到壞的一面，那些關於教養、寵壞孩子、食物——關於一切的衝突，可能會有不一樣的結果。

吉蒂，我知道你要說什麼，「安妮，這些話真的是從妳嘴裡說出來的嗎？妳，一個必須忍受樓上那麼多刻薄話的人？妳，一個注意到這麼多不公平事情的人？」

的確是我說的。我要用全新的眼光看事情，自己做判斷，不要像俗諺所說的「小鳥學唱大鳥調」，一味模仿父母的看法。我想重新觀察范．丹恩夫婦，自己判斷什麼是真的，什麼是誇大。如果到頭來我對他們失望，總還是能跟爸媽站在同一陣線，如果沒有，我可以試著改變爸媽的態度，如果沒用，我就必須堅持自己的意見和判斷。我會利用每個機會，跟范．丹恩太太開誠布公討論我們之間的許多差異，不害怕提出公正的意見，雖然我是出了名的自以為聰明。我不會說自己家人的壞話，但別人說的話，我還是會替他們辯解。從今天起，我說人是非的習慣已經是過去的事了。

在此之前，我深信所有爭執都要怪在范・丹恩夫婦的頭上，現在則認為絕大部分的錯在於我們。就相關的問題來說，我們是對的，但聰明人（例如我們！）應該更懂得與他人溝通的方法。

我希望我至少長了一點智慧，也希望能有機會好好運用它。

安妮敬上

一九四四年一月二十四日星期一

親愛的吉蒂：

我發生了一件非常奇怪的事。（其實用「發生」這兩個字不是非常恰當。）

我來這裡之前，家裡或學校只要有人講到性，不是神秘兮兮，就是說得很噁心，任何與性有關的字眼都必須小聲地說，聽不懂的人往往會被嘲笑。我覺得很奇怪，經常不懂為什麼有人講到這個話題要如此神秘或討厭，但因為我無法改變這種情形，只好盡量少講，或者請教我的女生朋友。

我懂了很多後，有一次媽媽對我說：「安妮，給妳一條忠告，永遠不要跟男孩子討論這件事，如果他們提起來，不要回答。」

我還清清楚楚記得當時是怎麼回答，我大聲說：「當然不會，怎麼可能！」然後就沒再說別的了。

我們剛躲起來時，爸爸經常告訴我一些我寧願從媽媽那裡聽到的事，其餘的我從書本或別人的談話中學到。

彼得・范・丹恩談起這件事，從來不會像學校男生那樣討厭，剛開始談到時，也許有那麼一兩次吧，不過他不會故意引誘我說話。范．丹恩太太曾經告訴我們，她從來沒跟彼得討論過這些事，就她所知，她丈夫也沒有，看來她不知道彼得懂得多少，也不曉得他從哪裡得知這些事。

昨天我、瑪歌和彼得削馬鈴薯時，聊著聊著，話題不知怎麼轉到波奇上。我問：「我們還不確定波奇是男生還是女生呢，是不是？」

他回答：「我們知道啊，波奇是公的。」

我笑了起來，「如果公貓也能懷孕的話，牠就是公的。」

彼得和瑪歌也大笑。你知道吧，一兩個月前，彼得告訴我們，波奇快要生小貓咪了，因為牠的肚子一天天大起來。結果波奇會大肚子，原來是因為吃了太多偷來的骨頭，裡面沒有小貓咪正在長大，更別說會有小貓咪生出來了。

聽到我的指控，彼得挺身自衛。「跟我來，妳自己親眼看看，我有一天逗弄那隻貓，清楚看見牠是『公』的。」

我忍不住好奇，跟他到倉庫，不過波奇那時不見客，到處都找不到牠。我們等了一下子，可是天氣冷了起來，最後只好回到樓上。

後來那天下午我聽見彼得又下樓去，就鼓起勇氣獨自穿過靜悄悄的屋子，來到了倉庫。波奇在包裝檯上跟彼得玩，彼得準備把牠抱到秤上量體重。

「嘿，想看一看嗎？」他二話不說，抓起貓把牠翻過身去，靈巧地按住貓的頭和爪子，開始上課。「這是雄性性器官，這裡有些雜毛，那是牠的屁股。」

貓咪自己翻正身子，用白色的小貓爪站好。

要是別的男孩對我指出「雄性性器官」，我再也不會看他一眼，這個話題本來令人尷尬，可是彼得用稀鬆平常的口氣繼續講，並非另有用心。他說完時，我覺得非常自在，舉動也正常起來。我們跟波奇玩，玩得很開心，聊了幾句，最後慢慢穿過長長的倉庫到門口。

「穆鬚結紮時，你在嗎？」

「當然在啊，一下就結束了，當然啦，他們給貓打了麻藥。」

「是不是拿掉什麼？」

「沒有，獸醫只是剪斷管子，從外表完全看不出來。」

我必須鼓起勇氣才敢問一個問題，因為我想那問題不「平常」。「彼得，德文的Geschlechtsteil是『性器官』的意思，對不對？但男性與女性的又有不同的名稱。」

「我知道。」

「女性是陰道，這我知道，但我不知道男性的叫什麼。」

「嗯。」

我說：「唔，那麼，我們怎麼才能知道這些字呢？大多數時候只是碰巧才會學到吧。」

「幹嘛等呢？我去問我爸媽，他們懂得比我多，也更有經驗。」

我們已經走到樓梯，所以就沒再說下去。

沒錯，事情真發生了。我從來不曾跟一個男孩子用這麼稀鬆平常的口吻談這件事，我也相信，媽媽警告我別跟男孩談論這個話題時，指的不是這樣的談話。

儘管如此，那天我後來神色還是有點異常，回想起我們的談話，還是覺得怪怪的。不過，我至少懂了一件事：有的年輕人，即使是異性，也可以自然地討論這種事，不會說笑話。

彼得真的會問他爸媽很多問題嗎？他真的是昨天那樣的一個人嗎？

哎，我怎麼會知道呢？！！！

安妮敬上

一九四四年一月二十八日星期五

親愛的吉蒂：

最近幾星期，我越來越喜歡研究皇室家譜和世系表，而且得出一個結論，一旦開始做研究，就只好一直挖掘歷史，最後會發現更有趣的東西。

我十分用功，幾乎能夠完全聽懂ＢＢＣ國內服務電臺的內容了，不過星期日還是經常忙著整理欣賞我所蒐集的電影明星。我的收藏規模非常可觀，古格勒先生每個星期一給我帶一本《電影與劇場》雜誌，讓我很開心。這個小小的嗜好，家裡那些沒那麼俗氣的人還要經常說是浪費錢，但是我能說出任何一部電影裡的演員，即使是一年前的片子也難不倒我，他們聽了總是很驚訝。貝普放假時經常和男朋友出門看電影，她星期六告訴我他們要去看的電影，我一口氣說出男女主角的名字與影評。媽姆不久前說，我以後不用去電影院了，因為我已經背熟所有劇情、影星名字和影評。

每次我梳了新髮型大大方方走進去，可以看到他們露出不以為然的表情，一定有人要問我在模仿哪一個電影明星。我會回答，這是我自己設計的髮型，他們聽了總是半信半疑。至於髮型嘛，反正最多只能維持半個小時，那時我也已經煩死了，受不了他們的評語，衝進浴室把頭髮恢復成平常的捲髮。

安妮敬上

一九四四年一月二十八日星期五

親愛的吉蒂：

今天早上我在想，你是否曾經覺得自己像頭牛，必須把我這些了無新意的消息一再咀嚼，最後受夠了單調的草料，打起呵欠，偷偷希望安妮會挖出新鮮的消息。

抱歉，我知道你覺得這些東西枯燥無趣，但想想我也是多麼討厭聽到這些老掉牙的內容。在餐桌上，如果不是談論政治或美食，就是媽媽或范．丹恩太太翻出那些我們聽過一千次的童年往事，或者杜瑟爾不停講著美麗的賽馬、他的夏洛特多得不得了的衣服、漏水的划船、四歲就會游泳的男童、酸痛的肌肉和受驚的病人。結果變成這樣：我們八人只要有誰開口，其餘七人就能替他把故事說完。不用提示，我們已經知道每一個笑話的笑點在哪裡，所以最後只有講笑話的那個人哈哈大笑。好幾個牛奶工、雜貨商與肉販，不是被兩位前家庭主婦捧上天，就是遭她們批得體無完膚，次數多到我們以為他們已經像瑪士撒拉[18]一樣老了。在密室根本沒有機會提出新鮮的討論話題。

本來這一切還能忍受，要不是大人習慣重複克萊曼先生、詹或蜜普告訴我們的故事，每次還要加油添醋，害得我經常在桌子底下捏自己的手臂，免得忍不住開口糾正這位熱心的說故事者。像安妮這樣的小孩絕對不可以糾正長輩，不管長輩犯了多少錯誤，不管長輩經常天馬行空胡思亂想。

詹和克萊曼先生喜歡談論潛入地下或藏匿的人，他們知道我們很想聽聽與我們相同處境的人的故事，也知道我們對那些被捕的人深表同情，為被釋放的人感到欣喜。

潛入地下或藏匿已經成了理所當然的事，就像大家都知道菸斗和拖鞋一定等著男主人辛苦一天後回家。許多反抗組織，例如「自由荷蘭」一類，替人偽造假身分證，提供躲起來的人金錢援助，安排藏匿處，替潛入地下的年輕基督徒找工作。這些慷慨無私的人做了那麼多的事，冒著生命危險幫助拯救他人，真是太不可思議。

幫我們的人就是最好的例子，他們設法幫助我們度過難關撐到現在，希望帶領我們安全脫險，否則他們將與他們設法保護的人遭受相同的命運。我們一定成了他們的負擔，但是他們從來沒有說過這種話，也未曾抱怨我們太過麻煩。他們每天上樓來，跟男人談論生意與政治，跟女人談論食物和戰時的不便，跟小孩談論書報。他們擺出最愉快的表情，在生日與特殊日子帶來鮮花與禮物，永遠樂意盡其所能。有一件事我們永遠不能忘記：其他人在戰場上或抵抗德國人時展現英雄氣概，而幫助我們的人每天以精神和關愛證明他們的英雄氣概。

稀奇古怪的故事到處流傳，不過大部分是真的。例如，克萊曼先生說，這星期海爾德蘭省舉辦足球比賽，一支球隊全是由潛入地下的人所組成，另一隊則由十一名憲兵組成。希爾弗瑟姆發新的登記證，為了讓許多藏起來的人拿到配給品（必須拿出這張卡才能領配給券，否則一本要六十盾），戶籍員請該區所有躲起來的人在指定時間領卡，而且另外弄一張獨立的辦事桌查收文件。

不過，還是得小心，以免這種冒險行為傳到德國人耳朵中。

安妮敬上

18. 譯註：Methuselah，聖經人物，據說活到九百六十九歲。

一九四四年一月三十日星期日

親愛的小吉：

又到了星期日，我已經不像剛開始那樣介意這個日子，但星期日實在太無聊了。

我還沒去倉庫，也許馬上就會去。前幾天的晚上，我跟爸爸一塊下去倉庫，昨天夜裡則獨自摸黑下樓。我站在樓梯頂，德國飛機飛來飛去，我知道我是一個人，不可以指望有人讓我依靠，於是我的恐懼消失了。我抬頭看著天空，相信上帝。

我非常需要獨處，爸爸注意到我不對勁，但我不能告訴他什麼在煩惱我。我只想大叫：「就讓我這樣，別管我吧！」

誰知道呢，說不定我想要人管的時候，就沒人管我了！

安妮·法蘭克

一九四四年二月三日星期四

親愛的吉蒂：

全國各地為了登陸反攻心情一天比一天興奮。如果你在這裡，想必也會像我一樣為了種種準備工作而感動，只是肯定也會嘲笑我們瞎緊張。誰知道，說不定是白忙一場呢！

報上都是登陸反攻的消息，一些報導搞得大家都要煩死了，像是：「英軍若登陸荷蘭，德國人將不惜一切捍衛這個國家，即使必須將它淹沒也在所不惜。」他們印出荷蘭地圖，把可能淹水的地方標示出來。阿姆斯特丹大部分地區都塗黑了，所以我們的第一個問題是，如果街上的水淹到我們的腰部，我們該怎麼辦？這個棘手的問題引起不同的迴響：

「不能走路，也不能騎自行車，只好涉水。」

「別傻了，我們只能試看看能不能游過去，大家穿上泳衣，戴上泳帽，盡量潛水，這樣沒有人會看到我們是猶太人。」

「胡說八道！我只想像得到女士游泳時，老鼠跑來咬她們的腿！」（當然這是男士的回答，到時看看誰叫得最大聲！）

「我們連門都出不了，倉庫很不穩，水淹上來就會倒塌。」

「聽我說，各位，別開玩笑了，我們真的需要想辦法弄一艘船來。」

「何必這麼麻煩？我有個更好的主意，我們每個人從閣樓搬一個包裝箱，用木湯匙划船。」

「我要踩高蹺，我年輕時是高蹺高手。」

「詹·吉斯不用踩，他會讓他老婆蜜普踩高蹺，然後坐在老婆的肩膀上。」

小吉，你大概知道現在的情況了吧？輕鬆地開開玩笑非常有趣，現實則一點也不有趣。登陸一定會引發第二個問題：如果德國人要疏散阿姆斯特丹的人口，我們該怎麼做呢？

「跟其他人一起出城，儘量喬裝。」

「不管發生什麼事，都別出去！最好的做法就是保持原狀！德國人有那個能耐把所有荷蘭人趕到德國，叫他們全死在那裡。」

「我們當然留在這裡，這裡是最安全的地方。我們勸一勸克萊曼一家也來跟我們一塊住在這裡吧，我們想辦法弄一袋刨花來，這樣就可以睡在地上。請蜜普和克萊曼拿幾條毯子來，以備不時之需。我們再訂購一些穀物，補充我們現有的六十五磅。詹可以設法再找些豆類。目前我們大約有六十五磅豆子，十磅豌豆。別忘了，還有五十罐蔬菜。」

「其他的呢，媽媽？告訴我們最新數據。」

「十罐魚，四十罐牛奶，二十磅奶粉，三瓶油，四罐奶油，四罐肉，兩大罐草莓，兩罐覆盆子，二十罐番茄，十磅燕麥，九磅米，就這樣了。」

我們的存糧維持得不錯，不過我們得招待辦公室員工，每星期都要拿存貨出來，所以其實不像表面那樣充足。我們也有足夠的煤、木柴和蠟燭。

「大家做個小錢包藏在衣服裡，必須離開的話，可以隨身帶點錢。」

「可以列張單子，寫下逃命時什麼應該先拿，另外事先整理好背包。」

「到時候，我們派兩個人站哨，一個在前面的頂樓，一個在後面。」

「等一等，到時如果沒有水、瓦斯或電，那麼多食物有什麼用？」

「我們得用火爐做菜，水先過濾再燒開。我們應該洗乾淨幾個大瓶子，裡面裝滿水。也可以用我們做罐頭的三個平底鍋和澡盆儲水。」

「另外，香料儲藏室大約還有兩百三十磅的冬種馬鈴薯。」

整天就聽到這些話，登陸，登陸，除了登陸，還是登陸。大家都在爭論挨餓、死亡、轟炸、滅火器、睡袋、身分證、毒氣等等事，不是多麼開心的話題。

男性代表團提出明確的警告，以下和詹的對話是個好例子：

密室：「我們擔心德國人撤退時把所有人都帶走。」

詹：「那是不可能的，他們沒有那麼多火車。」

密室：「火車？你真以為他們會用火車送死老百姓啊？才不。每個人都得靠自己的兩條腿。」（就是杜瑟爾常說的：per pedes apostolorum.）

詹：「我不信，你們老是把事情想得很壞，他們有什麼理由集中帶走老百姓？」

密室：「你忘了戈培爾說過，德國人如果不得不走，他們會把占領的土地的門通通關上？」

詹：「他們說過的話可多了。」

密室：「你是認為德國人情操高貴，或者非常仁慈，所以幹不出這種事？他們的理由是：我們就算完蛋了，也要拖著大家一塊下水。」

詹：「你愛怎麼說就怎麼說，我就是不信。」

密室：「這就應了那句老話，不見棺材不掉淚。」

詹：「什麼都還不確定，你只是推測。」

密室：「因為我們已經是過來人了，先是在德國，接著在這裡，你想俄國現在情況怎樣？」

詹：「你不該把猶太人算進來，我想沒有人知道俄國的情況。英國人和俄國人很可能為了宣傳效果誇大其辭，就像德國人一樣。」

密室：「絕對不會，ＢＢＣ向來只講事實，就算報導有點誇張，事實本身本來就已經夠糟了。你不能否認吧，波蘭和俄國有幾百萬愛好和平的老百姓遇害，或遭毒氣毒死。」

其餘的談話內容我就不寫出來煩你了。我非常鎮定，不去注意那些大驚小怪，達到不大在乎生死的境界。少了我，世界也會繼續轉動，反正我也無能為力改變情況，只能順其自然，專心念書，期待一切最後都很好。

安妮敬上

一九四四年二月八日星期二

親愛的吉蒂：

我無法形容我的感受。前一刻我渴望平靜，下一刻又想找點樂子。我們忘了怎麼笑——我指的是停不下來的那種大笑。

今天早上我咯咯笑，你知道的，以前在學校的那種笑法，我和瑪歌咯咯笑，像真正的十幾歲少女。

昨晚又跟媽媽當眾吵架。當時，瑪歌想用毛毯裹住身子，結果突然跳下床，仔細檢查毯子。你猜她找到什麼？一根別針。媽媽補毯子，補完忘記把針抽出來。爸爸意味深長地搖搖頭，說媽媽好粗心。不久媽媽從浴室出來，我也想開開玩笑，就說：「Du bist doch eine echte Rabenmutter.」[19]當然囉，她問我為什麼說這種話，我們告訴她，她忘了拿出別針，她馬上露出傲慢無比的表情說：「妳還有臉說別人，妳縫衣服時，滿地都是針。還有，妳看，修指甲的工具又亂放了，妳也從來不收拾！」

我說我沒用那組工具，瑪歌也幫我說話，因為是她惹出來的禍。

媽媽繼續數落我，說我多麼不愛整潔，說到我最後受不了了，非常不客氣地說：「說妳粗心的人根本不是我，我老是因為別人做錯事而挨罵！」

媽媽突然沒話說，過不到一分鐘，就到了我必須吻她說晚安的時候。這也許是一件小事，但最近每件事都惹我生氣。

我現在好像正在經歷一段反省時期，思緒漫遊，什麼事都想，自然而然想起爸爸媽媽的婚姻。在我看來，他們的婚姻狀似是完美的，從不爭吵，從不翻臉，十分和諧等等。

我知道爸爸一些過去的事，不知道的就自己編。印象中，爸爸娶媽媽，因為他覺得媽媽會是一個理想的妻子。我必須承認，我欣賞媽媽為人妻子角色的態度，就我所知，她從沒有抱怨或者嫉妒過。對於一個深情的妻子，知道自己不是丈夫最愛的人，心裡一定很難過，但媽媽是知道這一點的。爸爸絕對是欣賞媽媽的態度，認為她個性非常好，所以，何必娶別人呢？他的理想已經破碎，他的青春已經結束，結果這段婚姻現在怎樣了呢？沒有爭執，沒有意見相左，但很難說是一段美滿的婚姻。爸爸尊敬媽媽，也愛媽媽，但不是我想像婚姻中存在的那種愛。爸爸接受媽媽的本性，雖然經常氣惱，但盡量少說話，因為他明白媽媽必須付出的犧牲。

有關生意啦，人啦，各種事情啦，爸爸不一定都會詢問她的意見，也不會什麼事都告訴媽媽，因為他知道媽媽太感情用事，太挑剔，也經常太偏激。爸爸並沒有熱烈愛著媽媽，親吻媽媽，就像親吻我們一樣。他不曾拿她做大家的榜樣，因為他做不到。他用取笑或諷刺的眼神看她，而沒有含情脈脈。也許媽媽的犧牲奉獻，讓她變得對身邊的人嚴厲，不好相處，這一定也讓她離愛的道路越來越遙遠，人越來越沒有魅力。有一天，爸爸一定會發現，媽媽在表面從未要求他全部的愛，在內心則無疑地正在慢慢崩潰。媽媽愛爸爸勝過任何人，這樣的愛情得不到回報是很痛苦的。

所以，我其實應該更同情媽媽嗎？該幫她嗎？還有爸爸——但我做不到，我一直想像另一種母親。我就是做不到——我怎麼能呢？她從未告訴我關於她的事，我也從沒問過她。我們對彼此的想法了解什麼？我不能跟她談話，我不能深情地看著那雙冷漠的眼睛，我不能，永遠也不

19.原註：妳是一個狠心的媽媽。

能！——哪怕她只擁有一位善解人意的母親應有的一項特質，不管是溫柔、親切、耐心或什麼，我都會不斷努力親近她。但是，叫我去愛這個不體貼的人，這個冷嘲熱諷的傢伙，那是一天比一天更不可能。

安妮敬上

一九四四年二月十二日星期六

親愛的吉蒂：

陽光燦爛，天空湛藍，和風怡人，我好渴望——真的什麼都好渴望，渴望交談、自由、朋友、獨處。我好渴望——哭一場！我感覺好像快要爆炸了，我知道哭一哭會好過一點，但我不能哭。我坐立難安，從一個房間走到另一個房間，從窗框的細縫呼吸，感覺心臟的跳動，好像在說：「渴望終究會成真……」

我想，春天在我的心裡，我感覺春天正在甦醒，我整個身體與靈魂都感覺到了。我必須強迫自己表現正常。我非常困惑，不知該讀、該寫、該做什麼。我只知道我渴望著一些事物……

安妮敬上

一九四四年二月十四日星期一

親愛的吉蒂：

從星期六開始，很多事對我來說變了。是這樣的：我渴望著什麼（現在依然渴望），但……問題有一小部分，非常小的一部分解決了。

星期日早上，我察覺彼得一直看著我，我好高興（就老實跟你說吧），不是平常那種眼神，不知道，我也說不上來。以前我以為他愛瑪歌，那時突然覺得不是這樣的。一整天下來，我努力不要老是看著他，因為每次看他都會撞見他正在看我，然後——哎呀，我心裡覺得好甜蜜，那是我不該常有的感覺。

星期日晚上，除了我和皮姆以外，每個人都圍著收音機，收聽「德國大師的不朽音樂」。杜瑟爾不停轉旋鈕，這個動作惹惱了彼得，其他人也不高興。彼得忍了半個小時，最後有點不耐地請他別再玩弄收音機。杜瑟爾用十分傲慢的口吻回答：「Ich mach' das schon!」[20]彼得非常生氣，回了一句沒禮貌的話，范．丹恩先生也站在他這邊，杜瑟爾只好讓步。事情就是這樣。

吵架理由也不是特別有趣，彼得卻顯然對這件事耿耿於懷，因為今天早上我在閣樓翻找木箱裡的書，彼得走過來告訴我事情經過。我本來完全不知情，彼得立刻發現他找到了一個肯專心聽他說的人，於是越說越起勁。

他說：「哎，就是這樣，我平常不愛說話，因為我早知道我一定會舌頭打結，開始結巴臉紅，語無倫次，最後只好住口不說，因為找不出適合的字眼。昨天也是這樣。我說出來的話，跟我想講的話，完全不一樣，可一開口就全亂了。真糟糕。我以前有個壞習慣，但有時真希望沒改掉：

20. 原註：我就是要！

我要是生一個人的氣，才不跟他爭論，我直接就揍他一頓。我知道這個方法解決不了問題，所以我很佩服妳，妳從來不會不知道該說什麼，妳可以確實說出想法，完全不會害羞。」

我回答：「哈，這你就錯了，我大部分說出來的話，跟本來打算說的話差很遠。還有，我話太多，太囉嗦，也是很糟糕。」

「也許吧，但妳有一個優點，沒有人會看出妳覺得尷尬，妳不會臉紅，也不會激動。」

聽到他這番話，我忍不住暗自覺得好笑。不過，我希望他繼續靜靜講自己的事，所以忍著不笑出來，坐到地上的靠墊，抱著膝蓋，專心看著他。

好開心哦，這屋裡還有另一個人跟我一樣會發飆。彼得好像放輕鬆了，因為他可以罵杜瑟爾，又不怕我去告狀。至於我呢，我也很高興，因為我強烈感覺到了友誼，我只記得與女生朋友有過這樣的感覺。

安妮敬上

一九四四年二月十五日星期二

杜瑟爾引發的小小爭執還有陣陣餘波，那也只能怪他自己。星期一晚上，杜瑟爾進來找媽媽，得意洋洋地告訴她，彼得那天早上問他睡得好不好，又說他對星期日晚間發生的事非常抱歉，他不是故意說那些話。杜瑟爾叫彼得放心，他並沒有把那件事放在心上。所以一切又恢復正常。媽媽跟我轉述這個故事，我偷偷覺得驚訝，彼得這麼氣杜瑟爾，居然會低聲下氣，這跟他當初信誓旦旦說的話相反啊。

我忍不住向彼得打聽這件事，他立刻回答說杜瑟爾說謊話。你應該看看彼得的表情，真希望當時我有照相機。憤慨，暴怒，猶豫，激動，種種表情接二連三從他臉龐閃過。

那天晚上，范．丹恩先生和彼得狠狠數落了杜瑟爾一頓，但也沒那麼嚴重，因為彼得今天又要看牙。

其實，他們本來希望永遠不再講話的。

一九四四年二月十六日星期三

我和彼得整天沒交談，有也只是幾句無意義的話。天氣太冷，無法上去閣樓，反正今天是瑪歌的生日，也不方便上去。十二點半，他過來看禮物，還留下來聊天，其實他沒必要待這麼久，平常不會這樣。不過，到了下午，我的機會來囉。因為瑪歌生日，我想對她特別好，所以去弄咖啡，又去拿馬鈴薯。我到彼得房間時，他立刻把他放在樓梯上的資料拿開，我問他，通往閣樓的地板活門要關上嗎？

他說：「好，關吧。妳要下來時，敲一敲，我就幫妳開門。」

我謝謝他，然後上樓，花了至少十分鐘尋找木桶裡最小顆的馬鈴薯。我的背部開始覺得痛，閣樓好冷。當然，我並沒有多此一舉先敲門，直接自己拉起地板活門，不過他還是很好心地站起來，接過我手上的鍋子。

「我盡力了，但找不到更小的。」

「找過大木桶了嗎？」

這時我已經走到樓梯底，他還拿著鍋子，仔細看了看裡面的馬鈴薯說：「嗯，這些很好。」我把鍋子接回來，他又說：「我向妳致敬！」

他說這句話的同時，用非常溫暖又非常溫柔的眼神看我，我心裡覺得暖暖的。看得出來，他想討我開心，但他說不出一長串的讚美，所以用眼神表達一切。我非常了解他，也非常感激。想到那句話和那個表情，我還是非常開心。

我下樓時，媽媽說她還需要一些馬鈴薯，這次是為了煮晚餐，所以我自告奮勇又上樓去。我走進彼得房間，為了再次打擾向他道歉。我準備上樓時，他站起來，走到階梯和牆壁中間，抓住我的手臂，要我別上去。

他說：「我去吧，反正我也得上去一趟。」

我說真的不用，這次我不必只挑小顆的，他信了，放開我的手臂。我下去時，他推開活門，又接過我的鍋子。我站在門口問：「你在讀什麼？」

他回答：「法語。」

我問能不能看看他的教材，然後洗了洗手，坐在他對面的長沙發上。

我替他解釋幾句法語後，兩人開始聊天。他告訴我，戰爭結束後，他想去荷蘭東印度公司工作，住在橡膠園。他聊到在家的生活與黑市，說自己是一個沒用的人。我告訴他，他的自卑感太嚴重。他談起戰事，說俄國和英國一定會互相打起來，然後談到猶太人，他說，如果他是基督徒，或者戰後成為基督徒，日子會好過許多。我問他是不是想受洗，但他也不是那個意思。他說，他永遠無法覺得自己是一個基督徒，但戰後他絕對不會讓人知道他是猶太人。我心痛了一下，可惜他內心還是有一點不老實。

彼得又說：「猶太人一直是上帝的選民，以後也永遠會是。」

我回答：「只是這一次我希望猶太人被選中是好事！」

我們繼續聊，聊得非常愉快，聊爸爸，聊判斷一個人的個性，什麼都聊，聊了好多好多事，我記不得全部。

我在五點十五分離開，因為貝普已經到了。

那一晚，他還說了一些話，我覺得很好。我們談論我給他的一張電影明星照片，照片掛在他的房間至少一年半了，他非常喜歡，所以我主動說要再給他幾張。

他回答：「不用了，我寧願好好保存現在的這一張，我每天看著它，上面的人已經成了我的朋友。」

我現在更了解他為什麼總是緊緊抱著穆鬚，他顯然也需要溫情。我忘了提他談到的另外一件事。他說：「除了跟自己有關的事，我什麼都不怕，不過我也正在努力克服那種恐懼。」

彼得有很強烈的自卑感，例如，他老是以為自己很笨，我們很聰明，我教他法語，他一直謝謝我，過不久我要這麼回說：「哎呀，別再說了！你的英語和地理不是比我強多了嗎？」

安妮．法蘭克

一九四四年二月十七日星期四

親愛的吉蒂：

今天早上我去了樓上，因為答應范・丹恩太太朗讀幾則我寫的故事。我先讀〈夏娃的夢〉，她非常喜歡，接著我讀了幾段〈密室〉，她聽了捧腹大笑。彼得也聽了一會兒（只有最後一部分），問我要不要找個時間到他房間多讀一點。我當場決定把握機會，於是拿了作業簿，讓他讀了卡蒂和漢斯談論上帝的那一段。我實在看不出來他有什麼感想，他說了幾句話，我記不太清楚，他談到的不是寫得好不好，而是背後的觀念。我告訴他，我只是希望他發現我不只寫好笑的東西。他點點頭，我就離開房間。等著看看會不會再聽到什麼意見！

安妮・法蘭克敬上

一九四四年二月十八日星期五

我最親愛的吉蒂：

我每次上樓，都是因為可以看到「他」。現在，生活中有了期盼，在這裡的日子愉快多了。起碼我友誼寄託的對象永遠在這裡，也不用擔心對手（除了瑪歌）。別以為我戀愛了，我沒有，但我的確感覺到我和彼得正在發展某種美妙的關係，一種友情，一種信任感。一有機會我就去找他，以前他不知道怎麼面對我，現在不一樣了，我都要走出門了，他反而繼續說個不停。媽媽不喜歡我上樓，老是說我打擾彼得，最好別去煩他。老實說，她難道就不能信任我的直覺嗎？我去彼得房間時，她老是用非常古怪的眼神看我，我下樓後，她問我去了哪裡。討厭，我要開始恨她了！

安妮・M・法蘭克敬上

一九四四年二月十九日星期六

親愛的吉蒂：

又到了星期六，光聽到這個日子，你就很清楚了。今天早上一切都很平靜，我在樓上做肉丸子，做了快一個小時，但我只順便跟「他」說話。

兩點半時，大家都上樓來，不是看書，就是午睡。我拿了毯子等等東西下樓，坐在書桌前寫字看書。沒多久，再也受不了了，把頭埋在手臂，哭得唏哩嘩啦，眼淚從臉頰流下。我傷心極了。唉，要是「他」來安慰我，那該有多好。

我再上樓，已經過了四點。五點時，我去拿馬鈴薯，再度希望我們會碰面，但我還在浴室整理頭髮時，他就去看波奇了。

我想幫忙范．丹恩太太，所以拿了書跟所有東西上樓，但突然覺得眼淚又要流下來了。我衝下樓到廁所，途中抓起了鏡子。我穿著衣服坐在馬桶上，哭完了還坐在上面很久，眼淚在紅圍裙上留下深色的印子。我覺得沮喪極了。

當時我心裡是這樣想的：「唉，我這樣永遠無法接近彼得，誰曉得呢，說不定他根本不喜歡我，不需要有人聽他講心事。說不定他只是用平常心待我，我一定又會孤孤單單，沒有人信賴，沒有彼得，沒有希望、安慰或期待。噢，如果我能把頭靠在他的肩膀，不要覺得這麼絕望、孤獨與沒人理睬，那該有多好！誰曉得呢，說不定他一點也不在乎我，看別人也是同樣的溫柔。說不定他對我特別不同只是我的想像。噢，彼得，但願你能聽見我的心聲，或者看看我。如果事實令人失望，我會承受不了！」

沒多久，我又滿懷希望與期待，雖然眼淚還在流——在心裡流。

安妮・M・法蘭克敬上

一九四四年二月二十日星期日

別人家平日做的事，密室在星期日才能做。別人穿上最漂亮的衣服，到太陽底下散步，我們則刷地打掃洗衣服。

八點。其他人還想賴床，杜瑟爾卻在八點就起床了。他去浴室，下樓，接著又上樓，又進浴室，花了整整一個小時洗澡。

九點三十分。火爐生火，遮光簾拉下，范・丹恩先生去浴室。躺在床上看杜瑟爾禱告的背影，是我星期日早晨必須承受的一大磨練。我知道，這樣說很奇怪，但杜瑟爾禱告是一幅可怕的情景，也不是說他會大哭或感傷，完全不是這樣，而是他會花一刻鐘的時間，也就是整整十五分鐘，站在那裡前後搖晃，前前後後，前前後後，反覆不斷，我要是不把眼睛閉上，頭都要開始暈了。

十點十五分。范・丹恩夫妻吹口哨，表示浴室無人使用。在法蘭克家這一區，第一批睡眼惺忪的臉龐開始從枕頭抬起。接著，所有動作都要快，快，快。我和瑪歌輪流洗衣服，樓下很冷，所以我們穿長褲，包頭巾。同一時間，爸爸在浴室忙著，十一點，輪到我或瑪歌用浴室。於是，大家都乾淨了。

十一點三十分。早餐。這我就不多說了，因為我不提這個話題，關於吃的也說得夠多了。

十二點十五分。我們各做各的事。爸爸一身工作服，趴在地上刷地毯，刷得很起勁，屋子瀰漫飛揚的塵土。杜瑟爾先生鋪床（當然，亂鋪一通），他幹活時，老吹著同一段貝多芬小提琴協奏曲。媽媽去晾衣服，可以聽見她的腳在閣樓地板拖來拖去的聲音。范．丹恩先生戴上帽子，消失到樓下，通常後頭跟著彼得與穆鬚。范．丹恩太太繫上長圍裙，穿上黑色羊毛夾克，腳上是防水膠鞋，一條紅色羊毛圍巾纏在頭上，抱起一堆髒衣服，像洗衣婦一樣點著頭，好像排練了很多次，接著下樓去。我和瑪歌洗碗盤，整理房間。

一九四四年二月二十三日星期三

我最親愛的吉蒂：

從昨天開始就是好天氣，我的心情也振作了一些。寫作——我最喜歡的事——進展順利。我幾乎每天早上都去閣樓，把胸腔混濁的空氣排出來。今天早上去那裡時，彼得正忙著打掃，很快忙完之後，過來我身邊，我坐在我最喜歡的地板位置。我們兩人望著藍天，光禿禿的栗子樹閃著晶瑩的露水，海鷗與其他小鳥從半空俯衝而下，銀色羽毛閃閃發光。我們感動得忘了自己，說不出話來。他站著，頭靠在粗梁上，而我坐著。我們吸口氣往外看，兩人都感覺到不該以語言打破的魔力。我們就這樣好久好久，當他得去頂樓劈柴時，我已經明白他是個善良規矩的男孩子。他爬梯子上頂樓，我跟著上去，他劈了十五分鐘，我們一句話也沒說。我站在那裡看他，很明顯他正在努力劈得漂亮，展示他的力氣。不過，我也從打開的窗戶望外看，視線掃過一大片阿姆斯特丹的上空，越過屋頂，抵達地平線，那裡有一段淡得幾乎看不見的藍。

我心想：「只要有這些，只要陽光與無雲的天空存在，只要我能欣賞這片風景，我又怎麼會傷心難過呢？」

對於驚慌、寂寞或不幸的人，最好的解藥就是到戶外去，到一個能獨處的地方去，與天空、自然和上帝單獨為伍。因為這樣，也只有這樣，才能體會萬物皆有其道理，上帝希望人在大自然的美麗與簡樸中快樂。

我知道，只要大自然存在（大自然也應該永遠存在），無論環境如何，所有悲傷都能找到慰藉。我堅信大自然能為所有受苦的人帶來安慰。

噢，誰知道呢，也許，過不了多久，我就能把這種無法抵抗的幸福感與另一個感受相同的人分享。

安妮敬上

附筆：給彼得的一些想法。

我們在這裡，錯過了很多事情，很多很多，錯過了很久很久。我跟你一樣想念我們所錯過的事。我指的不是外在事物，因為在那一方面我們並不缺乏。我指的是內在事物。和你一樣，我渴望自由與新鮮空氣，但是我認為我們已經獲得豐富的彌補。我指的是內在的彌補。

今天早上，我坐在窗前，凝望窗外的上帝與大自然，我看了很久，感覺好快樂，平平凡凡的快樂。彼得，一個人只要在內心感受到那種幸福、大自然的喜悅、健康與其他種種，便能永遠重溫那種快樂。

財富可能失去，名聲可能失去，一切都可能失去，但內心的幸福感只會黯淡，卻不會離開，只要活著，它就永遠存在，有朝一日時候到了，它就能讓你再度快樂起來。

任何時候，當你感到孤單或悲傷，不妨試著在美麗的日子到頂樓看看外面。別看著房屋屋頂，看著天空。只要能無畏地凝望天空，你就能明白你的內心是純潔的，你會再度找到快樂。

一九四四年二月二十七日星期日

親愛的吉蒂：

從大清早到深夜，我只想著彼得。我入睡時，他的身影在我的眼前，我夢見他，醒來時，他還在那裡看著我。

我有個強烈的感覺，我和彼得之間的差異其實不像表面那樣大，我來解釋為什麼：我和彼得都沒有母親。他的母親太膚淺，喜歡打情罵俏，不太關心他腦子裡在想些什麼。我的母親積極關心我的生活，但不體貼、不敏感，也沒有做母親的判斷力。

我和彼得與內心深處的感情對抗，依然對自己沒有把握，我們的感情太容易受傷，受不了別人對我們兇一點。遇到那種事，我就想跑到外面，或者掩藏起自己的感受，結果卻敲打鍋碗瓢盆，把水濺得到處都是，吵吵鬧鬧，弄得每個人都希望我離他們遠一點。彼得的反應則是關上心門，少說話，靜靜坐著做白日夢，小心翼翼藏起真正的自我。

我們要如何才能終於心意相通呢？何時呢？不知道我還能繼續控制這份渴望多久。

安妮．M．法蘭克敬上

一九四四年二月二十八日星期一

我最親愛的吉蒂：

像惡夢一樣，醒來了許久後還繼續不斷的惡夢。我白天幾乎每個小時都見到他，卻不能和他在一起，我不能讓其他人注意到，雖然心在痛，我必須假裝開心。

彼得．席夫與彼得．范．丹恩已經融為一個彼得，這個彼得善良而親切，我好想好想要他。媽媽很討厭，爸爸人很好，所以更容易惹人生氣。瑪歌最壞，我只想要自己靜一靜，她看我笑咪咪的，就故意占我便宜。

彼得沒有上閣樓找我，但到頂樓做木工，敲敲打打，每一聲都叫我的勇氣頓失，讓我更愁悶。遠處鐘聲響起：「保持心靈純淨，保持精神純潔！」

我太多愁善感了，我知道，我沮喪愚蠢，這我也知道。啊，救救我！

安妮．M．法蘭克敬上

一九四四年三月一日星期三

親愛的吉蒂：

我自己的事不重要了，因為……有人闖進來。我說了那麼多次闖空門，你都聽膩了吧，但我能怎麼辦呢？誰叫小偷如此喜歡光顧吉斯公司呢？這一次比上次在一九四三年七月發生的那次複雜得多。

昨晚七點三十分，范．丹恩先生一如往常前往古格勒先生的辦公室，發現玻璃門和辦公室門都開著，心裡很驚訝，穿過辦公室之後更加錯愕，因為凹室的門也開著，前辦公室亂七八糟。他心中閃過一個念頭：「有人破門進來偷東西。」為了確認，他下樓到前門檢查門鎖，發現門關著，於是推論：「一定是貝普和彼得今晚太粗心。」范．丹恩先生在古格勒先生的辦公室待了一會兒，接著關燈上樓，沒有多想門沒關或辦公室亂糟糟的事。

今天一大早彼得來敲我們的門，告訴我們前門敞開，投影機與古格勒先生的新公事包本來放在櫃子，現在都不見了。彼得被派去鎖門，范．丹恩先生於是告訴我們他前一晚的發現，我們擔心得要命。

只有一個解釋：小偷一定複製了一把鑰匙，因為沒有破門闖入的痕跡，他一定天黑不久就偷摸進來，進來後把門關上，聽到范．丹恩先生的聲音時則躲起來，等范．丹恩先生上樓後，才帶著贓物逃之夭夭，倉皇之中，連門都沒關。

誰會有我們的鑰匙呢？小偷為什麼不進倉庫呢？會不會是某位倉庫員工呢？他聽見了范．丹恩先生的聲音，也許還見到了他，會不會舉發我們呢？

實在好可怕，因為我們不知道小偷會不會又起了進來的念頭，還是他聽到屋內還有別人嚇壞了，再也不敢來呢？

安妮敬上

附筆：如果你能為我們找一個好偵探，我們會很高興。此人顯然必備一個條件：他必須可靠，不會告發躲起來的人。

一九四四年三月二日星期四

親愛的吉蒂：

今天我和瑪歌一起待在閣樓，我想像與彼得（或其他人）在一起很快樂，跟她卻沒有這樣的感覺。我知道她在大部分事情上與我有同樣的感受。

洗碗盤時，貝普跟媽媽、范．丹恩太太說她很沮喪，哎呀，這兩位哪能給她什麼幫助？尤其是我們這位做事都沒想到別人的媽媽，只會搞得事情越來越糟糕。你知道她提出什麼意見嗎？她叫貝普想一想世上所有受苦受難的人！自己都慘兮兮了，想別人的痛苦怎麼會有幫助呢？我說出我的想法，她們當然叫我在這種談話中別插嘴。

這些大人實在笨死了。彼得、瑪歌、貝普和我難道沒有相同的感受嗎？唯一有用的是母愛，或者非常非常親密的朋友的關懷，這兩位母親卻一點也不了解我們！也許范．丹恩太太了解，比媽媽了解多一點。噢，但願我能對可憐的貝普說幾句話，我的親身經驗會有幫助。結果爸爸站到我們中間，粗魯地把我擠到一旁。他們都蠢死了！

我也跟瑪歌講到爸爸媽媽，說如果他們不是這麼煩人，我們在這裡會有多好。我們可以安排每個人晚上輪流討論一個話題，可惜現在已經不能那樣做了，在這裡我根本不能開口說話！我一說話，范．丹恩先生攻擊我，媽媽挖苦我，無法用正常口氣說半句話。爸爸不想捲入，杜瑟爾先生也是，范．丹恩太太則自己已經經常受到抨擊，只好漲紅著臉坐在那裡，再也無力招架。而我們呢？我們不許有意見！喲，他們好先進是不是！不許有意見！你可以叫人閉嘴，但你不能叫人沒有意見，你不能禁止別人有意見，不管對方年紀多小！唯一可以幫助貝普、瑪歌、彼得和我的是深切的關愛，而我們在這裡得不到。沒人能了解我們，此地愚昧的先賢尤其不能，因為他們沒有想到我們比他們敏感，思想也比他們進步！

愛？什麼是愛？我認為愛無法以言語形容。愛是了解一個人，關心他，與他同甘共苦。最後才加入了肉體的愛。無論已婚或未婚，無論是否生兒育女，兩人分享生活，付出，並得到回報。失貞沒關係，只要你知道，活著的一天，有人在你的身旁，那人了解你，你不用與他人分享他！

安妮．M．法蘭克敬上

此刻媽媽又埋怨我了，因為我對范．丹恩太太說的話，比跟她說的話還要多，她分明是在嫉妒，管他的！

今天下午我好不容易逮到彼得，我們聊了至少四十五分鐘。他想告訴我他自己的事，但講不出口，過了好久才總算講出來。老實說，我不知道我該留下還是走開，但好想好想幫他！我告訴他貝普的事，還有我們的母親都不為別人著想。他告訴我，他爸媽經常吵架，吵政治，吵香菸，什麼都吵。我跟你說過，彼得非常害羞，不過他竟然敢承認，一兩年見不到他的父母，他會十分開心。他說：「我爸不像表面上看起來那樣好，就香菸這件事來說，我媽絕對是對的。」

我也跟他談媽媽，不過他替爸爸說話，他認為爸爸是「很棒的傢伙」。

今晚我洗好碗盤，正在掛圍裙時，他把我叫過去，請我別在樓下提起他爸媽又吵架冷戰的事。我答應了，不過我已經告訴瑪歌了，但相信瑪歌不會說出去。

我說：「哎呀，彼得，你不用擔心我，我早學會不要聽到什麼就亂說話，我絕對不會把你告訴我的事說出去。」

他很高興聽到這句話。我也告訴他，我們很愛說別人的是非，說：「瑪歌說我不忠厚，說得當然沒錯，因為我雖然很想別再講人家的是非，卻還是最喜歡討論杜瑟爾先生！」

他說：「妳承認了，表示妳很勇敢。」他臉紅了，這句真誠的讚美也差點讓我覺得難為情。

接著我們又聊了「樓上」和「樓下」。彼得聽到我們不喜歡他的爸媽，感到相當驚訝。我說：「彼得，你知道我一向實話實說，既然這樣，何不乾脆這件事也告訴你呢？我們也看得出他們的缺點。」

我又說：「彼得，我實在很想幫你，你願意讓我幫忙嗎？你的處境很為難，雖然你什麼都沒說，我知道你很煩惱這件事。」

「我永遠都會很高興接受妳的幫忙！」

「也許你找我爸爸談一談比較好，你什麼事都可以告訴他，他不會說出去的。」

「我知道，他很夠朋友。」

「你很喜歡他，對不對？」

彼得點點頭，我繼續說：「他也喜歡你呢，你知道吧！」

他立刻抬起眼睛，臉紅了起來。看見這句話讓他這麼開心，我好感動。他問：「妳真的這麼認為？」

我說：「對啊，從他偶爾講的幾句話就知道。」

接著范・丹恩先生進來吩咐幾件事。彼得是個「很棒的傢伙」，就像爸爸一樣。

安妮・M・法蘭克敬上

一九四四年三月三日星期五

我最親愛的吉蒂：

今晚凝視蠟燭時，我又感到平靜和幸福，外婆好像在蠟燭裡，是外婆在照顧保護我，讓我又快樂起來。但是……左右我喜怒哀樂的是另一個人，那就是……彼得。我今天去拿馬鈴薯，拿著滿滿的鍋子站在樓梯，他問：「妳午休時做了什麼？」

我在樓梯坐下，兩人聊了起來，直到五點十五分（從我去拿馬鈴薯算起，已經過了一個小時），馬鈴薯才送進廚房。彼得沒有又談他的爸媽，我們只是談論書本和以前的事。噢，他凝望我，眼神是那麼溫暖，我想我會很輕易地愛上他。

今晚他提起了這個話題。削好馬鈴薯皮後，我到他房間，說到今天好熱。「看我和瑪歌就可以知道氣溫，冷的時候，我們臉色發白，熱的話，我們的臉是紅的。」我說。

他問：「談戀愛的時候呢？」

「我為什麼要談戀愛？」好蠢的回答（或者應該說，好蠢的問題）。

他說：「為什麼不？」接著晚餐時候到了。

他是什麼意思呢？我今天總算開口問他，我嘰嘰喳喳的，他覺得煩不煩。他只說：「哦，我覺得很好啊！」無法分辨他的回答有幾分是出於害羞。

吉蒂，我聽起來就像戀愛中的人，整天說的都是心愛的人。彼得是我心愛的人，我能告訴他嗎？只有等到他對我也是同樣的看法，我才會告訴他，但是我很清楚，我是那種需要細心呵護的人。他不喜歡人家管他，所以我不知道他有多喜歡我，不管怎樣，我們對彼此的了解慢慢加深了。希望我們敢再多聊一點。可誰知道呢？也許那一天會比我想的來得更快！他每天會心地看我一兩次，我也對他眨眨眼，兩人都好幸福。說他幸福好像很瘋狂，但我強烈感覺他跟我想的是一樣的。

安妮．M．法蘭克敬上

一九四四年三月四日星期六

親愛的吉蒂：

這是幾個月來第一個不無聊、不沉悶、不乏味的星期六。因為，有彼得。今天早上，我要去閣樓晾圍裙時，爸爸問我想不想留下來練習法語，我說好，兩人一塊說了一會兒法語，然後我替彼得解釋我們練習的內容，接著我們複習英語。爸爸朗讀狄更斯，我快樂得像置身天堂，因為我坐在爸爸的椅子上，離彼得好近。

我在十點四十五分下樓，十一點三十分再上去，彼得已經在樓梯等我。我們聊到十二點四十五分。我只要離開房間，例如三餐過後，彼得逮到機會，又沒人聽見，就會說：「再見，安妮，回頭見。」

噢，我好快樂！不知道他到底會不會愛上我？不管怎樣，他是個好男孩，你不知道跟他說話多麼開心！

范．丹恩太太原本覺得我跟彼得說話沒關係，今天卻揶揄我：「你們兩個待在上面，我能放心嗎？」

我抗議：「當然可以，我覺得這句話是侮辱！」我從早到晚都期待見到彼得。

安妮．M．法蘭克敬上

附筆：趁還沒忘記，趕快告訴你。昨晚萬物覆上一層雪，現在融化了，幾乎都沒了。

一九四四年三月六日星期一

親愛的吉蒂：

自從彼得跟我談過他爸媽的事後，我就覺得對他有一份責任感——你覺得奇不奇怪？好像他們吵架也會影響到我，就像影響到他一樣，可我不敢再提起，因為怕他不舒服。我不想干涉，給我全世界的財富我也不想。

從彼得的臉，我看得出他跟我一樣對事情深思熟慮。昨晚我很生氣，因為范．丹恩太太嘲笑他：「大思想家啊！」彼得臉紅了，很難為情，我都要氣炸了。

這些人為什麼不能閉嘴呢？只能站在一旁看著他孤孤單單，什麼忙也幫不上，你無法想像那是怎樣的滋味。我可以設身處地想像，他有時一定為了那些爭執沮喪不已。至於愛，可憐的彼得，他多麼需要被愛！

他說他不需要任何朋友，聽起來很冷漠，哎呀，他完全錯了！我想這不是他的真心話。他堅持他的男子氣概、他的孤獨和偽裝的冷漠，以維持他的角色，永遠永遠不必流露感情。可憐的彼得，他能堅持多久呢？他難道不會因為這種超乎常人的努力而爆炸嗎？

噢，彼得，但願我能夠幫你，但願你讓我幫你！我們在一起就可以驅走我們的孤獨，你我的孤獨！

我最近想很多，說很少。我看到他就快樂，我們在一塊時如果有陽光，那就更快樂了。昨天我洗頭髮，因為知道他在隔壁，就故意弄得很大聲。我忍不住，我內心越是安靜嚴肅，就要表現得越是吵鬧！誰會第一個發現我的弱點？

范．丹恩夫婦沒有女兒也好，如果是征服同性的話，絕對不會這麼富有挑戰，這麼美好，這麼愉快！

安妮．M．法蘭克敬上

附筆：你知道我總是對你說實話，所以我想我應該告訴你，我的每一天都在期待下一次邂逅中度過，我總是期待發現他迫不及待要看到我，注意到他靦腆的嘗試，就欣喜若狂。我想他希望能像我這樣善於表達自己，他不知道，就是他那難為情的樣子讓我覺得好動心。

一九四四年三月七日星期二

親愛的吉蒂：

回想一九四二年的生活，一切是那麼的不真實。享受天堂般生活的安妮．法蘭克，完全不同於困在四壁變得懂事的安妮．法蘭克。是啊，以前的日子像在天堂一樣，隨便一個街角，我都有五個愛慕者，大約二十個朋友，多數老師最喜歡的學生就是我，爸媽也把我寵壞了，袋子裡裝滿了糖果，零用錢好多好多。這樣的生活，還能再要求什麼呢？

你可能很想知道我為什麼能吸引那麼多的人吧，彼得說那是因為我「很有魅力」，其實並不完全是這樣。上課時，我的回答很聰明，想法又幽默，總是笑咪咪的，也會判斷是非對錯，老師都被我逗得笑呵呵。這就是我，會撒嬌，長得又俏麗，很會逗人發笑。還有幾點讓我博得眾人歡心：我勤奮、老實又大方。我從不拒絕別人偷看我的答案，也樂於把糖果分人吃，從來不自以為是。

大家那麼仰慕我，最後會不會讓我變得自滿呢？我從得意的巔峰突然摔落現實，這樣也好。過了一年多，我才習慣無人捧的日子。

學校的人怎麼看我呢？班上的諧星，永遠帶頭起鬨，從沒有心情差的時候，從不會哭哭啼啼，所以人人都想跟我一塊騎自行車上學，或者給我一點小小的好處，這不奇怪吧？

回頭想想，那個愉快有趣卻膚淺的安妮．法蘭克，跟現在的我毫無關聯。彼得是怎麼說我的？「每次見到妳，總是有一大群女孩圍著妳，男孩至少有兩位，妳總是在笑，妳總是焦點！」他說得沒錯。

那個安妮．法蘭克還剩下什麼呢？我還沒忘記怎麼笑，怎麼隨口拋出一句妙語，罵人的功力就算沒有更厲害，也不比原本遜色。我還懂得撒嬌，還懂得逗人開心，如果我要的話……

問題就是這裡。我想過一過那種看似無憂無慮的快樂生活，一個晚上，幾天，還是一星期，然後我會筋疲力竭，感激第一個對我說正經話的人。我要的是朋友，不是仰慕者，我要尊重我的人，是因為我的品格行為，不是我諂媚的笑容。這麼一來，我的交友圈子會小得許多，但只要朋友是知心的，那又有什麼關係呢？

儘管擁有一切，我在一九四二年也不是只有快樂的日子，我經常覺得沒人要我，但因為整天活蹦亂跳，沒有多想這一點。我盡量讓自己快樂，在有意或無意中，以玩笑填補空虛。

回首過去，我發現我人生的這段時光已經一去不復返了，我那逍遙自在無牽無掛的學校生活已經永遠結束了。我其實並不懷念那些日子，我已經長大了，不需要那樣的生活，我不能再只是嘻嘻哈哈，因為我始終有著嚴肅的一面。

我仔細思考一九四四年新年前的人生，好像透過精密的放大鏡觀察它。在家時，我的日子充滿了陽光，到了一九四二年中，一切在一夕之間改變。那些爭執，那些指責，我通通無法消受，我沒有心理準備，唯一知道能夠保持清醒的方法就是頂嘴。

在一九四三年上半年，我動不動就哭，覺得好孤獨，慢慢發現自己的過錯和缺點，好多好多，而且似乎還不只這些。我不停說話來填滿日子，希望皮姆跟我更親近，結果並沒有成功，因此只好獨自面對改進自己的艱難任務，免得再聽他們責備我，因為那些責備讓我非常灰心。

那一年的下半年情況稍微好轉。我邁入青少年時期，享有更多成年人的待遇。我開始思考事情，動筆寫下故事，最後得出一個結論：其他人不能再影響我。他們沒有權力把我像鐘擺一樣來回晃動，我要用自己的方式改變自己，我發現沒有媽媽我也可以，我根本不需要她，這一點讓我好傷心。不過，對我影響更深的是，我發現再也不能對爸爸吐露心事，除了自己，我不再相信任何人。

新年過後，發生了第二個巨大的改變：我的夢。透過那個夢，我察覺自己渴望……一個男孩，不是女生朋友，而是一個男朋友。在我膚淺爽朗的外表底下，也發現了內在的幸福。以前我偶爾很文靜，現在我只為彼得而活，因為我未來所要面臨的事，絕大部分會因為他而有所不同！

晚上我以「Ich danke dir für all das Gute und Liebe und Schöne」[21]結束禱告，然後滿懷喜悅躺在床上。我認為藏匿、我的健康與我的身心是良好的，彼得的愛（依然如此嶄新而脆弱，我們兩人都不敢說出來）、未來、幸福與愛是珍貴的，世界、大自然與萬物非凡之美——這壯麗輝煌的一切，則是美麗的。

在這樣的時刻，我想的不是種種苦難，而是依然存在的美麗，這正是我和媽媽不同的地方。面對傷悲，她會建議「想想世上各種苦難，感激自己沒有陷在其中」。我的建議則是：「到外面去，到鄉間去，去享受陽光與大自然所給予的一切。到外面重溫內心的快樂。」

我認為媽媽的建議不好，因為，當你也陷在痛苦中時，那又該怎麼辦呢？你會完全找不到方向。反過來說，即使在不幸時，美依然存在，如果認真尋找，你會發現越來越多的快樂，因而恢復內心的平衡。快樂的人會使別人快樂，具有勇氣與信念的人，絕不會在苦難中死去。

安妮．M．法蘭克敬上

一九四四年三月八日星期三

我和瑪歌最近一直寫字條給彼此，當然只是因為好玩。

安妮：好奇怪，但是我只能記住前一天晚上發生的事。比方說，我突然想起杜瑟爾先生昨晚打鼾很大聲。（現在是星期三下午兩點四十五分，杜瑟爾先生又打鼾了，我會想起這件事，當然也

21. 原註：上帝，謝謝您給予我良好、珍貴與美麗的一切。

就是因為他現在正在打鼾。）必須用尿壺時，我會故意發出更多聲響讓鼾聲停止。

瑪歌：哪個比較好？鼾聲還是喘氣？

安妮：鼾聲比較好，因為我發出聲音它就停止了，不用把那個人吵醒。

有件事我沒寫給瑪歌知道，但要跟你承認，親愛的吉蒂，就是我經常夢見彼得。前天晚上，我夢見我在這裡的起居室溜冰，跟那個阿波羅溜冰場的小男孩一塊溜冰，他跟他的姊姊一塊來，他姊姊就是腿很細長、老穿同一條藍裙子的女孩。我自我介紹，表現得有點太過。我問他的名字，結果，他叫彼得。在夢中我奇怪自己到底認識幾個彼得！

接著我夢見我們站在彼得的房間，在樓梯旁面對面站著，我對他說了什麼，他親我一下，卻回答他並不是很愛我，我不該跟他調情。我用絕望乞求的口吻說：「彼得，我不是在調情！」

我醒來時，好高興彼得其實並沒有說過那句話。

昨晚我夢見我們接吻，但是彼得的臉頰讓人非常失望，不像看起來那樣柔軟，比較像爸爸的臉頰，一個刮好鬍子的男人的臉頰。

一九四四年三月十日星期五

我最親愛的吉蒂：

我們今天應驗了「禍不單行」這句俗語，彼得剛剛才這麼說。可怕的氣氛還籠罩著我們，讓我告訴你發生哪些可怕的事。

首先是蜜普病了，因為她昨天參加韓克與愛潔的婚禮。婚禮在西教堂舉行，她在教堂被傳染了感冒。第二，克萊曼先生從上次胃出血後，還沒回來上班，所以剩下貝普獨自鎮守辦公室。第三，警方逮捕了一名男子（名字我不要寫出來），這件事對他很可怕，對我們來說也一樣，因為他長期供應我們馬鈴薯、奶油與果醬。姑且稱他M先生好了，M先生有五個不到十三歲的孩子，還有一個尚未出世呢。

昨晚我們又遭遇一起小驚嚇：吃晚餐時，突然有人敲打隔壁的牆壁，接下來整個晚上，我們又緊張又煩惱。

最近我完全沒有心情寫下這裡發生的事，我只顧著自己的事。別誤會我，我非常煩惱可憐又善良的M先生的遭遇，但我的日記沒有太多空間可以留給他。

在星期二、星期三與星期四，從四點半到五點十五分，我都待在彼得的房間。我們複習法語，聊了一件又一件的事。我巴望著趕快到下午那個時間，但最開心的是，我想彼得也同樣開心見到我。

安妮．M．法蘭克敬上

一九四四年三月十一日星期六

親愛的吉蒂：

我最近無法靜靜坐著，我上樓下樓，上樓下樓。我喜歡與彼得說話，但總是擔心惹人討厭。他告訴了我一些關於過去、他爸媽與他自己的事，但不夠不夠，我每隔五分鐘就奇怪自己怎麼還想聽到更多的事。他以前認為我很討厭，我也認為他很討厭，現在我已經改變了看法，但怎麼知道他是不是也改變了呢？我想他已經改變了，但我們未必就會成為最好的朋友，不過，對我來說，如果我們變成好朋友，我們更能忍受在這裡的生活。可是，我不會為了這件事失去理智，我已經花了很多時間想他了，不能只因為我這麼痛苦，拖累你一塊跟我煩惱焦慮！

一九四四年三月十二日星期日

親愛的吉蒂：

日子一天天過去，情況越來越奇怪。從昨天開始，彼得不曾正眼看過我，那種表現好像在生我的氣。我努力不去糾纏他，盡量少跟他說話，但那可不容易！怎麼回事呢？他為什麼一下子跟我保持距離，一下子又奔回到我的身邊呢？也許情況並沒有我所想像的那樣糟，也許他只是像我一樣情緒不穩，明天一切又會沒事了！

我這麼可憐傷心，卻要裝作什麼事都沒有，好難哦。我必須說話，幫忙屋子上上下下的工作，跟其他人坐在一塊，更難的是，要表現得很快樂！我好想到戶外，好想有一個能獨處的地方，想待多久就待多久！我覺得我快要分不清所有事情了，吉蒂。但是，我完全糊塗了，我想他想得快瘋了，只要是共處一室，很難不去看他。可是，我又不懂，他為什麼對我這麼重要，我為什麼無法再靜下心來！

日日夜夜，在清醒的時刻，我什麼事都不做，只問自己：「妳給他足夠的機會獨處嗎？妳是不是在樓上待太久了？妳是不是說了太多他還沒準備好要討論的嚴肅話題呢？也許他根本不喜歡妳吧？會不會全是妳的幻想呢？那麼他又為什麼告訴妳那麼多關於他自己的事呢？他是不是後悔了？」還有更多更多的問題。

昨天下午，因為外頭的壞消息，我覺得好疲倦，躺在我的長沙發睡午覺。我只想睡覺，不必思考。我睡到四點，接著得起來去隔壁。媽媽問了一堆問題要回答，又要跟爸爸解釋我午睡的原因，都不容易，我推說頭痛，其實這也不是謊言，因為我的確很痛……心很痛！

一般人，一般女孩子，像我這樣的少女，會認為這樣自憐自艾有點誇張。就是因為這樣，我向你傾吐我的心事，其他時間盡量放肆，表現得又愉快又有自信，避免人家多問，避免自己變得神經兮兮。

瑪歌非常善良，希望我把心事告訴她，但我不能通通告訴她，她太認真看待我的事，太操心，花很多時間想她瘋瘋癲癲的妹妹的事，只要我一開口，就仔細觀察我，心想：「她是在演戲？還是說真的？」

因為我們總是在一起，我不希望知道我心事的人成天在我的身邊。

我什麼時候才能理清混亂的思緒呢？我什麼時候才能再次恢復內心的平靜呢？

安妮敬上

一九四四年三月十四日星期二

親愛的吉蒂：

來聽聽我們今天要吃什麼，你可能覺得很好玩（雖然我可不覺得）。清潔女工在樓下打掃，所以我此刻坐在范．丹恩家這張鋪了油布的桌子，拿一條噴了戰前香水的手帕摀住口鼻。你八成不知道我在說什麼，那就讓我「話說從頭」吧。供應我們食物券的人被捕了，所以我們只剩五本黑市配給券，沒有優惠券、沒有肥肉、沒有油。由於蜜普和克萊曼先生又病了，貝普沒空採買，我們的伙食很糟，心情也很糟。從明天起，我們沒有一丁點的肥肉、奶油或乳瑪琳，早餐不能吃炒馬鈴薯（本來是為了節省麵包才吃這個的），所以改吃燕麥粥，而又因為范．丹恩太太認為我們快餓死了，我們買了些牛奶和乳脂。今天中午吃馬鈴薯泥和醃甘藍，這就是為什麼有手帕這項預防措施，你不會相信醃了短短幾年的甘藍多臭！廚房聞起來像是爛李子、餿雞蛋與鹵水混在一起的味道，好噁，光想到必須吃那像堆肥的東西，我就快要吐了！另外，我們的馬鈴薯得了非常奇怪的病，每兩桶pommes de terre[22]就有一桶最後得丟到垃圾桶。我們猜測它們究竟得了什麼病來自娛，結論是：它們染了癌症、天花和麻疹。老實說，在戰爭進行的第四年躲起來可真不是好玩的事，但願這一切討厭的亂局早點結束！

說老實話，如果這裡生活的其他方面可以更愉快，吃對我來說並不重要，但這就是問題，這種乏味的生活開始令所有人感到厭惡。以下是五位大人對目前情況的看法（小孩不許有意見，我就守規矩一次吧）：

范．丹恩太太：「我老早就不想做廚房女王了，可閒閒坐著也很無聊，所以我又跑去煮菜。雖然如此，我還是忍不住要抱怨：沒有油怎麼做菜？那些噁心的味道讓我很反胃。另外，我辛辛苦苦得到什麼回報？忘恩負義和無禮批評。害群之馬老是我當，什麼事都怪在我頭上。更重要的是，我認為戰爭沒多大進展，德國人最後會贏得勝利，我害怕我們會餓死。我心情不好時，誰靠過來，我就罵誰。」

范．丹恩先生：「我只要抽菸，抽菸，抽菸，那麼伙食啦、政治局勢啦、克莉的情緒啦，就沒有那麼糟糕了。克莉是我心愛的老婆，沒菸抽，我會不舒服，想吃肉，日子就會變得難以忍受，覺得什麼都不夠好，這樣一定會大吵一頓。我的克莉是白癡。」

法蘭克太太：「食物不是非常重要，但我現在很想來一片黑麥麵包，因為我好餓好餓。如果我是范．丹恩太太，我早叫范．丹恩先生戒菸了，不過我自己現在倒是很想來根菸，因為我的頭好暈。范．丹恩夫婦很討厭，英國人可能犯了很多錯誤，但是戰爭還是一直有所進展。我最好閉上嘴，慶幸自己不在波蘭。」

法蘭克先生：「一切都很好，我不缺什麼。保持鎮定，我們有很多時間。給我馬鈴薯，我就不說話了。我的份最好留一些給貝普。政治局勢正在好轉，我非常樂觀。」

杜瑟爾先生：「我必須完成我給自己制定的目標，一切必須準時完成。政治局勢看起來gut[23]，我們不可能被逮捕。我，我，我……！」

安妮敬上

一九四四年三月十六日星期四

親愛的吉蒂：

22. 譯註：法語，「馬鈴薯」。
23. 譯註：德語，「很好」。

呼！終於從愁雲慘霧中離開片刻！我今天只聽到：「如果這個或那個發生了，我們就麻煩了，如果誰誰誰病了，我們只好自求多福，如果……」

唉，剩下的你也知道，至少我認為你對密室的成員已經很熟悉，猜得出他們在談論什麼。之所以有這麼多「如果」，那是因為古格勒先生被徵召去勞動服務六天，貝普重感冒，明天十之八九得留在家裡，蜜普的流行性感冒還沒好，克萊曼先生的胃出血過多，人失去意識。實在太悲慘了！

我們認為，古格勒先生應該直接找個可靠的醫生，要一張健康狀況不佳的醫師證明，交到希爾弗瑟姆的市政廳。倉庫員工明天可以休息，所以辦公室只有貝普一個人。如果（又是「如果」）貝普必須留在家，門會鎖著，我們就得像老鼠一樣安靜，以免凱格公司的人聽見我們的聲響。一點時，詹會過來半個小時，像動物園管理員，看看我們這些被遺棄的可憐人好不好。

今天下午，詹給我們帶來外界的消息，我們已經好久好久沒有聽過外面的事。你應該看看我們圍著他的樣子，那情景活似一幅畫：「兒孫繞膝聽故事」。

他用什麼來娛樂感激涕零的聽眾呢？還有什麼？當然是食物囉。P太太（蜜普的朋友）替他料理三餐，前天詹吃了紅蘿蔔配豌豆，昨天吃剩菜，今天她要煮大豌豆，明天打算把剩下的紅蘿蔔和馬鈴薯一塊搗成泥。

我們問蜜普的醫生好不好。

詹說：「醫生，什麼醫生？我今天早上打電話給他，櫃檯的人接電話，我問流行性感冒吃什麼藥，他告訴我可以明天早上八點到九點之間去拿處方箋。如果你流行性感冒特別嚴重，醫生會親自接聽電話，說：『把舌頭伸出來說「啊」』，噢，我聽到了，你的喉嚨發炎，我給你開藥，你拿處方箋去藥局配藥。再見。』就這樣，多麼輕鬆的工作，用電話看診。但我不怪這些醫生，畢竟一個人只有兩隻手，這陣子病人太多，醫生太少。」

不過，聽了詹打電話的事，我們都笑了。我能想像這陣子醫生的候診室是怎樣的情景。醫生把鼻子抬得高高的，看不起的不是沒錢的病人，而是那些病情較輕的人。他們心想：「咦，你來這裡做什麼？到隊伍最後去，真正生病的人優先！」

安妮敬上

一九四四年三月十六日星期四

親愛的吉蒂：

天氣棒極了，美得無法形容；我馬上就要上去閣樓。

我現在知道為什麼我會比彼得煩躁許多，他有自己的房間，可以在那裡工作、做夢、思考和睡覺，而我經常從這個角落被趕到另一個角落。我很想自己一個人在房間，但我跟杜瑟爾共用一間房，所以這是永遠也不可能的。這就是我躲到閣樓的另一個原因。當我在那裡，或者跟你在一起，我可以是我自己，起碼在那短暫的時間。不過，我不想抱怨，我要勇敢！

謝天謝地，其他人完全沒有注意到我內心深處的感受，只知道我越來越冷漠，越來越討厭媽媽，也沒那麼喜歡爸爸了，任何想法都不願與瑪歌分享，緊緊把自己封閉起來。最重要的，我必須保持自信的樣子，絕不能讓任何人知道我的內心與理智時常交戰。到目前為止，理智一直贏得勝利，我的情感會不會有一天占上風呢？有時我擔心它們會，但其實更經常希望它們贏了理智！

噢，不跟彼得說這些真難，但我知道必須先讓他開口，白天時要裝模作樣，好像我夢裡從沒說過那些話、做過那些事，太難了！吉蒂，安妮瘋了，話說回來，這是一個瘋狂的時代，生活環境更加瘋狂。

最讓我感到安慰的，是能夠寫下所有的想法和感受，否則我一定會窒息。不知道彼得對這些事有什麼看法？我一直相信有天能跟他談論這些事，他一定猜到我某些內心想法，因為他不可能愛上目前為止所認識的那個表面的我！像彼得那樣熱愛平靜的人，怎麼可能忍受我的毛躁又聒噪的個性？他會是第一個且唯一一個看穿我堅毅面具底下的本性嗎？他會很久才看出來嗎？不是有句老話，說愛情近乎憐憫嗎？我們就是這樣嗎？因為我常常像自憐一樣憐憫他！

老實說，我不知道該怎麼開口，真的不知道，所以我怎麼能指望彼得先開口呢？他比我更不會說話。如果我能寫信給他就好了，那麼起碼他知道我想說什麼，因為這種事真的很難說出口！

安妮・M・法蘭克敬上

一九四四年三月十七日星期五

我最親愛的寶貝：

結果一切沒事。貝普只是喉嚨痛，沒有得到流行性感冒。古格勒先生拿到醫師證明，不用去勞動服務了。密室所有的人都大大鬆了口氣，這裡一切都好！除了我和瑪歌都覺得爸媽有點煩人。別誤會我的意思。我還是像以前一樣愛爸爸，瑪歌也愛著爸爸和媽媽，但到了我們這個年紀，就會想自己做一些決定，脫離他們的控制。我只要一上樓，他們就問我要去做什麼，他們不讓我在食物上撒鹽，每天晚上到了八點十五分，媽媽就問我是不是該換睡衣了，我讀的每一本書都要經過他們的許可。我必須承認，在這方面他們並不是非常嚴格，幾乎什麼書都讓我讀，但是我和瑪歌聽膩了他們整天批評、發問。

還有一件事讓他們不高興：我不想和他們親吻道早安、午安和晚安。寶貝寶貝喊來喊去，聽起來好做作，還有，爸爸老愛講放屁跟上廁所的事，噁心死了。總之，我很想很想有片刻他們不在身邊，不過我和瑪歌絕對不會跟他們說這一點，說了有什麼用？反正他們不會懂的。

瑪歌昨晚說：「我覺得實在好煩，只要剛好抱著頭嘆了一兩聲氣，他們馬上問是不是頭痛，還是身體不舒服。」

以前在家時那種親密和諧的家庭關係已經快不存在了，突然明白這一點，對我們兩人是很大的打擊！主要是因為在這裡什麼都不對。我的意思是，在外在的事物上，他們把我們當小孩子看，但我們的內心比同齡女孩成熟。雖然我只有十四歲，我知道我要什麼，我知道誰對誰錯，我有自己的想法、觀念與原則，雖然這些話從一個青少年口中說出來有點怪，我覺得我是一個人，不是一個小孩——我覺得我完全獨立，不需要任何人。我知道我比媽媽更會辯論或討論問題，我知道我比較客觀，我不會誇大其詞，我更整潔，雙手更靈巧，因此我覺得（這句話你聽了可能會笑）我在很多方面都比她優秀。要愛一個人，我必須佩服尊重那個人，但我不佩服媽媽，也不尊重她！

如果我能擁有彼得，一切都會沒事，因為我佩服他很多事。他那麼規矩，又那麼能幹！

安妮．M．法蘭克敬上

一九四四年三月十八日星期六

親愛的吉蒂：

我已經告訴你很多關於我自己的事與我的心情，比誰都多，所以何不也把與性有關的事告訴你呢？

在性這件事上，一般父母與一般人都表現得非常古怪，子女十二歲了，他們不是什麼都告訴他們，而是在這個話題出現時，叫他們離開房間，任他們自己去找出所有的答案。接下來，當做父母的發現小孩懂了一些事情了，就以為他們知道的比實際還要多（或少）。那麼，他們為何不問問孩子是怎麼回事，設法糾正孩子的觀念呢？

成人的巨大絆腳石（雖然我認為只不過是顆小石頭）是，他們怕孩子一旦發現多數婚姻並不純潔，就不再把婚姻視為神聖的。在我看來，男人婚前有一點經驗並非壞事，畢竟那跟婚姻本身完全無關，不是嗎？

我剛滿十一歲時，他們告訴我月經的事，不過當時我不知道血從哪裡流出來，也不知道有什麼作用。我十二歲半時，從賈姬那裡學到一些事，賈姬不像我這麼無知。我的直覺告訴我一個男人和一個女人在一起時做什麼，一開始這個想法好像很瘋狂，但賈姬證實我的猜測，我很自豪我自己弄懂了是怎麼一回事！

小孩不是從媽媽的肚子出來的，這也是賈姬告訴我的。她是這麼說的：「成分從哪裡進去，成品就從哪裡出來！」我和賈姬從一本性教育的書學到了處女膜和很多細節，我也知道原來有防止懷孕的方法，但在身體裡怎麼發揮作用，到現在對我來說還是一個謎。我到這裡後，爸爸告訴我妓女等等的事，但整體而言還有很多問題還沒得到解答。

如果媽媽不教孩子所有的事，孩子就會東聽到一點，西聽到一點，事情不該是這樣的。

今天是星期六，但我不覺得無聊，因為我去閣樓跟彼得在一塊。我坐在那裡閉著眼睛做夢，感覺好美妙！

安妮．M．法蘭克敬上

一九四四年三月十九日星期日

親愛的吉蒂：

昨天對我是非常重要的一天。午餐後，一切跟平常一樣。五點時，我開始煮馬鈴薯，媽媽拿了些血腸給我，要我拿給彼得。我一開始不想去，最後還是去了。他不肯收下香腸，我有種可怕的感覺，認為還是因為我們為了信任問題爭執的緣故。我突然再也忍不住了，眼裡充滿淚水，什麼話都沒說，把盤子還給媽媽，到廁所痛哭一場。後來我決定跟彼得把話說清楚。晚餐前，我們四個人幫他解字謎，我什麼也不能說，但坐下要吃晚餐時，我忍不住小聲問他：「彼得，你晚上要練習速記嗎？」

他回答：「我不準備練習。」

「那我等一下想跟你說話。」

他答應了。

洗好碗盤，我就到他的房間，問他不收香腸是不是因為我們上次吵架。幸好，不是這個原因，他只是認為急著收下沒有禮貌。樓下非常熱，我的臉紅得像龍蝦，所以幫瑪歌拿水下去後，又上去呼吸一點新鮮空氣。為了面子，我先走去站在范・丹恩夫婦房間的窗戶旁，然後才到彼得的房間。他窗戶開著，人站在窗戶左邊，所以我便走去右邊。比起大白天，在打開的窗戶旁，站在半明半暗的光線下說話要輕鬆多了。我想彼得也有這種感覺。我們跟對方說了好多事，好多好多，我不能全部重複一次。但感覺真好，這是我到密室以來最棒的一個晚上。我簡單說一說我們談到的各種話題。

首先我們談到那些爭吵，以及最近我對那些事情的不同看法，接著談到我們怎麼與爸媽逐漸疏遠。我告訴彼得有關媽媽、爸爸、瑪歌和我自己的事。後來他問：「你們道晚安時都會給彼此一個吻，是不是？」

「一個？幾十個呢，你不會那樣做吧？」

「不，我從沒真正親過誰。」

「連在生日也沒有？」

「噢，生日時倒是親過。」

我們談到兩人都無法真正信任自己的父母，他的爸媽十分相愛，他希望能夠跟他們說心裡的話，但又不想說。我說我經常在床上哭到心碎，他說他會到頂樓罵髒話。我說我和瑪歌直到最近才開始彼此了解，不過還是很少告訴對方心事，因為我們老是在一起。我跟他只要想到的事情都談，談信任、感情和我們自己。噢，吉蒂，他正是我所想的那樣。

接著我們談到一九四二年，以及我們跟那時多麼不同。我們根本不認識那個時期的自己。我們聊到一開始受不了對方，他認為我吵吵鬧鬧惹人討厭，我則一下子就認定他沒什麼了不起的。我以前不明白他為什麼不跟我調情，但現在我很高興他沒有。他也提到他以前經常躲到房間。我說我的吵鬧活潑與他的沉默寡言正好是一體兩面，我也喜歡平靜，除了日記以外，沒有什麼是只屬於我的，每個人都希望我走開，尤其是杜瑟爾先生。我還說，我並不是永遠都想跟父母坐在一塊。我們討論到他非常高興我爸媽有小孩，而我也非常高興這裡有他。我現在了解他需要獨處，了解他跟父母的關係，我多麼希望在他們吵架時幫助他。

他說：「妳一直都在幫我啊。」

我非常驚訝，問：「我是怎麼幫你了？」

「用妳活潑開朗的樣子啊。」

那是整個晚上他說過最讓我開心的話。他還告訴我，他不像從前那樣介意我去他的房間，其實他喜歡我去。我也告訴他，爸爸媽媽寶貝寶貝喊來喊去都沒有意義，現在親一下，等會兒又親一下，也未必代表我們相互信任。我們也談到按照自己的方式行事，日記，寂寞，每個人內在與外在的差異，我的面具，等等。

太棒了。他一定把我當成朋友愛護，目前這樣就夠了。我好感激，好開心，無法用言語形容。吉蒂，我必須向你道歉，因為我今天的文筆沒有平日的水準，我想到什麼就寫什麼！

我感覺彼得和我共有了一個秘密，每當他用那雙眼睛看著我，露出那種笑容，對我眨眨眼，我心中彷彿點起了一盞燈。我希望事情能永遠這樣下去，希望我們將會擁有更多更多在一起的快樂時光。

滿懷感激與快樂的安妮敬上

一九四四年三月二十日星期一

親愛的吉蒂：

今天早上，彼得問我能不能找個晚上再過去一次。他信誓旦旦說我不會打擾他，說有空間容納一個人，就有空間容納兩個人。我說，我不能每天晚上去見他，因為我父母覺得那樣不好。可是他認為我不該讓那一點困擾我。所以，我告訴他，我願意找個星期六晚上過去，也請他讓我知道何時會看到月亮。

他說：「當然，也許我們可以一起下樓，在那裡欣賞月亮。」我答應了，因為我其實並沒有那麼害怕小偷。

在此同時，我的幸福蒙上一層陰影。長久以來，我感覺瑪歌喜歡彼得，多喜歡我是不清楚，但整個情況令人很不舒服。現在，我每次去找彼得，就等於在傷害她，雖然並不是故意的。有趣的是，她幾乎不讓人看出來，要是我，我一定嫉妒死了，瑪歌卻說我不該為她感到難過。

我又說：「現在妳落單了，我覺得這樣很不好。」

她回答：「我習慣了。」口氣有點苦澀。

我不敢告訴彼得。也許以後再說吧，現在我和他有太多其他事必須先討論。

昨晚媽媽輕輕打我一下警告我，我罪有應得，我不能對她太冷漠輕視。無論如何，我應該再次努力表現友善，少說幾句話！

連皮姆也不像以前那樣和藹可親，他一直努力別把我當小孩對待，但現在卻變得太過冷漠。結果怎樣，只能走著瞧吧！他警告我，如果我不做代數功課，戰爭結束後他不會另外請家教教我。只能走著瞧吧。如果有新課本，我還是願意重新開始做題目。

現在這樣就夠了。除了望著彼得，我沒有別的事做，我的心滿得都要漲出來了！

安妮．M．法蘭克敬上

瑪歌善良的證據。在今天一九四四年三月二十日，我收到了這封信：

安妮，昨天我說不嫉妒妳，其實說的並不全是實話。情形是這樣的：我不嫉妒妳，也不嫉妒彼得。我只是難過不曾找到一個能夠分享思想與情感的人，在不久的將來，大概也找不到。不過，也就是因為這樣，我打從心底希望你們兩人能彼此信任，妳在這裡已經錯過許多其他人理所當然擁有的事。

在另一方面，我深信我跟彼得永遠是不可能的，因為我認為我要跟一個人分享我的看法，就必須先和這個人變得非常親近。即使我沒說什麼，也希望感覺到他徹底了解我，因此這個人一定是我認為比我聰明的人，彼得並不是這樣的人。不過，我能想像妳和他感覺很親近。

所以，不必因為妳認為拿走了我有權擁有的東西而自責，事實完全不是如此。妳和彼得可以靠著友誼而獲得一切。

我的回信：

親愛的瑪歌：

妳的信非常令人感激，但這個情況還是無法令我完全感到開心，我想永遠也不會。

現在我和彼得還不到妳所想的那樣信任對方，只是黃昏時站在打開的窗戶邊，兩人比在明亮的陽光下更能交談，也比在屋頂高喊更容易輕聲說出自己的感覺。我想，妳對彼得已經有種姊弟般的感情，願意幫助他，就像我一樣。也許有一天妳能做到，雖然那不是我們心中所想的那種信任。我相信，信任必須出自雙方，我也認為，那就是我和爸爸從來沒有真正如此親密的原因。不過，這件事我們就別再談了。如果還有任何事妳想討論，請寫下來，因為我在紙上比面對面更容易表達意思。妳知道我多麼欣賞妳，只希望沾染些許妳的善良與爸爸的善良，因為你們兩人在那一點非常相像。

安妮敬上

一九四四年三月二十二日星期三

親愛的吉蒂：

我昨晚收到瑪歌寫的這封信：

親愛的安妮：

讀了妳昨天的信之後，我有種不舒服的感覺，因為似乎妳每次去彼得房間工作或聊天，妳都會良心不安。實在沒有必要這樣，在我心中，我知道有個人值得我的信任（就像我值得他的信任），我無法容忍彼得占據這個位置。

不過，妳說得沒錯，我的確把彼得當兄弟一樣……一個弟弟，我們一直試探彼此，也許以後會產生姊弟般的感情，也許不會，但目前絕對還沒到那個階段。所以，妳沒有必要為我感到難過，既然妳找到了友誼，那就盡情享受吧。

同時，事情發展得越來越美妙。吉蒂，我想真愛可能會在密室滋長。他們常開玩笑，說如果我們在這裡住久了，我會嫁給彼得，這笑話其實並不是那麼愚蠢。別搞錯，我並不是想嫁給他，我連他長大是什麼樣子都還不知道，也不知道我們會不會相愛到能結婚的地步。

我現在肯定彼得也愛我，只是不知道是哪一種愛。我無法判斷他是不是只想要一個好朋友，也不知道他受到我的吸引，是因為我是一個女孩？還是一個妹妹？他說我總是在他父母吵架時幫他，我聽了好開心好開心，這讓我又更相信他的友誼。昨天我問他，如果有十幾個安妮一直闖進來找他，他會怎麼做呢？他回答：「如果她們都像妳，那也沒有那麼糟。」他非常好客，我認為他真心想見到我。這段時間，他正在苦學法語，甚至在床上溫習到十點十五分。

嘿，當我回想星期六晚上，回想我們的話、我們的聲音，我有史以來頭一次對自己感到滿意。我的意思是，如果重來，我還是會說同樣的話，一字也不改，就像平常一樣。他不管是微笑，還是靜靜坐著，都這樣帥氣。他是那樣可愛、善良、美麗。我想，我最令他驚訝的一點，是他發現我根本不是表面那個膚淺世俗的安妮，而是一個充滿夢想的人，跟他一樣，而且煩惱一樣多！

昨晚洗好碗盤後，我等他請我留在樓上，但他沒有，所以我離開了。後來他下樓通知杜瑟爾聽收音機的時間到了，然後在浴室旁等了一會兒，但杜瑟爾占用浴室太久，他又回到樓上。他在房間走來走去，很早就睡了。

整晚我都坐立難安，一直到浴室用冷水潑臉。我讀了幾頁書，又胡思亂想了一會兒，看著時鐘等待，等待，再等待，同時聆聽他的腳步聲。後來累得不得了，也提早上床了。

今晚我該洗個澡，還是明天呢？

明天太遙遠了！

安妮・M・法蘭克敬上

我的回信：

親愛的瑪歌：

我想，最好還是靜觀其變吧。很快我和彼得就得決定，是要回復到以前的關係，還是關係要有什麼不同。我不知道結果會如何，我只能看到眼前的事。

不過我確定一件事：如果我和彼得真的成了朋友，我會告訴他，妳也非常喜歡他，願意在他需要妳的時候幫助他。我相信妳不希望我這麼說，但我不管，我不知道彼得對妳的想法，但時機到了我會問他，絕對不會是壞話——一定是好話！歡迎妳到閣樓，或者到我們在的任何地方加入我們。妳不會打擾我們，因為我們已經心照不宣，只在傍晚天色昏暗時聊天。

振作起來吧！我正在盡力，雖然這並不見得容易。妳的機會也許比妳想像的更早到來。

安妮敬上

一九四四年三月二十三日星期四

親愛的吉蒂：

這裡的情況或多或少恢復正常了，我們的配給券商人從監獄放出來了，謝天謝地！

蜜普昨天就回來了，不過今天輪到她丈夫臥病在床，發冷發燒，這是流行性感冒的常見症狀。貝普好一點，但還是會咳嗽。克萊曼先生得在家待很長一段時間。

昨天有一架飛機在附近墜毀，機員及時跳傘，飛機掉到一所學校屋頂，幸好學校裡面沒有孩子。起了一場小火，死了兩三個人。飛行員降落時，德國人用子彈掃射他們，阿姆斯特丹民眾看到這種卑鄙行為，氣得火冒三丈。我們——我指女士們——也嚇得魂都沒了。天啊，我好討厭槍聲。

現在說我自己的事。

我昨天和彼得在一起，老實說，我也不知道最後怎麼會談到性。很久以前，我就下定決心要問他一些事。他什麼都知道，我說我和瑪歌不是很懂，他聽了很驚訝。我告訴他很多有關我、瑪歌和爸媽的事，說我最近什麼都不敢問他們。他願意教我，我很感激地接受了。他解釋避孕的原理，我非常大膽問他，男孩怎麼知道自己長大了，這個問題他得想一想，他說今晚再告訴我。我告訴他賈姬遇到的事，說女孩無法抵擋強壯的男孩。他說：「妳不必怕我。」

那晚我又過去，他告訴我男孩子那方面的事，雖然有點害羞，但能夠跟他討論實在太好了。我和他都沒有想像過，能夠這麼坦然跟異性討論這麼私密的事。我想，我現在什麼都懂了。他講了一個德文字：Präsentivmitteln[24]，告訴我好多有關這方面的事。

24. 原註：應為Präservativmitteln，意為避孕方法。

那晚在浴室時，我和瑪歌聊到她的兩個朋友：布拉姆與特瑞斯。

結果，今天早上，沒想到一件討厭的事發生在我身上。早餐後，彼得招手要我上樓，他說：「妳要我，我聽到妳昨晚和瑪歌在浴室講的話了，我想妳只是想看看彼得懂多少，然後狠狠嘲笑他一番！」

我呆住了！我好說歹說，希望他不要有這種荒謬的想法，我可以體會他的感受，但那完全不是真的！

我說：「不是的，彼得，我才沒有那麼壞，我告訴過你，我不會把你告訴我的話說出去，我說不會就不會。假裝那樣，然後故意欺負人……不會，彼得，我是不會開那種玩笑的。這樣講不公平，我什麼都沒說，真的，你不相信我嗎？」他保證他相信我，但我想我們得找個時間再談這件事，我整天什麼事都沒做，就只煩惱這件事。還好還好，他直接說出心裡的話，要是他私下以為我那樣惡劣，那多可怕啊。他就是這麼可愛！

現在我得把一切都告訴他！

安妮敬上

一九四四年三月二十四日星期五

親愛的吉蒂：

現在我經常晚餐後上去彼得的房間，呼吸新鮮的夜晚空氣。比起陽光搔著臉龐的時候，在黑暗中可以更從容談論正經話題。和他並坐在一張椅子上看著外面，那是又愜意又舒服。我走進他的房間，范·丹恩夫婦和杜瑟爾就會說一些很蠢的話，「Annes zweite Heimat」[25]或者「一個紳士夜裡關燈接待年輕女孩，這樣合適嗎？」面對他們所謂的俏皮話，彼得出奇地鎮定。媽媽偶爾也禁不住好奇心，很想問問我們談些什麼，只是偷偷擔心我不肯回答。彼得說，大人只是嫉妒，因為我們年輕，我們不用把他們討厭的話放在心上。

有時他下樓找我，但那也很尷尬，因為他雖然做足了心理準備，還是會滿臉通紅，幾乎說不出話。我很高興我不會臉紅，臉紅一定非常討厭吧。

除此之外，我上樓享受彼得的陪伴，瑪歌卻得獨自坐在樓下，這讓我很煩惱。但我又能怎麼辦呢？我不介意她來，但來了也是跟我們格格不入，像木頭一樣坐在那裡啊。

因為我們突然成了朋友，我得聽數不清的閒話，不知道多少次，餐桌上有人聊著，如果戰爭再打個五年，就有婚禮要在密室舉行了。我們會在意父母的閒聊嗎？幾乎不會，因為那些話蠢死了。父母忘了他們也曾經年輕過嗎？顯然是忘了。不管怎麼樣，我們認真，他們就嘲笑我們，我們開玩笑，他們又認真起來。

我不知道接下來要發生什麼，也不知道我們會不會變得無話可說。不過，如果照現在這樣下去，我們最後也能在安靜中共處。但願他爸媽的舉止不要再那麼奇怪，大概是因為他們不想這麼常看見我吧，我和彼得絕對不會告訴他們我們的談話內容，要是他們知道我們討論這麼親密的內容，後果應該很可怕。

25. 原註：安妮的第二個家。

我想問問彼得知不知道女孩子下面是什麼樣子，我想男孩子那裡不像女孩子那樣複雜，從男性裸體照片或圖片，很容易看到男孩子的樣子，但女人就不一樣了。女人的生殖器或不管叫什麼，藏在兩腿中間。彼得應該從來沒有這樣靠近看過一個女孩子。老實說，我也沒有。男孩子容易多了。我究竟該怎樣描述女孩子那裡的結構呢？從他的說法判斷，他其實也不清楚那裡是怎樣組成的。他講到「Muttermund[26]」，但那在裡面，你看不到。我們女人那裡的一切都安排得很巧妙。在十一、十二歲前，我不知道裡面有第二對陰唇，因為你看不到。更有趣的是，我以為小便從陰蒂出來。有一次我問媽媽那個小小突起的東西是什麼，她說不知道，她想裝傻的時候，還裝得真像。

言歸正傳。不靠模型的話，究竟怎麼解釋那裡的樣子呢？要不要我試一試呢？好，我就試試看吧！

站立的時候，只能從前面看到毛。兩腿之間有兩個像墊子柔軟的東西，上面也長了毛，站著時合在一塊，所以看不見裡面。坐下來，它們就分開了，裡面非常紅，肉很多。在外陰唇之間的上半部，有個皮膚皺摺，仔細看來像某種水泡，那是陰蒂。接著是內陰唇，也合在一塊，像某種皺摺。它們打開時，可以看到一小團肉，不比我的大拇指頂端大。上半部有幾個小洞，小便就是從這裡出來的。下半部看起來好像只是皮膚，其實那裡就是陰道，很難找出來，因為皮膚皺摺藏起了開口。這個洞很小，我幾乎無法想像男人怎麼進去，更別說嬰兒怎麼出來，想把食指伸進去都很難了。那裡的結構就是這樣，但具有非常重要的功能！

安妮・M・法蘭克敬上

一九四四年三月二十五日星期六

親愛的吉蒂：

一個人唯有變了以後，才會發現自己變了多少。我變了，劇烈地改變了，我的一切都不同了：我的看法、觀念、批判角度都不一樣了。內在，外在，都截然不同了，而且我可以很有把握地說，我變得更好，因為這是真的。我曾經告訴你，被寵愛多年之後，我很難適應成人之間與那些責備的殘酷現實。我必須忍受這麼多責備，爸爸媽媽要負大部分的責任。在家時，他們希望我享受日子，這很好，可是他們不該慫恿我與他們意見一致，在所有的爭執閒話中，只讓我看到「他們」那一面的說詞。我過了很久才發現，有一半的時候，他們是錯的一方。現在我知道了，在這裡，老的小的都一樣，大家犯了很多錯誤。爸媽對待范．丹恩夫婦最大的錯誤，是從來不坦白友善（無可否認，友善有時必須用裝的）。最重要的是，我希望維持和平，不要吵架，也不說人閒話。對於爸爸與瑪歌來說，這麼做並不難，對媽媽則很難，所以我很高興她偶爾會罵罵我。要讓范．丹恩先生站在你這邊，可以附和他，靜靜聽他說話，別多說，最重要的是——用自己的笑話回應他的嘲笑與老套的笑話。范．丹恩太太呢，就要坦率地跟她溝通，如果錯了就承認。她缺點很多，但也願意坦然承認。我也很清楚，她不像一開始那樣把我想得很壞。以前她討厭我，理由很簡單，因為我很老實，有話就當面對人說，就算不是什麼恭維話也一樣。我想要誠實，我認為誠實能讓人走得更遠，也能讓人更有自信。

昨天范．丹恩太太談論我們總是在送克萊曼先生米的這件事。「我們就只會給、給、給，但

26. 原註：德語，「子宮頸」。

我想給到一個程度也就夠了。克萊曼先生只要不嫌麻煩，自己也能找到米。為什麼我們就要把全部的存糧送人？我們同樣很需要。」

我回答：「不是這樣的，范．丹恩太太，我不同意妳的觀點。克萊曼先生也許可以弄到一些米，但他不喜歡為這種事煩心，我們沒有立場批評幫助我們的人，他們有需要，只要我們能夠分給他們，不管是什麼，都應該給他們。一星期少一盤米沒有什麼差別，我們總是可以吃豆子。」

范．丹恩太太可不這麼想，但是她又說，雖然她不同意我，她願意讓步。於是，事情結果完全不一樣了。

好了，我說得夠多了。有時我知道自己的分寸，有時也有疑惑，但最後還是會達到目的！我知道我會的！尤其是現在，有彼得幫我度過許多困難與悲傷。

老實說，我不知道他愛我多深，也不知道我們會不會發展到親吻的地步，我不想勉強這種事！我告訴爸爸我經常去找彼得，問他批不批准，他當然准！

現在把平常藏在心裡的話告訴彼得，已經是很容易的事。比方說，我告訴他，我以後想寫作，如果當不成作家，也要在工作之餘寫作。

我沒有很多錢，也沒有什麼身外之物，我不漂亮，也沒有聰明才智，但我很快樂，我想要一直快樂下去！我生來快樂，我愛人，我天生相信人，也希望其他人快樂。

你的摯友安妮．M．法蘭克敬上

空虛的一日
雖是晴朗燦爛

卻也與夜一樣黑。

（這是我幾星期前寫的，現在已經不能恰當地傳達我的心情，我還是收進來，因為我的詩作沒幾首，又久久才寫一次。）

一九四四年三月二十七日星期一

親愛的吉蒂：

關於我們的藏匿生涯，起碼可以就政治寫出長長的一章，但我一直避開這個題目，因為我對政治沒什麼興趣。不過，今天我這封信只談政治。

關於這個主題，當然有許多不同的意見，在戰爭時代經常聽人討論政治，更是不足為奇，但是……為政治起了這麼多爭執，實在是太蠢了！他們要大笑，要詛咒，要打賭，要抱怨，不管要做什麼，就讓他們去做吧，反正他們會自作自受！但別讓他們爭論，越爭只會越糟。從外面來的人為我們帶來消息，很多消息結果是假的，不過，到目前為止，收音機從沒說過謊。詹、蜜普、克萊曼先生、貝普和古格勒先生談到政治，心情總是起伏不定，只有詹的情緒最穩定。

密室的氣氛從未改變，大家無止境地辯論登陸、空襲、演說等等，其間夾雜數不清的驚嘆尖叫，像是：「不不不可能！」、「Um Gottes Willen.[27]」、「如果他們現在才開始，那要搞多

27. 原註：噢，天啊。

久！」、「形勢大好，gut，好極了！」

樂觀派與悲觀派發表高論，樂此不疲，現實派更不用說了。跟其他每件事一樣，所有人都深信只有自己知道真相。某位女士很懊惱，因為她的丈夫對英國人抱持至深的信念，某位先生抨擊妻子，因為她嘲笑毀謗自己心愛的那個國家！

他們就這樣從大清早吵到大半夜，好笑的是，他們從來不覺得膩。我發現一招，效果驚人，就像拿針刺人，看著對方跳起來。這招是這樣的：我開始談論政治，只要提出一個問題，講到一個字或一句話，還沒回過神，全家人都加入討論！

好像德語的「國防軍新聞」與英語的ＢＢＣ還嫌不夠，現在又加了空襲特報。一句話：太棒了。不過，在另一方面，英國空軍全天都在出任務，就像德國的宣傳機器，也是一天二十四小時都在製造謊言！

所以收音機在每天早上八點就轉開了（有時還更早），每小時收聽，收聽到晚上十點，甚至十一點。這是大人擁有無限耐心的最佳證據，同時也證明他們的腦子已經糊塗了（我是說有些人的腦子，我不想冒犯誰）。一整天聽一次廣播，最多兩次，應該也就夠了，但不是這樣，這些老傻瓜……沒關係，我已經說出口了！「音樂伴你工作」、英國發送的荷蘭語廣播、法蘭克·飛利浦[28]或荷蘭薇赫明娜女王，一個個輪流，每個都有願意傾聽的聽眾。大人若不是在吃飯或睡覺，就是圍著收音機討論吃飯、睡覺與政治。哎喲！越來越無聊，我也只能避免自己變成一個乏味的老太婆！不過，身邊有這麼多老人家，變成那樣或許也不賴！

以下是一個生動的例子，大家收聽我們敬愛的溫斯頓·邱吉爾發表演說。

星期日晚間九點鐘，茶壺以保溫罩罩著擺在桌上，客人進入房間。杜瑟爾坐在收音機左側，范·丹恩先生在收音機前面，彼得在一旁。媽媽在范·丹恩先生的隔壁，范·丹恩太太在他們後方。我和瑪歌坐在最後一排，皮姆靠著桌邊。我知道我沒有非常清楚描述我們的座位安排，但那不是重點。男人抽菸，彼得聽累了，閉上眼睛。媽咪穿著深色長便服，范·丹恩太太因飛機而發抖，飛機才不管演講，歡樂地朝埃森飛去。爸爸稀哩呼嚕喝著茶，我和瑪歌親密地偎在一塊，穆鬚在我們兩人的膝蓋上睡著了。瑪歌的頭髮上著捲子，我的睡衣太小、太緊也太短。這情景看起來如此親密溫馨而安詳，這一回難得真的是如此。但我帶著畏懼等待演說結束，因為他們已經失去耐性，迫不及待另一場爭辯！噓，噓，像貓咪引誘老鼠出洞，相互挑釁，準備大吵一架。

安妮敬上

一九四四年三月二十八日星期二

我最親愛的吉蒂：

我雖然很想多寫政治的事，但今天有好多其他新聞要告訴你。首先，媽媽差不多要禁止我上去彼得的房間了，因為根據她的說法，范·丹恩太太會嫉妒。第二，彼得邀請瑪歌上樓加入我們，他是出於真心，還是基於禮貌而開口，我不知道。第三，我問爸爸，他覺得我該不該在意范·丹恩太太的嫉妒，他說不必。

28. Frank Phillips，一九〇一年—一九八〇年，BBC新聞播報員。

我現在該怎麼辦呢？媽媽生氣了，不希望我上樓，要我像以前一樣，在我跟杜瑟爾共用的房間寫功課。她可能是自己嫉妒吧。爸爸就不會羨慕我們擁有那幾個小時，還認為我們能夠和睦相處很好。瑪歌也喜歡彼得，但覺得三個人不能談論兩個人在一起談的事。

還有，媽媽認為彼得愛上我了。告訴你實話吧，我希望他真的愛上我了，那麼我們就扯平了，也更容易了解對方。她還聲稱彼得老是看著我。是啊，我想我們的確偶爾互相眨眼，他如果一直欣賞我的酒窩，我也沒辦法啊，是吧？

我的處境非常困難，媽媽反對我，我也反對她。爸爸對我和媽媽之間無聲的拉鋸視而不見。媽媽很難過，但還是愛我的，不過我根本沒有不開心，因為她對我已經無關緊要了。

至於彼得……我不想放棄他，他那麼可愛，我好欣賞他。我和他可以培養出十分美好的關係，為什麼老人家又來管我們的閒事呢？幸好，我已經習慣隱藏感覺，所以沒有表現出我是多麼迷戀他的樣子。他會說什麼嗎？我會不會有機會感覺他的臉頰貼著我的臉頰，就像我在夢中感覺到彼得兒的臉頰呢？噢，彼得和彼得兒，你們已經成了同一個人！他們不懂我們，他們永遠不懂我們光是默默並肩坐著就能滿足，他們不知道什麼促使我們在一起！哎，我們何時才會克服種種困難呢？不過，必須戰勝困難也很好，因為這樣結局會更加美麗。當他把頭枕在手臂上閉起眼睛，他還是個孩子，他與穆鬚玩的時候，或者談起牠的時候，他是可愛的，當他扛著馬鈴薯或其他重物，他是強壯的，當他去看砲火或在黑暗的屋子走動尋找小偷，他是勇敢的，他不安笨拙時，又是那樣惹人憐愛。他跟我解釋什麼，比我必須教他什麼還要令我愉快。希望他幾乎在任何方面都比我強！

我們為什麼要在乎兩人的母親呢？哎呀，如果他說句話就好了。

爸爸總是說我自負，我才不自負，我只是虛榮！並沒有很多人說我漂亮，只有學校一個男孩說我笑起來很可愛。昨天彼得真心讚美了我，我大致跟你說一說我們的對話，就當作好玩。

彼得經常說：「笑一個！」我覺得很奇怪，所以昨天問他：「你為什麼老是要我笑呢？」

「因為妳臉上有酒窩啊，怎麼弄出來的？」

「我天生就有啊，下巴也有一個呢，這是我唯一擁有的美麗標誌。」

「不，不，才不是這樣！」

「沒錯，就是這樣，我知道我不漂亮，我從來就不漂亮，以後也不會漂亮！」

「我不這樣認為，我認為妳很漂亮。」

「我才不漂亮。」

「我說妳漂亮，妳要相信我！」

當然，我後來也對他說了同樣的話。

安妮・M・法蘭克敬上

一九四四年三月二十九日星期三

親愛的吉蒂：

內閣閣員博克斯坦先生在從倫敦發送的荷蘭廣播中說，戰爭結束後，將要收集與戰爭有關的日記及書信，大家當然立刻想起我的日記。想想看，要是我能出版一本以密室為題材的小說，那會多麼有趣啊。光看書名，大家都會以為是一本偵探小說。

不過，說真的，戰爭結束十年後，讀者讀到我們躲起來的猶太人的生活情景，吃些什麼、談些什麼，一定會覺得非常有趣。雖然我告訴你很多我們的生活情形，你對我們的了解還是很少。空襲時女人們多害怕啊，拿上星期日做例子，三百五十架英國飛機往艾木登丟了五百五十噸炸彈，屋子像風中的小草搖晃。或者，此處有多少傳染病肆虐。

你完全不知道這些事情，要是我一五一十寫下每件事情，那要花上一整天的時間。民眾必須排隊買蔬菜和各種商品，醫生不出診，因為他們只要一轉身，汽車與自行車就會失竊，竊賊和小偷到處都是，讓人不禁問自己，荷蘭人腦袋是怎麼了，怎麼讓自己變得這麼愛偷東西？小孩子，八歲的、十歲的，打破住家的窗戶，能偷什麼就偷什麼。民眾連離開屋子五分鐘也不敢，因為回來時，很可能發現所有家當都不見了。每天報紙登滿了懸賞廣告，送回遭竊的打字機、波斯地毯、電子鐘、布料等等有賞。街角的電子鐘被拆走，公共電話也被扯掉，連電話線也沒留下。

荷蘭人怎麼會有道德呢？每個人都在挨餓，除了合成咖啡，一星期的糧食配給不夠吃兩天，登陸反攻遲遲不開始，男人被送去德國，孩童不是病了，就是營養不良，每個人都穿著破爛的衣服，磨破的鞋子，新鞋跟在黑市要價七．五盾。另外，沒有幾個鞋匠願意補鞋，即使願意，也得等四個月才輪到你的鞋子，到那個時候，鞋子恐怕也已經不見了。

這倒是引發一件好事：由於伙食越來越糟，政令越來越嚴格，反抗政府的破壞行動越來越多。糧食配給部門、警察、官員——他們不是幫助同胞，就是舉發他們，把他們送進監獄。幸好，只有少數荷蘭人站在錯誤的一邊。

安妮敬上

一九四四年三月三十一日星期五

親愛的吉蒂：

想想看，現在還很冷，大多數人卻已經將近一個月沒有煤燒，聽起來很糟糕，是不是？關於俄國前線的情勢，一般人抱持樂觀的心情，因為那裡捷報頻傳！我不常寫政治局勢，但我一定要告訴你俄國人目前的情況，他們已經抵達波蘭邊境與羅馬尼亞的普魯特河。他們靠近奧德薩，他們包圍了特諾波。每天晚上我們都在期待史達林再發布公報。

他們在莫斯科鳴放了好多好多禮砲，那個城市一定整天都在轟隆轟隆地震動。他們是喜歡假裝戰鬥就在附近，還是沒有其他方法表達喜悅呢？我不知道！

匈牙利被德國軍隊占領了，那裡還住著一百萬猶太人，他們也完蛋了。

這裡沒有特別的事發生。今天是范·丹恩先生的生日，他收到兩包香菸，夠沖一杯的咖啡（他妻子努力存下來的），古格勒先生送檸檬果汁酒，蜜普送沙丁魚，我們送古龍水。還有紫丁香、鬱金香，最後還有一樣也很棒的東西：夾了覆盆子餡的蛋糕，有點黏黏的，因為麵粉品質不好，奶油又不夠，不過依然很好吃。

關於我和彼得的閒話已經平息了一些，他今晚要來接我，他真好，是不是？因為他本來是很討厭做這種事的！我們是很好的朋友，我們長時間相處，又無所不談。談到微妙的主題時，不必像跟其他男孩聊天時那樣猶豫，這樣實在真好。例如，我們談論血液，談著談著就聊到了月經一類，他認為女人相當堅強，能夠忍受失血，他認為我也很堅強。我不懂為什麼？

我在這裡的生活變好了，好多了。上帝沒有遺棄我，祂永遠不會。

安妮·M·法蘭克敬上

一九四四年四月一日星期六

我最親愛的吉蒂：

一切卻還是那麼困難。你知道我指的是什麼，是不是？我多麼渴望他吻我，但這個吻卻遲遲不來。他還把我當成朋友嗎？難道我對他沒有其他的意義嗎？

我和你都知道我很堅強，可以獨自承受大部分的壓力。我向來不習慣找人分憂，也從來不依靠母親，但我想把頭靠在他的肩膀，就這樣靜靜坐在那裡。

我不能，我就是忘不了與彼得臉貼臉的那個夢，夢裡一切都如此美好！他有同樣的渴望嗎？他只是因為太害羞而說不出他愛我嗎？為什麼他這麼希望我靠近他？噢，為什麼他不說句話呢？

我得停止，我得冷靜。我會努力再堅強起來，如果我有耐心，其他的自然會到來。可是——這是最糟糕的部分，我好像在追他，必須上樓的永遠是我，他不曾來找過我。不過，那是因為房間的關係，他知道我為什麼不喜歡。哦，我相信他比我以為的更了解。

安妮・M・法蘭克敬上

一九四四年四月三日星期一

我最親愛的吉蒂：

我要打破慣例，向你詳細描述伙食狀況，因為現在吃成了一件有些困難卻又重要的事，不僅在密室是如此，全荷蘭、全歐洲，甚至更多地方都是如此。

住在這裡的二十一個月，我們經歷許多次的「食物週期」——你馬上會明白這是什麼意思。

「食物週期」是指在某一段時間內我們只有一道菜或一種蔬菜吃。曾經有好長一段日子，我們只吃菊苣，有沙子的菊苣、沒沙子的菊苣、菊苣配馬鈴薯泥、菊苣馬鈴薯泥砂鍋菜。後來只吃菠菜，接著是大頭菜、婆羅門參、黃瓜、番茄、德式泡菜等等。

每天中餐和晚餐必須吃——比方說德式泡菜好了，並不是多好玩的事，但飢腸轆轆時，你很多事都肯做了。不過，現在我們正處於最快樂的週期，因為完全沒有蔬菜。

我們每星期的午餐菜色包含赤豆、豆泥湯、馬鈴薯配湯糰、馬鈴薯烤餅，還有——謝天謝地，蕪菁葉或爛掉的紅蘿蔔。接著，又回到赤豆。因為麵包短缺，我們餐餐吃馬鈴薯，從早餐開始，後來我們會稍微炒一下馬鈴薯。我們用赤豆、扁豆和馬鈴薯做湯，還喝袋裝蔬菜湯、袋裝雞豆湯、袋裝青豆湯。每樣裡都有赤豆，包括麵包也是。晚餐總是吃馬鈴薯配合成肉汁（謝天謝地，我們還有肉汁）與甜菜沙拉。我一定要跟你說一說湯糰。我們用政府發的麵粉加水及酵母做，又黏又硬，感覺好像肚子裝了石頭，算了，還是別說了！

最美味的就是每星期一片肝腸，以及無奶油麵包上面塗的果醬。不過，我們還活著，而且大部分時候這樣也很好吃！

安妮．M．法蘭克敬上

一九四四年四月五日星期三

我最親愛的吉蒂：

有很長一段時間，我不知道為什麼還要辛苦寫功課，戰爭似乎還要很久才會結束，像童話一樣，好不真實。如果戰爭九月還沒結束，我就不想再回學校上課了，因為我不想要比別人慢兩年。

彼得填滿了我的日子，只有彼得，我夢見他，想著他，到了星期六晚上，卻覺得好悲傷，唉，真慘。跟彼得在一起時，我忍住淚水，和范．丹恩夫婦喝檸檬水果酒時，我跟他們一塊哈哈大笑，又快樂又興奮。一旦獨處，我就知道自己將放聲痛哭。我穿著睡衣溜到地上，開始禱告，非常虔誠地禱告。接著，把膝蓋縮到胸前，把頭埋進手臂，開始哭了起來，整個人在光禿禿的地板縮成一團。一聲響亮的嗚咽把我帶回現實，我忍住淚水，不想讓隔壁的人聽到我哭泣。接著我努力振作起來，一遍又一遍地說：「我必須，我必須，我必須……」用這麼奇怪的姿勢坐太久，我全身僵硬，往後靠在床緣，繼續掙扎到快十點三十分，才爬回床上。低潮就這樣過去了！

現在真的過去了。我總算明白，我必須用功，才不會無知，才能出人頭地，才能成為一名記者，因為那是我的志向！我知道我會寫作，我有幾篇故事寫得很好，把密室的情形寫得很好笑，日記大多生動活潑，但……我是否有天分，現在還看不出來。

〈夏娃的夢〉是我寫得最好的童話，奇怪的是，我完全不知道靈感哪裡來的。〈卡蒂的一生〉有幾段也不錯，但整篇並沒有特別之處。我是自己最理想也最嚴格的批評者，我知道什麼好，什麼不好，除非親手提筆寫作，否則不會明白其中的樂趣。我以前老是遺憾自己不會畫畫，但現在十分高興起碼我會寫文章。如果我沒有寫書或寫新聞報導的天分，總也可以為自己而寫。但我希望我的成就不只這樣。我無法想像自己只能過著媽媽、范．丹恩太太和其他很多女人那樣的人生，成天忙著，卻沒有人放在心上。除了丈夫和小孩以外，我要把心血投入其他的事情！我不想像多數人白活一場，我想成為有用的人，或者為眾人帶來歡喜，甚至是我不認識的人。我希望死後還能繼續活著！這就是為什麼我感謝上帝給予我這個天賦，讓我用它來發展自我，表達內心所有感受！

寫作時，我可以拋開所有的煩惱，悲傷消失，精神再次恢復！但是，有個大問題：我究竟能不能寫出偉大的作品呢？我究竟能不能成為記者或作家呢？

希望可以，噢，好希望好希望我可以，因為寫作讓我記下一切，記下我所有的思想、理想與幻想。

我已經很久很久沒有繼續寫〈卡蒂的生活〉了，我已經在腦中清楚勾勒出接下來的情節，可是這個故事發展似乎不是很順暢，也許我永遠都完成不了這個故事，它最後不是進了字紙簍，就是火爐。好可怕的想法，但我跟自己說：「妳才十四歲，經驗又那麼少，當然還寫不出什麼有哲理的東西。」

所以，重新提振精神，繼續向前，繼續進步，我會成功的，因為我下定決心要寫作！

安妮．M．法蘭克敬上

一九四四年四月六日星期四

親愛的吉蒂：

你問我有什麼嗜好和興趣，我很樂意回答，可我最好提醒你，我的嗜好和興趣很多，可別驚訝哦。

首先：寫作，不過我並不把它視為嗜好而已。

第二：族譜。我正在從我能找到的所有報紙、書本與文獻找尋法、德、西、英、奧、俄、挪威與荷蘭王室的族譜，整理出不少資料，因為我長久以來閱讀傳記或歷史書籍都會做筆記，甚至抄下不少有關歷史的段落。

所以，我第三個嗜好是歷史。爸爸已經給我買了很多書，我等不及能去公立圖書館挖掘所需資料的那一天。

第四是希臘與羅馬神話，我也有許多這個主題的書。我可以背出九位繆思和宙斯七位情人的名字，赫克里斯的妻子等等也背得出來。

我另一個嗜好是電影明星與家庭照片。我非常喜歡閱讀，我喜歡藝術史，尤其有關作家、詩人與畫家的歷史，以後或許也會對音樂家有興趣。我討厭代數、幾何與算數。我也喜歡其他的學校科目，但歷史是我的最愛！

安妮・M・法蘭克敬上

一九四四年四月十一日星期二

我最親愛的吉蒂：

我的頭腦一片混亂，實在不知該從何說起。星期四（我上次寫信給你的那一天）一切跟平常一樣，星期五下午（那天是耶穌受難日）我們玩大富翁，星期六下午也是。日子一下就過去了。在星期六兩點左右，猛烈的槍聲響起，根據男士們的說法，是機關槍。此外，一切都安安靜靜。

星期日下午，彼得在四點三十分來找我，是我邀他來的。到了五點十五分，我們到前閣樓，在那裡待到六點。從六點到七點十五分，收音機播放一場精彩的莫札特音樂會，我特別喜歡〈小夜曲〉。我在廚房幾乎聽不下去，因為美妙的音樂喚醒我最深處的靈魂。星期日晚間，彼得無法洗澡，因為澡盆在樓下辦公室的廚房，而且裝滿了髒衣物。我們兩人一起去前閣樓，為了坐得舒服，我帶了我在我房間唯一找到的靠墊。我們坐在一個包裝箱上，箱子和靠墊都很窄，所以我們坐得非常靠近，靠著另外兩個箱子。穆鬚陪著我們，所以也不是沒有第三者陪著我這個少女。突然，在八點四十五分，范·丹恩先生吹口哨叫我們，問我們是否拿了杜瑟爾先生的靠墊。我們嚇得跳起來，拿了墊子，與貓咪及范·丹恩先生一起下樓。這個靠墊導致很多不幸。杜瑟爾很生氣，因為我拿到他當作枕頭的靠墊，他擔心上面爬滿跳蚤，就因為這麼一個靠墊，他搞得整間屋子鬧烘烘的。為了報復，我和彼得在他的床上塞了兩把堅硬的刷子，但杜瑟爾突然決定進房間坐一坐，我們只好把刷子拿走。這段小插曲讓我們捧腹大笑了一會兒。

可惜，歡樂不長命。在九點三十分，彼得輕輕敲門，請爸爸上樓教他一句困難的英語。

我對瑪歌說：「聽起來很可疑，分明是藉口，從男人們說話的口氣，就知道有人闖進來了！」我說中了。就在那時候，有人破門闖入倉庫，爸爸、范·丹恩先生和彼得迅速下樓，瑪歌、媽媽、范·丹恩太太和我在原地等待。四個女人受到驚嚇，不講一講話不行，所以我們就一直說話，直到樓下傳來砰的一聲，才安靜下來。接著，一切靜悄悄的。鐘聲響起，九點四十五分了，我們面無血色，雖然內心很害怕，還是盡力保持鎮定。男士們在哪裡？砰一聲是怎麼回事？他們正在與竊賊搏鬥嗎？我們怕得不敢再想，只能苦等。

十點，樓梯傳來腳步聲。爸爸臉色蒼白緊張地走進來，范·丹恩先生跟在後面。「關燈，踮著腳上樓，我們認為警察會上門！」

沒時間害怕，關燈後，我抓了件夾克，大家上樓坐好。

「怎麼回事？快告訴我們！」

沒有人告訴我們，因為男人又回到樓下。他們四個人直到十點十分才又回來。兩個人在彼得房間打開的窗戶前守望，通往樓梯平臺的門鎖上，書架也關閉。我們用毛衣蓋住夜燈，他們這才告訴我們發生了什麼事。

彼得在樓梯平臺時，聽見兩聲砰砰巨響，下樓看見倉庫左半邊少了一大片壁板，於是衝上樓向「家庭護衛隊」發出警報。四人下樓，進入倉庫時，小偷正在下手。范．丹恩先生不假思索，大叫：「警察！」急促的腳步往外頭跑去，小偷逃走了。怕警察注意到缺口，他們把壁板放回門上，接著外頭有人迅速踢了一腳，壁板落到地上。男人們很驚訝小偷居然這麼大膽。彼得和范．丹恩先生氣得想殺了他們。范．丹恩先生拿起斧頭用力敲門，一切又安靜下來。壁板又放回去，結果又被踢了下來，外面有一男一女拿著刺眼的手電筒往開口裡面探照，照亮了整間倉庫。男人咕噥：「搞什麼……」現在他們的角色顛倒了，密室裡的男士們不是警察，反而是小偷。四個人衝上樓，杜瑟爾和范．丹恩先生一把抓起杜瑟爾的書，彼得打開廚房與私人辦公室的門窗，把電話砸到地上，四個人最後終於進入書架後面。

第一部分結束

持手電筒的一男一女大概是報了警。那是星期日晚上的事，那天是復活節，隔天星期一也放假，所以辦公室關著，這表示我們要到星期二早上才能走動。想想看，在這麼驚恐的情況下必須枯坐一天兩夜！我們什麼也不想，只是坐在漆黑中，因為范．丹恩太太很害怕，連小燈也關了。我們輕聲細語，一聽見嘎吱嘎吱的聲音，就有人說：「噓，噓。」

那時是十點三十分，接著是十一點。靜悄悄的。爸爸和范．丹恩先生輪流上樓來看我們。接著，在十一點十五分，樓下傳來聲響，樓上只聽見一家子的呼吸，除此之外，所有人一動也不敢動。屋內響起了腳步聲，私人辦公室、廚房、接著……樓梯。所有呼吸聲止住，八顆心噗通噗通地跳。腳步聲來到樓梯，接著書架被人搖得卡嗒卡嗒響。那一刻實在難以言喻。

我說：「這下我們死定了。」我想像我們全部的人當晚被蓋世太保拖走的情景。

書架又卡嗒卡嗒響，響了兩回。接著，我們聽見一個罐頭掉到地上，腳步聲遠去。我們脫離危險了，只是暫時！一股寒顫穿過每個人的身體，我聽見好幾排牙齒格格響，沒人說話。我們就這樣捱到十一點三十分。

屋裡不再有聲響，但是樓梯平臺亮著一盞光，就在書架前方。是因為警察認為那裡看似可疑？還是他們忘了關呢？會不會有人回來關掉呢？我們又恢復說話能力。樓房裡已經沒有人，但也許外頭有人站崗。我們接下來做了三件事：推測目前的情況，嚇得格格發抖，還有，上廁所。由於桶子都在閣樓，我們只能用彼得的金屬字紙簍。范．丹恩先生先用，接著是爸爸，媽媽很難為情，於是爸爸把垃圾桶拎到隔壁，瑪歌、范．丹恩太太和我心懷感謝在那裡使用。媽媽最後肯用了。這時需要很多紙，幸好我的口袋有一些。

垃圾桶發出惡臭，每件事都小聲進行，我們累得不得了，這時已經午夜了。

「躺到地板上睡覺吧！」我和瑪歌各收到一顆枕頭和一張毯子。瑪歌在靠近食物櫃的地方躺下，我在桌腳之間鋪了床。躺到地板上，臭味變得沒有那樣難受。范．丹恩太太為了加強止臭效果，悄悄去拿了些漂白粉，在尿壺上頭蓋了一條抹布。

講話，低語，恐懼，惡臭，放屁，不停上廁所的人——這種情形下要睡覺太難了！到了兩點三十分，我累得打起瞌睡，什麼都沒有聽見，睡到三點三十分醒來，醒來時，范．丹恩太太的頭枕在我的腳上。

我說：「拜託，給我件什麼穿吧！」有人遞給我衣服，別問是什麼。我在睡衣外頭套上一件寬鬆的羊毛褲，一件紅毛線衣，一條黑裙子，一雙白色長襪，和一雙破爛的膝上襪。

范．丹恩太太坐回椅子，范．丹恩先生躺下，頭枕在我腳上。從三點半起，我陷入沉思，依舊格格發抖，抖得范．丹恩先生睡不著。我正在做心理準備，以免警察又來了。我們會告訴他們我們躲在這裡，如果他們是好人，我們就安全了，如果他們支持納粹，我們就看看能不能買通他們！

范．丹恩太太抱怨：「我們應該把收音機藏起來！」

范．丹恩先生回答：「對，藏到壁爐，如果他們找到我們，也一定會找到收音機！」

爸爸補充說：「然後也會找到安妮的日記。」

「那麼就燒了吧。」我們之中最害怕的那個人建議。

那人提出這一點的時候，以及警察把書架搖得嘎啦嘎啦響的時候，是我最害怕的時刻。噢，不要燒我的日記，如果我的日記沒了，我也完了！謝天謝地，爸爸沒有再說什麼。

重複所有的對話沒有意義，內容太多了。我安慰嚇得魂飛魄散的范．丹恩太太，我們談到逃命，被蓋世太保審問，打電話給克萊曼先生，彼此鼓勵要勇敢。

「我們要表現得像戰士一樣，范．丹恩太太。如果我們的末日到了，那麼也是為了女王與國家，為了自由、真理與正義而犧牲，收音機一直這樣告訴我們。唯一可惜的是，我們會拖累別人！」

一個小時後，范．丹恩先生又和他太太換位置，爸爸過來坐到我的身邊。男人香菸一根接著一根抽，偶爾聽見一聲嘆息，有人又去使用尿壺，接著一切又重新開始。

四點，五點，五點半。我到彼得那裡，和他一塊坐在窗邊聆聽，我們坐得好近，感覺到彼此身體在顫抖。我們有時說一兩句話，豎起耳朵注意聽。他們拿下隔壁的遮光簾，列出準備打電話告訴克萊曼先生的每件事，因為他們打算在七點打電話給他，請他派人過來。這麼做很冒險，因為門口或倉庫站崗的警察可能會聽見他們的聲音，不過警察如果回來的話，情況會更危險。

附上他們列出的單子，為了清楚起見，我也在這裡抄一次。

小偷破門而入：警察上樓走到書架前，沒有進入。小偷顯然受阻，強行打開倉庫門，自庭院逃走。正門鎖著，古格勒一定是從旁門離開。

打字機與計算機在私人辦公室黑櫃，安然無恙。

蜜普或貝普的待洗衣物在廚房。

只有貝普或古格勒持有二樓鑰匙，門鎖可能遭到破壞。

設法警告詹，並取得鑰匙，查看辦公室，順便餵貓。

除此之外，一切按照計畫行事。克萊曼先生接到電話。取下門上的長竿，打字機放回櫃子，大家又繞著桌子坐下，等待詹或警察到來。

彼得睡著了，我和范．丹恩先生躺在地板，聽見樓下傳來響亮的腳步聲。我悄悄爬起來，「是詹！」

「不是，是警察！」他們都這麼說。

有人敲書架。蜜普吹口哨，范．丹恩太太受不了了，軟綿綿癱在椅子，臉白得像紙一樣。緊張氣氛如果再繼續一分鐘，她一定會昏過去。

詹和蜜普進來，看到一片歡欣的情景。光是桌子就值得拍張照：一本《電影與劇場》翻開到歌舞女郎的那一頁，上頭沾到果醬和我們用來對抗腹瀉的果膠。另外，還有兩罐果醬，一塊麵包剩下一半，一塊剩下四分之一。果膠、鏡子、梳子、火柴、菸灰、香菸、菸草、菸灰缸、書本、褲子一條、手電筒、范．丹恩太太的梳子、衛生紙等等。

大家當然用歡呼和淚水迎接詹和蜜普，詹在門上缺口上釘了一片松木板，接著蜜普又走了，去報警說有人闖空門。蜜普還在倉庫門底發現一張守夜員史力格斯留的字條，原來他發現門上的洞，所以報了警。詹也打算去找史力格斯。

所以我們有半個小時時間整理屋子、打理自己。我從沒目睹過三十分鐘內可以起這麼大的變化。我和瑪歌把樓下的床整理好，上了廁所，洗洗手，梳梳頭髮。接著，我稍微整理房間，又回到樓上。桌子已經收拾乾淨，所以我們拿了些水，沖咖啡、泡茶、加熱牛奶，擺放餐具。爸爸和彼得把我們的臨時尿壺倒乾淨，用溫水和漂白粉沖洗。最大的尿壺裝滿了，很重，他們搬得很吃力。更慘的是，那一個還漏水，必須先放到一個桶子裡。

十一點，詹終於回來了，跟我們一塊圍著桌子坐下，大夥逐漸放鬆下來。詹於是告訴我們以下的故事：

史力格斯當時正在睡覺。他太太告訴詹，她丈夫巡邏時發現門上的洞，於是叫了警察過來，兩人一起搜尋屋子。史力格斯先生身為守夜員，每晚會帶著兩條狗騎自行車巡視這一帶。他太太說，他星期二會過來，把其餘事情告訴古格勒先生。警局好像沒人知道有人闖入的事，不過做了記錄，星期二一大早就會過來查看。

回來的路上，詹碰見范．霍文先生，也就是供應我們馬鈴薯的人，把有人闖入的事告訴他。范．霍文先生冷靜地回答：「我知道，昨天晚上我和我太太經過你們那棟樓，看見門上有個洞，我太太想繼續往前走，我則拿手電筒往裡面瞧，小偷一定是在那時候逃走了。為了安全起見，我並沒有打電話報警，因為我想報警對你應該沒有好處，我什麼都不知道，但也猜到一些事。」詹謝謝他，然後就走了。范．霍文先生顯然懷疑我們在這裡，因為他總是在中午時間送馬鈴薯來。真是一個好人！

詹離開時，已經一點了，我們洗洗臉，洗洗手，八人都上床睡覺。我在兩點四十五分醒來，看見杜瑟爾先生已經起來。我睡得一臉亂七八糟的模樣，在浴室碰到彼得，他剛下樓來。我們約好在辦公室碰面。我稍微梳洗一下就下樓去。

他問：「發生這種事，妳還敢去前閣樓嗎？」我點點頭，拿起枕頭，用一塊布包好，跟他一塊上去。天氣好極了，雖然空襲警報馬上要開始嗚嗚大響，我們待在原處沒動。彼得摟著我的肩膀，我也摟著他，我們就這樣靜靜坐到四點，直到瑪歌過來喊我們去喝咖啡。

我們吃麵包，喝檸檬汁，說說笑話（終於又笑得出來了），其他一切恢復常態。那一晚我謝謝彼得，因為我們之中他最勇敢。

我們誰都不曾經歷昨晚那樣的危險，上帝果然在看顧我們。想想看，警察都到書架前了，燈還亮著，卻沒人發現我們的藏身處！「這下子我們死定了！」當時我曾經輕輕說了這句話，但我們又一次倖免於難。等開始登陸反攻，等到炸彈開始落下，人人都會自顧不暇，但這次我們很擔心那些協助我們的善良無辜基督徒。

「我們得救了，繼續救我們吧！」我們只能說這句話。

這起事故帶來許多改變。從今以後，杜瑟爾將在浴室工作，彼得在八點半到九點半之間巡邏整棟樓，並再也不能打開他的窗戶，因為凱格公司有個人注意到那扇窗開著。晚間九點以後，我們也不可沖馬桶。他們雇用史力格斯先生做守夜員，今晚有個地下組織的木匠會過來，用我們白色法蘭克福床架做柵欄。密室起了一場熱烈的爭辯，古格勒先生責備我們粗心大意，詹也說我們以後不可下樓，我們現在必須查明史力格斯是否可以信賴，他的狗聽見門後有人是否會吠叫，柵欄怎麼做，各式各樣的問題。

這件事猛然提醒我們一件事：我們是戴著鐐銬的猶太人，囚在一處，沒有任何權利，只有無盡的義務。我們必須把情緒擺到一旁，我們必須勇敢堅強，吃苦耐勞，無怨無尤，盡力而為，相信上帝。總有一天可怕的戰爭會結束，總有一刻我們將重新為人，而不只是猶太人！

誰把這些痛苦加諸在我們身上？誰讓我們跟其他人分隔？誰令我們經歷這些苦難？是上帝讓我們這樣，但上帝也會再一次鼓舞我們。在世人眼中，我們注定受苦，但在這一切苦難後，還會有猶太人留下，他們將被立為模範。誰知道，也許我們的宗教會教導世界與所有世人為善，這就是我們必須受苦的理由，這也是唯一的理由。我們永遠無法只是荷蘭人，或者英國人，或者任何一國的人；我們永遠都得要背負著猶太人的身分。我們必須繼續做猶太人，我們也願意繼續做猶太人。

勇敢吧！讓我們記住我們的責任，無怨無悔地履行。會有一條出路的。上帝不曾遺棄我們這個民族，長久以來，猶太人必須受苦，卻也存活了這麼久，多少世紀以來的苦難反而使他們變得更堅強。弱者會倒下，強者會存活，是不會被打敗的！

那一晚我真以為要死了，我等著警察，像戰場上的士兵視死如歸，樂意為國家捐軀。但，現在，我逃過一死，戰後我第一個願望是成為荷蘭公民。我愛荷蘭人，我愛這個國家，我愛荷蘭語，我想在這裡工作。即使要親筆寫信給女王本人，我也是不達目的絕不放棄！

我越來越不倚賴父母，我雖然年紀很小，但比媽媽更有勇氣面對人生，也更懂得什麼是真正的正義。我知道我要什麼，我有目標，我有想法、宗教與愛。只要能做自己，我就心滿意足。我知道我是一個女人，一個擁有內在力量與龐然勇氣的女人！

如果上帝讓我活下去，我的成就會遠遠超越媽媽，我會讓世人聽見我的聲音，我會走進世界，為人類服務！

我現在懂了，最要緊的是勇氣和幸福！

安妮．M．法蘭克敬上

一九四四年四月十四日星期五

親愛的吉蒂：

這裡每個人依然非常緊張，皮姆激動得幾乎要沸騰了，范・丹恩太太感冒臥床發牢騷，范・丹恩先生沒菸抽，臉色越來越蒼白，杜瑟爾必須放棄很多給予他安慰的活動，所以找每個人的碴啊什麼的。我們最近好像好運用盡，馬桶漏水，水龍頭卡住，幸好我們人脈很廣，很快就可以找到人來修理。

我動不動就多愁善感，這你是知道的，但有時是情有可原的，例如，我和彼得相偎坐在垃圾和灰塵中間的硬木箱，搭著彼此的肩膀，彼得玩弄我一綹髮絲。還有，當外頭小鳥嚶嚶歌唱，當樹木開始發芽，當太陽招手，天空是那樣湛藍的時候——啊，那時候我就有好多好多的心願！

我在四周只能看見不滿與生氣的臉龐，聽見嘆息和說不出口的怨言。你以為我們的生活突然變得很糟糕，其實，情況好壞操之在自己的手中，在密室這裡，沒有人會特地樹立好榜樣，人人必須自行判斷如何不受情緒左右！

每天都會聽到：「這一切要是已經結束了，那該多好！」

工作、愛、勇氣與希望，

使我為善，助我克服困難！

吉蒂，我真的認為我今天有點反常，可不知道為什麼。我寫得亂七八糟，從一件事跳到另一件事，有時真懷疑有誰會對這些胡言亂語感興趣，他們大概會說我的日記是《醜小鴨的胡思亂想》。我的日記對博克斯坦先生或戈布蘭迪先生[29]必定沒什麼用處。

安妮・M・法蘭克敬上

一九四四年四月十五日星期六

親愛的吉蒂：

「一波未平一波又起。」一點也沒錯，猜猜這下又出了什麼事？彼得忘記拉開前門門閂，結果古格勒先生與倉庫員工進不來，他跑去凱格公司，敲破辦公室廚房窗戶，從那裡爬進來。密室窗戶是開著的，凱格公司的人也看到了，他們會怎麼想呢？范．馬倫怎麼想呢？古格勒先生氣得火冒三丈。我們怪他不設法讓大門變得更堅固，所以我們只好做出這種蠢事！彼得非常懊惱，用餐時，媽媽說她比誰都還要替彼得難過，彼得幾乎快哭了。大家都有錯，因為我們通常每天都會問他拉開門閂了嗎？范．丹恩先生也會問。也許我等一下可以去安慰安慰他。我好想好想幫他！

以下是密室這幾星期來最新的新聞快報：

一星期前，波奇在星期六突然生病，動也不動坐著，而且開始流口水。蜜普立刻抱起牠，用毛巾包好，塞進購物袋裡，送牠去貓狗診所。波奇腸道有某種問題，所以獸醫開了藥。彼得餵牠幾次，但波奇馬上躲起來不露臉。我敢打賭，牠跑出去對情人獻殷勤了。不過，牠現在鼻子腫了，一抱起來就喵喵叫，牠大概在想偷吃時被人打了。穆鬚失聲幾天，就在我們認為牠也得看獸醫時，牠的情況開始好轉。

29. 原註：博克斯坦（Gerrit Bolkestein）是荷蘭在倫敦建立之流亡政府的教育部長，戈布蘭迪（Pieter Gerbrandy）是總理。另見安妮在一九四四年三月二十九日的日記。

現在我們每天晚上把閣樓窗開一條小縫，我和彼得經常晚上坐在上面。

幸好有橡膠水泥和油漆，馬桶很快修好了。壞掉的水龍頭也換了。

很幸運，克萊曼先生似乎感覺好了一些，他不久會去看一位專科醫生，我們只能期待他不必動手術。

這個月我們收到八本配給券，可惜，在接下來的兩星期，豆子要用燕麥或蕎麥代替。我們最近的美食是辣酸菜，倒楣時，只有一個裝滿黃瓜與芥末醬的罐子。

蔬菜很難弄到，只有萵苣，萵苣，還是萵苣。三餐全是馬鈴薯和合成肉汁。

俄國人占領一半以上的克里米亞半島，英國人打到卡西諾後，就無法繼續推進。我們只好仰賴哭牆與祈禱了。最近劇烈空襲頻頻發生，位於海牙的戶政司遭到轟炸，所有荷蘭人都將領到新的配給登記證。

今天就寫到這裡。

安妮・M・法蘭克敬上

一九四四年四月十六日星期日

我最親愛的吉蒂：

請記住昨天這個日子，因為那對我來說是一個紀念日，對每個少女而言，得到初吻難道不是重要的日子嗎？那麼，對我來說也一樣重要。布拉姆親過我右臉頰，伍德斯塔先生吻過我的右手，這都不算數。我怎麼突然得到這個吻呢？讓我來告訴你。

昨晚八點，我跟彼得坐在他的長沙發，不久他伸出一隻手臂攬著我。（因為是星期六，他沒有穿工作服。）我說：「為何不移過去一點，免得我頭老是撞到櫥櫃。」

他挪得很遠，幾乎挪到角落。我把手臂從他手臂底下穿過，抱住他的背，於是整個人幾乎都被他抱住了。我們以前也這樣坐在一起，但不曾像昨晚那樣靠近。他緊緊抱著我，我的左側靠著他的胸口，心跳已經開始加快，可還有呢。他要我的頭靠在他的肩上，他的頭靠在我的頭上，才覺得滿意。大約五分鐘後，我又坐正，不久他就用雙手捧著我的頭，將我的頭拉回去跟他的頭貼在一塊。噢，多麼浪漫啊，我幾乎無法言語，那種喜悅太強烈。他撫摸我的臉頰和手臂，有一點笨拙，又玩弄我的頭髮。大多數時候，我們的頭都靠在一起。

吉蒂，我無法向你形容那種傳遍我全身的感受，我快樂得說不出話，我想他也是。

九點半，我們站起來。彼得穿上運動鞋，這樣夜晚巡邏房屋才不會發出太多聲響。我站到他的身旁，我怎麼突然做出這個正確的動作呢？不知道，反正他下樓前吻了我一下，隔著我的頭髮，一半吻在左臉頰上，一半吻在耳朵上。我奔下樓，沒有回頭看，我好期待好期待今天。

星期日早上，快十一點。

安妮．M．法蘭克敬上

一九四四年四月十七日星期一

親愛的吉蒂：

你想，我這個年紀的女孩，坐在長沙發上，親吻一個十七歲半的男孩，爸爸和媽媽會贊同嗎？我想是不會的，但在這件事上我必須相信自己的判斷。躺在他的懷裡做夢，是如此安詳與安全，他的臉頰貼著我的臉頰，感覺真叫人興奮，知道有個人等待著我，那是多麼美好的一件事。可是，有一個「可是」，彼得是否願意到這一步就好了呢？我沒有忘記他的承諾，可是……他畢竟是一個男孩子！

我知道，我現在開始太年輕了，還不到十五歲，已經這麼獨立，別人會有點難以理解。我很肯定瑪歌絕對不會親吻男孩子，除非已經到了談論訂婚或結婚的時候。我和彼得都沒有這樣的計畫，我也肯定媽媽在認識爸爸前，從沒有碰觸過男人。我的女生朋友或賈姬如果知道我躺在彼得的懷裡，心貼著他的胸口，頭靠在他的肩上，他的頭和臉貼著我的，她們會說什麼呢！

哎呀，安妮，嚇死人了！可是說真的，我不覺得有什麼嚇人的，我們被關在這裡，與世隔絕，又焦慮，又害怕，最近尤其如此。我們相愛，為什麼要保持距離呢？在這樣的時代，為什麼不能接吻呢？為什麼要等待適當的年紀呢？為什麼應該請求他人的准許呢？

我已經決定為自己著想。他絕不會想傷害我，或者讓我傷心。我為什麼不能按照自己的心意去做，讓兩人都開心呢？

不過，吉蒂，我認為你會感受到我的疑慮，一定是我崇尚誠實的個性反對這種偷偷摸摸的行為。你認為我有責任告訴爸爸我正在做的事嗎？你認為我們的秘密應該讓第三人得知嗎？那樣的話，這件事會失去許多美的地方，但會不會讓我內心感覺比較好受？我要跟他談一談。

噢，沒錯，我還有好多好多想跟他討論的事，因為我認為只是摟摟抱抱沒有意義，分享彼此的想法需要充分的信任，但我們也因此變得更堅強！

安妮・M・法蘭克敬上

附筆：我們昨天早上六點就起床了，因為全家又聽見闖空門的聲音。這次受害者一定是某位鄰居，我們七點查看時，我們的門依然緊緊關著，謝天謝地！

一九四四年四月十八日星期二

親愛的吉蒂：

這裡一切都好。昨晚木匠又來了，在門板上加了幾片鐵板。爸爸剛剛才說，他十分肯定，在五月二十日前，俄國與義大利會出現大規模軍事行動，西線也是，戰爭打得越久，就越難想像有一天會從這個地方解脫。

我和彼得昨天終於有空討論我們拖延了十天的談話。我告訴他所有關於女孩子的事，談到私密的事時，也毫不猶豫。我覺得相當好笑，他以為插圖故意省略女人身體上的開口，無法想像開口其實在女人的雙腿中間。那一晚我們在互吻中結束，吻在嘴邊，感覺十分甜蜜！

我哪天要帶我的「最愛名言錄」筆記本上樓，這樣可以和彼得討論更有深度的話題。我覺得天天摟摟抱抱不能滿足我，希望他也有同感。

經過溫和的冬季，我們現在擁有一個美麗的春天。四月非常宜人，不會太熱，也不會太冷，偶爾還降下細雨。我們的栗樹長出葉子，不時看見幾朵小花。

貝普在星期六送我們四束花：三束水仙，一束麝香蘭是給我的。古格勒先生為我們提供越來越多的報紙。

我該去做代數了，吉蒂，拜拜。

安妮．M．法蘭克敬上

一九四四年四月十九日星期三

我最親愛的寶貝：

（這是一部電影的片名，由朵莉．克雷斯勒、伊達．于斯特及哈洛．鮑爾森主演！）

坐在打開的窗戶前享受大自然，聆聽小鳥歌唱，感受陽光灑落臉頰，擁抱心愛的男孩——還有比這更愜意的事嗎？當他摟著我時，我覺得好平靜，好安全，知道他就在身邊，但是無須言語。這為我帶來了這麼多的快樂，怎麼可能是壞事呢？噢，但願我們永遠不會又受到打擾，即使是穆鬍也不要來。

安妮．M．法蘭克敬上

一九四四年四月二十一日星期五

我最親愛的吉蒂：

昨天我喉嚨痛，躺在床上，躺到第一個下午就覺得無聊，加上沒有發燒，所以今天就起來了。喉嚨痛差不多verschwunden[30]。

你大概已經注意到了，昨天是我們元首的五十五歲生日。今天是約克的伊莉莎白公主閣下的十八歲生日，ＢＢＣ報導，她還未被宣布成年，雖然王子公主通常在這個年紀就會宣布了。我們一直猜想這位美人會嫁給哪位王子，但想不出適當的人選。她妹妹瑪格麗特．蘿絲公主也許可以嫁給比利時皇儲博杜安！

我們這裡的災難一個接著一個來。外門才加強過，范．馬倫就又惹麻煩，偷走馬鈴薯粉的人很可能就是他，他現在想把罪怪在貝普頭上。想當然耳，密室又天下大亂。貝普氣瘋了，也許古格勒先生終於會盯住這個可疑的傢伙。

貝多芬街的估價商今天早上來了，他只願意以四百盾買我們的櫃子，我們認為其他的開價也過低了。

我想問問《王子》雜誌願不願意刊登我一篇童話，當然用筆名發表。不過，目前我所有童話都太長了，我想機會不大。

下次再聊，親愛的。

安妮．M．法蘭克敬上

一九四四年四月二十五日星期二

親愛的吉蒂：

在過去十天，杜瑟爾不跟范．丹恩先生說話，全因為小偷破門而入之後的新安全措施，其中

30. 原註：消失。

一項是他不許晚間再下樓去。彼得和范．丹恩先生每晚九點半巡邏最後一次，之後誰都不許下樓。晚上八點後或早上八點後，我們不能沖馬桶。窗戶只能在古格勒先生的辦公室早上亮燈時打開，晚上再也不能用棍子撐開。最後一項措施是杜瑟爾生氣的原因，他說，他活在世上，寧可沒東西吃，也不能沒有空氣，他們怎樣也得想出開窗的方法。

他對我說：「我得找古格勒先生談談這件事。」

我回答說，我們從不跟古格勒先生討論這一類的事情，只有大家內部討論。

「每件事都背著我做，我非找妳爸爸討論這一點。」

他也不許趁星期六下午或星期日跑去坐在古格勒先生的辦公室，因為凱格公司的經理如果剛好在隔壁，可能會聽見他的聲音。杜瑟爾不管，照樣準時去那裡坐著。范．丹恩先生氣炸了。爸爸下樓跟杜瑟爾談，杜瑟爾編了些站不住腳的藉口，這一回連爸爸也沒上當。現在爸爸也盡量少與杜瑟爾打交道，因為杜瑟爾羞辱他，我們不知道他說了什麼，但肯定相當難聽。

你想想看，那個可憐蟲下星期就要生日了，生著悶氣，是要怎麼慶生呢？怎麼收下你根本不跟他說話的人所送的禮物呢？

佛斯哥耶爾先生的狀況迅速惡化，超過十天體溫都高達將近四十度，醫生說他沒希望了，認為他的癌細胞已經擴散到肺部，好可憐，我們好想幫他，如今只有上帝能幫他了！

我寫了一篇有趣的故事，叫〈探險家布魯利〉，我的三位聽眾都非常喜歡。

我感冒還是很嚴重，而且傳染給瑪歌、媽媽和爸爸。但願彼得別染上。他堅持吻我，說我是他的「黃金國」。傻男孩，人怎麼能那樣叫！但不管怎樣，他好可愛！

安妮．M．法蘭克敬上

一九四四年四月二十六日星期三

親愛的吉蒂：

范．丹恩太太今天早上心情不好，光是抱怨，先抱怨自己感冒，沒有止咳藥片可服用，老擤鼻涕，痛苦死了。接著埋怨太陽不出來，還不開始登陸反攻，我們不准看往窗外等等。我們忍不住笑她，她的心情其實也沒那麼糟，因為她一下子就跟著我們笑起來了。

我們馬鈴薯烤餅的食譜，由於缺少洋蔥，所以改過了：去皮馬鈴薯磨細，加上少許政府發放的麵粉與鹽巴。在烤模或耐熱盤抹石蠟或硬脂，烤兩個半小時。與爛掉的醃漬草莓一塊上桌。（沒有洋蔥，也沒有抹烤模或麵糰的油！）

目前我正在讀《查理五世皇帝》，作者是哥廷根大學一位教授，他為了這本書投入了四十年的工夫，我用五天時間讀了五十頁，已經是我最快的閱讀速度，這本書有五百九十八頁，你可以算出我要花多少時間才能讀完。第二卷還沒算進去呢。不過……非常有趣！

一名女學生一天要做好多事！拿我做例子。首先，我把一段有關納爾遜最後一場戰役的文字從荷蘭語翻成英語。接著，讀了其他北方戰爭（一七〇〇年—一七二一年）的東西，捲入這場戰爭的有彼得大帝、查理十二世、強人奧古斯都、史坦尼洛斯．雷金斯基、馬采帕、馮．葛茲、布蘭登堡、西波美拉尼亞、東波美拉尼亞與丹麥，另外還得記那些事件的年代。接著，我來到巴西，巴伊亞菸草、盛產咖啡、里約熱內盧有一百五十萬人口、珀南布科、聖保羅，最後也很重要的——亞馬遜河。然後是黑人、黑白混血、拉丁與北美印地安混血、白人、文盲率（超過百分之五十），以及瘧疾。因為還有點時間，我瀏覽一張族譜：老約翰、威廉．路易、厄尼斯特．卡西米爾一世、亨利．卡西米爾一世，一直到年幼的瑪格麗特．法蘭西斯科（一九四三年在渥太華出生）。

十二點：在閣樓繼續讀書，讀到教長、教士、牧師、教宗與……哇，一點了！

兩點時，可憐的孩子（嗯哼）又繼續用功，接下來是舊大陸與新大陸的猴子。吉蒂，快告訴我，河馬有幾隻腳趾頭？

接著是聖經、諾亞方舟、閃、含、雅弗。之後，查理五世。接著，和彼得一起讀了薩克雷描述上校的那本書，這本書是英語的。做了一份法語考卷，接著比較密西西比河與密蘇里河！

今天就到這裡吧，再會。

安妮・M・法蘭克敬上

一九四四年四月二十八日星期五

親愛的吉蒂：

我從未忘記關於彼得・席夫的那個夢（請見一月初的日記）。即使現在，我還能感覺他的臉頰貼著我的臉頰，那股彌補其他一切的浪漫熱情。有時和這個彼得，我也有同樣的感覺，只是感覺不那麼強烈……直到昨晚。我們與往常一樣相互摟著坐在長沙發上，平日那個安妮突然溜走了，由第二個安妮取代，第二個安妮一點也不自負，一點也不風趣，只想要愛人，只想要溫柔。

我偎著他坐著，感覺一波情感浪潮襲上心頭，眼淚奪眶而出，左眼的淚水落在他的工作服上，右眼的從鼻子流到半空，最後掉在第一滴眼淚旁。他注意到了嗎？沒有任何動作顯示他注意到了。他與我有同樣的感受嗎？他幾乎不發一語。他明白身旁有兩個安妮嗎？我的問題沒有答案。

到了八點半，我起身走向窗戶，我們總是在那裡道別。我還在發抖，我還是第二個安妮。他走過來，我攬住他的脖子，親吻他的左臉，正準備親另一邊時，我的嘴碰到他的嘴，於是兩人嘴巴貼在一塊。在恍惚之中，我們擁抱，一次又一次，怎麼也無法分開，噢！

彼得需要柔情。他在生命中頭一次找到一個女孩，頭一次明白即使是最煩人的討厭鬼也有內在自我，也有一顆心，只要跟你獨處，就會改變。在生命中，他頭一次對另一個人付出自己與友誼，他過去從來沒有朋友，男女都沒有。現在我們找到了彼此，對我來說，我以前也不了解他，也沒有可以分享心事的朋友，現在則到了這個地步……

同一個問題始終糾纏著我：「這樣對嗎？」我這麼快就屈服了，如此熱情，和彼得一樣滿腔的激情與渴望，這樣對嗎？我，一個女孩子，可以放任自己到這個地步嗎？

只有一個可能的答案：「我太期待了……殷殷期待得太久了。我寂寞不已，如今終於找到了安慰！」

每天早上我們表現正常，下午也是，只有偶爾不一樣。可是，到了晚上，壓抑了整天的渴望，以及之前每一次的幸福與喜悅，都迅速浮到表面，我們只能想到彼此。每天晚上在我們最後一個吻之後，我都好想跑開，再也不看他的眼。跑開，孤獨地跑向遠方的黑暗！

在那十四級階梯底下，什麼正在等待著我呢？是明亮的光線、問話與笑聲。我必須表現出正常的樣子，希望他們不要察覺任何異樣。

我的心依然柔軟，無法迅速從昨晚那樣的震撼中恢復，溫柔的安妮難得露面，既然現身了，不準備一下子就被趕出門外。彼得觸動了我，觸動過去從未有人觸動的那一部分，除了在夢中！他抓住我，開啟我的心門。不是每個人都需要片刻的寧靜才能平復心情嗎？噢，彼得，你對我做了什麼？你想從我這裡得到什麼呢？

接下來會怎麼樣呢？哎，現在我懂貝普的心情了，我現在正在親身體會，我了解她的疑慮，如果我長大了，他想娶我，我的答案會是什麼呢？安妮，老實回答吧！妳不能嫁給他。但，放手太難了。彼得的個性還不成熟，意志力太薄弱，不夠勇敢，不夠堅強，他還是個孩子，情緒也不比我成熟。他只想要快樂與內心的寧靜。我真的只有十四歲嗎？我真的只是一個傻乎乎的女學生嗎？我真的什麼都經驗不足嗎？我比大多數人更有經驗，正經歷一些我這年紀的人幾乎不曾經歷的事。

我怕自己，怕我的渴望讓我太快屈服。以後跟其他男孩要怎麼辦呢？哎，太難了，感情與理智永遠在拉鋸，兩者各有它的時機，但我怎麼確定我選擇了對的時間點呢？

安妮·M·法蘭克敬上

一九四四年五月二日星期二

親愛的吉蒂：

在星期六晚上，我問彼得他認為我該不該把我們的事情告訴爸爸，討論之後，他認為我應該說出來。我很高興，這表示他很懂事，也很敏銳。因此我一下樓，就跟爸爸去提水，走到樓梯時，我跟他說：「爸爸，我想你早猜到了，我和彼得在一起時，並不只有坐在房間的兩頭，你想這樣做錯了嗎？」

爸爸停了一下才回答：「我想那樣沒什麼不對，但是安妮，你們住得這麼靠近，就像我們現在這樣，妳一定要小心！」他說了其他類似的話，然後我們就上樓了。

在星期日早上，他叫我過去，說：「安妮，我好好想過妳說的話。」（糟糕，我知道接下來他要說什麼了！）「在密室，你們這樣不太好，我以為你們只是朋友。彼得愛上妳了嗎？」

我回答：「當然沒有。」

「那麼，妳知道我了解你們兩人，妳必須稍微克制妳的行為，不要這樣經常上樓，盡量少鼓勵他，在這種事情上，一向由男方主動，由女方來決定底限。在外面，人是自由的，情況很不一樣。妳會認識其他男孩女孩，妳可以到戶外，參加運動和各種活動。但在這裡，如果你們老是在一起，想要分開也沒辦法，你們每天幾乎每小時都見面，根本是時時刻刻見到面。小心，安妮，別太認真！」

「我不會的，爸爸，但彼得是一個規矩的男孩，一個好孩子！」

「沒錯，但他個性不夠堅強，別人叫他做好事，他就做好事，別人叫他做壞事，他也會做壞事。為了他好，我希望他永遠保持善良，因為他本性是善良的。」

我們又談了一些，最後說好讓爸爸也找他談一談。

星期日下午，我們在前閣樓，彼得問：「安妮，妳跟妳爸爸說了嗎？」

我回答：「說了，我就通通告訴你吧，他認為這樣沒錯，但他說我們在這裡住得這麼近，可能會發生衝突。」

「我們說好了不吵架，我就不會跟妳吵架。」

「我也是，彼得。可是爸爸認為我們不是認真的，他認為我們只是朋友。你想我們還能做朋友嗎？」

「可以，妳呢？」

「我也可以。我還告訴爸爸我信任你。彼得，我信任你，就像我信任爸爸一樣。我想你值得我的信任，你值得的，對吧？」

「希望如此。」（他非常害羞，臉紅了起來。）

我繼續說：「我相信你，彼得，我相信你品行好，你以後會出人頭地。」

之後我們談了別的事，後來我說：「如果我們真離開了這裡，我知道你不會再想起我。」

他立刻激動起來。「安妮，不會的，噢，我不准妳把我想成那種人！」

這時有人叫我們。

在星期一，他告訴我，爸爸的確找他談過了。他說：「妳爸爸認為我們的友情可能會變成愛情，但我告訴他，我們會控制住自己。」

爸爸希望我別老往樓上跑，但我不聽，因為我喜歡跟彼得在一起，也因為我說過我信任他。我真的信任他，我想向他證明我信任他，如果因為缺乏信任而待在樓下，就永遠證明不了這一點。

不，我要上去。

在此期間，杜瑟爾那齣戲收場了。星期六晚餐時，他以優美的荷蘭語道歉，范・丹恩先生立刻跟他和好。杜瑟爾一定花了整天苦練他的演講。

星期日是他的生日，那一天安然度過。我們送他一瓶一九一九年份的美酒，范・丹恩夫婦（現在終於可以送禮了）給他一罐辣味泡菜，一盒刮鬍刀片。古格勒先生送一瓶檸檬糖漿（可調檸檬汁），蜜普送一本書：《小馬丁》，貝普送盆栽。他請每個人吃一顆蛋。

安妮·M·法蘭克敬上

一九四四年五月三日星期三

親愛的吉蒂：

首先是每週新聞！這陣子國內與國際政治都在放大假，所以無事報告，真的完全沒有。我慢慢也開始相信，就快登陸反攻了，畢竟他們不能把髒活都留給俄國人做吧，其實俄國人目前也沒在做什麼。

克萊曼先生現在每天進辦公室，他替彼得的長沙發弄到一組新彈簧，彼得必須動手換新彈簧，只是他根本沒那個心情，這並不奇怪。克萊曼先生也給貓咪拿了些跳蚤粉來。

我跟你提過了嗎？我們的波奇失蹤了，從上星期四，就再沒見過牠的影子。牠大概已經在貓天國了，某個愛動物的人把牠變成一頓美食。也許哪個買得起的女孩會戴著一頂用波奇的皮毛做成的帽子。彼得非常傷心。

這兩星期以來，我們星期六在十一點半吃午餐，早上就用一杯麥片粥打發。從明天開始將天天如此，這樣可以省掉一餐。蔬菜還是非常難弄到，今天下午我們吃爛掉的水煮萵苣。一般萵苣、菠菜與水煮萵苣，這裡就只有這些東西。如果加上爛掉的馬鈴薯，這一頓就跟國王吃的一樣了！

我的月經超過兩個月沒來，上星期日終於來了。雖然又會弄髒又很麻煩，我還是很高興它沒有遺棄我。

你一定可以想像，我們經常絕望地說：「戰爭有什麼意義？哎，人類為什麼不能和平共處呢？為什麼要這樣大肆破壞呢？」

這個問題可以理解，但目前為止沒有人想出令人滿意的答案。為什麼英國製造越來越大、越來越強的飛機和炸彈，同時又大批大批地重建新屋呢？為什麼每天花幾百萬在戰爭上，卻沒有一毛錢可以補助醫學研究、藝術家或窮人呢？當堆積如山的糧食在世界其他角落腐爛時，為什麼還有人必須挨餓呢？噢，為什麼人類這麼瘋狂呢？

我不信戰爭只是政治家與資本家搞出來的，噢，不，普通人也同樣有罪，否則各國人民早就造反了！人的心中有毀滅的衝動，有暴怒、謀害與殺人的衝動，除非所有的人——一個也不能例外——經歷徹底改變，否則戰爭會持續打下去，小心翼翼打造、培育與成長的每一件事，都會遭到破壞與摧毀，一切只能重新來過！

我經常心情跌落谷底，但不曾絕望。我把我們的藏匿生活看成一場趣味冒險，充滿危險與浪漫，每一種匱乏都為我的日記增添有趣的內容。我已經下了決心，要過與其他女孩不同的人生，以後不會成為平凡的家庭主婦。在這裡的經歷是有趣人生的美好起點，就是這個理由，唯一的理由，我必須笑看最危險時刻的滑稽一面。

我年輕，有許多潛質。我年輕堅強，正在經歷一場大冒險，也因為我正在冒險，更不能因為缺乏樂趣而成天抱怨！我有幸得到很多東西：快樂，爽朗的性情，力量。我每天都感覺自己更加成熟，我感覺自由就快來了，我感受到大自然的美麗，以及周遭人的善良。每天我都在想，這是多麼迷人有趣的一場冒險！既然這樣，我又何必絕望呢？

安妮・M・法蘭克敬上

一九四四年五月五日星期五

親愛的吉蒂：

爸爸生我的氣。我們星期日談過後，他以為我不會每天晚上都上樓了，他不許再有「Knutscherei」[31]。我不能忍受這個字眼。談這件事已經很難為情了——為什麼他還得讓我覺得難堪呢！今天我要找他談一談。瑪歌給了我一些忠告，以下是我大致想說的內容：

爸爸，我想你在等我解釋，我就跟你解釋吧。你對我失望，你以為我會更克制自己，你一定希望我表現得像一個十四歲少女應有的樣子。不過，這一點你錯了！

從我們到這裡以後，從一九四二年七月到幾星期前，我不曾有過自在的時刻。你要是知道我晚上經常哭泣，我多麼不快樂，多麼沮喪，多麼孤獨，你就會明白我想上樓的願望！我現在已經到了不需要媽媽或其他人支持的地步，這不是一夕之間發生的，而是經過漫長艱辛的掙扎，流下許多的淚水，才變成現在這樣獨立。你可以大笑，拒絕相信我，我不在乎。我知道我是一個獨立的人，我認為我的行動不需向你解釋。我告訴你，只是因為我不希望你認為我背著你做了什麼。不過，我只對一個人負責，那個人就是我。

當我碰到問題，每個人——包括你在內——全都閉起眼睛，捂住耳朵，沒有人願意幫我，我只聽到責備，聽到叫我別吵。我吵，只是不想讓自己一直那麼悲哀。我自負，是不想傾聽內心的聲音。過去一年半，我日復一日演著戲，從不抱怨，從不拉下面具，完全沒有，而現在……現在戰鬥

31. 原註：親吻愛撫。

結束了，我贏了！我獨立了，身心都獨立了，我再也不需要有個母親，我經歷掙扎，成為一個更堅強的人。

既然結束了，既然我知道我贏了戰鬥，我想走自己的路，沿著我認為對的道路前進。別把我看成十四歲的人，因為這些磨難已經讓我變得成熟，我不會後悔自己的行為，我要照著我認為應該的方式去做！

柔性勸導無法阻止我上樓。你要麼禁止我，要麼在任何情況都相信我。不管你怎麼做，就是別管我！

安妮・M・法蘭克敬上

一九四四年五月六日星期六

親愛的吉蒂：

昨天晚餐前，我把寫好的信塞到爸爸的口袋。據瑪歌說，他讀了信，煩惱了整個晚上（我在樓上洗碗盤！）。可憐的皮姆，我應該清楚這樣一封嚴肅的長信對他的影響，他是那樣敏感！我立刻告訴彼得，要他什麼都別問，也別再說任何事。皮姆再也沒和我提起這件事，他會找我談嗎？

這裡的一切或多或少恢復正常。詹、古格勒先生和克萊曼先生告訴我們物價與外面人的情況，我們幾乎都不敢相信，半磅茶要三百五十盾，半磅咖啡要八十盾，一磅奶油三十五盾，一顆蛋一・四五盾。民眾付十四盾買一盎司的保加利亞菸草！每個人都在黑市交易，每個跑腿小弟都有東西要賣，麵包店的送貨小弟還賣我們補衣服的羊毛，小小一束就要九十分錢。送牛奶的能弄到配給券，開殯儀館的送起乳酪。殺人、強盜、闖空門天天發生，連警察和守夜員也插上一腳。每個人都想把食物放進肚子，由於薪資凍結，大家只好招搖撞騙。警察每天忙得不可開交，追查許多十五、十六、十七歲、甚至年紀更大的女孩的失蹤案。

我想完成仙女艾倫那則故事，只是為了好玩。我可以在爸爸生日那天，連同所有著作權一併送他。

回頭見囉！（其實這句話並不正確，因為從英國發送的德語廣播，在結束時總是說Auf wiederhören[32]，所以我想我應該說「下次再寫」。）

安妮．M．法蘭克敬上

一九四四年五月七日星期日上午

親愛的吉蒂：

我和爸爸昨天下午長談時，我嚎啕大哭，他也哭了。吉蒂，你知道他對我說了什麼嗎？

「我這輩子收過很多封信，從沒有一封像這一封這麼傷我的心。妳，從父母得到了那麼多的愛，不管什麼事，妳的父母都永遠準備要幫助妳，永遠守護著妳，結果妳居然說妳的行為不用向我

32.原註：下次再聊。

們交代！妳覺得受了委屈，無依無靠，不，安妮，妳對我們太不公平了！」

「也許妳不是那個意思，但妳寫出來就是這個意思。不對，安妮，我們沒有做出應該受到這樣指責的事！」

哎呀，我竟然這樣辜負了爸爸，這是我這輩子做過最糟糕的事，我賣弄我的眼淚，讓自己顯得很重要，這樣他才會尊重我。我當然有我的憂愁，我說媽媽的每一件事也是真的，但皮姆這麼善良，為我做了一切，這樣指責他——不，我的話太殘忍了。

很好，終於有人教我分寸，挫挫我的銳氣，因為我太自以為是了。安妮小姐並非每件事都是對的！故意造成他人深刻的痛苦，還聲稱是愛對方的，這是卑劣的行為，最賤最賤的行為！

最叫我慚愧的，是爸爸原諒了我，他說會把信扔到火爐裡。他現在對我這麼慈祥，好像做錯事的人是他。哎呀，安妮，妳要學的事還很多，該開始學了吧，不要看不起人，老是怪別人！

我是嘗過許多悲傷，但我這年紀的人誰不是呢？我幾乎沒有意識到自己一直在裝模作樣。我是覺得孤獨，卻從來不曾絕望！爸爸不一樣，他曾拿刀子跑到街上想結束一切。我從來沒有絕望到那種地步。

我應該深感慚愧，我也的確很慚愧。覆水難收，但起碼我可以不要再讓這種事發生。我想重新開始，這應該不難，因為我有彼得，有他支持我，我知道我做得到！我不再孤單了，他愛我，我愛他，我有我的書本、我的寫作、我的日記。我不是很醜，也不是很笨，我有陽光般的個性，我要培養出良好的人格！

是的，安妮，妳很清楚，妳寫了一封無情又不真實的信，居然還引以自豪！我要再一次以爸爸為榜樣，讓自己變得更好。

安妮・M・法蘭克敬上

一九四四年五月八日星期一

親愛的吉蒂：

我跟你說過我們家族的背景嗎？我想沒有，所以讓我開始說吧。爸爸出生在美因河畔的法蘭克福，父母非常富裕。米謝爾・法蘭克開了一間銀行，成了百萬富翁，艾莉絲・史登的父母很出名，也很有錢。米謝爾・法蘭克一開始並不富裕，他白手起家。爸爸年輕時過著富家公子的生活，每週都是聚會、舞會、酒會、漂亮女孩子、華爾滋、晚宴、豪宅等等。爺爺過世後，大部分家產都沒了，再經過世界大戰與通貨膨脹，什麼都沒留下。戰爭前還有幾個有錢的親戚。所以爸爸受過良好的教育。昨天他忍不住大笑，因為活了五十五年，頭一次在餐桌上吃到連鍋底都刮得乾乾淨淨。

媽媽的家族沒那麼富裕，但也有點錢。聽到私人舞會、晚宴與兩百二十五位賓客的訂婚喜宴，我們都合不攏嘴。

我們現在離富裕很遙遠，但我把所有希望寄託在戰後。我可以向你保證，我不像媽媽和瑪歌那樣嚮往中產階級生活，我想在巴黎與倫敦待一年，學學語言，研究研究藝術史。瑪歌不一樣，她想去巴勒斯坦照顧新生兒。我憧憬華麗的衣服與迷人的人物，我跟你說過很多次，我想去看一看世界，從事各種刺激的活動，口袋有點錢也無妨！

今天早上，蜜普跟我們描述她星期六參加的表姊訂婚喜宴，她表姊的雙親很有錢，新郎更有菜、乳酪捲、葡萄酒、香菸，愛吃多少就吃多少。

蜜普喝了十杯杜松子酒，抽了三根菸——這是老倡導戒酒的那個人嗎？如果蜜普都喝了這麼多，真想知道她丈夫灌下多少？當然，喜宴上的每個人都有點醉醺醺的。有兩位「殺人隊」的軍官也到場替新人拍照，你看，蜜普從來沒有忘記我們，她立刻記下他們的名字與住址，怕有事發生，我們需要聯絡善良的荷蘭人。

我們流了滿地的口水。我們早餐只吃了兩匙麥片粥，當然是快餓死了。日復一日，我們只有半生不熟的菠菜（為了攝取維他命！）與爛掉的馬鈴薯。我們用來填飽空腹的，只有水煮萵苣、生萵苣、菠菜、菠菜、還是菠菜。也許我們最後會變得像大力水手卜派那樣強壯，只是目前還看不出任何跡象！

如果蜜普帶我們參加喜宴，其他客人一定沒有麵包吃，要是我們去了，我們會搶走看到的每一樣東西，包括家具。我告訴你，我們根本是想辦法從她嘴裡把那些字套出來，我們圍著她，好像這輩子從來沒聽過美食與高雅人似的！這些人還是知名百萬富翁的孫女呢，這個世界真是一個古怪的地方！

安妮・M・法蘭克敬上

一九四四年五月九日星期二

親愛的吉蒂：

我寫完了仙女艾倫那篇故事了。我把故事抄在精美的筆記紙上，用紅色墨水畫圖裝飾，最後把整疊紙縫在一起，一整本看起來相當漂亮，但不知道當生日禮物夠不夠。瑪歌和媽媽都寫了詩。

古格勒先生今天下午上樓來，帶來一個消息：從星期一起，布洛克斯太太每天下午會在辦公室待兩個小時。這還得了！這樣辦公室員工就不能上樓，馬鈴薯不能送來，貝普吃不到晚餐，我們不能上廁所，我們不能移動，還有其他各種的不便！我們提出各種擺脫她的方法，范．丹恩先生認為在她的咖啡放一顆藥效不錯的瀉藥也許有用。克萊曼先生回答：「不行，請不要那樣做，否則我們永遠無法讓她離開沼澤地！」

大家哄堂大笑。范．丹恩太太問：「『沼澤地』？什麼意思？」有人解釋，她天真爛漫地問：「可以這樣用嗎？」

貝普咯咯笑，「想想看，妳去蜂巢百貨公司買東西，問『沼澤地』在哪裡，他們還不知道妳在說什麼呢！」

套用這種說法的話，杜瑟爾現在每天十二點半準時坐在「沼澤地」，今天下午，我大膽拿了張粉紅色紙寫下：

杜瑟爾先生如廁時間表
每天早晨七點十五分到七點三十分
每天下午一點以後
其他時間因需求而定！

我趁他還在廁所時把紙釘在綠色廁所門上，我本來也可以加一句「違者將關禁閉！」因為我們的廁所從內從外都可以上鎖。

范・丹恩先生的最新笑話：

上了一堂關於亞當與夏娃的聖經課後，一名十三歲的男孩問父親：「爸爸，告訴我，我是怎麼生出來的？」

爸爸回答：「這個嘛，送子鳥從海裡把你叼出來，放到媽媽的床上，用力咬她的腿，媽媽流了很多血，只好在床上休息一星期。」

男孩不是十分滿意，跑去找他母親問：「媽媽，告訴我，妳是怎麼生出來的？我又是怎麼生出來的？」

他母親告訴他同樣的故事。他想聽更詳細的重點，最後跑去問祖父。他說：「爺爺，告訴我，你是怎麼生出來的？你女兒又是怎麼生出來的？」結果他第三次聽到一模一樣的故事。

當晚他在日記上寫：「經過仔細調查，我得出結論：我們家族最後三代都沒有性行為！」

我還有事要做，已經三點了。

安妮・M・法蘭克敬上

附筆：我想我跟你提過新來的清潔女工，我只是想記一下：她已婚，六十歲，耳朵重聽！考慮到我們藏匿的八人可能製造出的聲響，她非常適合。

噢，小吉，天氣真好，要是我能到外面該有多好！

一九四四年五月十日星期三

親愛的吉蒂：

昨天下午我們坐在閣樓複習法語，我突然聽到後方傳來水花濺起的聲音，便問彼得那是什麼聲音。他沒有停下來回答我，立刻衝上頂樓，也就是災難現場，穆鬚蹲在濕答答的貓砂旁，彼得把穆鬚推回牠該去的位置。一陣尖叫後，已經小便好的穆鬚逃到樓下。原來穆鬚想找類似貓砂的東西，結果找到一堆刨花，刨花底下的地板正好有一條裂縫。那攤水立刻滴到閣樓，好巧不巧落在馬鈴薯桶的裡面與旁邊。水從天花板滴下，因為閣樓地板也有不少裂縫，少數黃色液體滲過天花板，滴到餐桌上，落在一堆襪子和書本中間。

我笑彎了腰，那情景太好笑了。穆鬚蜷伏在椅子底下，彼得拿了水、漂白粉與布處理，范．丹恩先生設法讓大家冷靜下來。房間很快整理好，但大家都知道貓尿臭氣沖天，很快馬鈴薯就證明了這一點，刨花也是，爸爸把刨花裝在桶子，拿下樓燒了。

可憐的穆鬚！你怎麼知道我們現在沒辦法弄到泥炭做你的貓砂呢？

安妮

一九四四年五月十一日星期四

親愛的吉蒂：

一則新的小品博你一笑：

彼得得理頭髮，跟往常一樣，他媽媽擔任理髮師。在七點二十五分，彼得進他的房間，七點半的鐘響時，他又出現，脫得只剩藍色泳褲和運動鞋。

他問他媽媽：「妳要來了嗎？」

「對，馬上上去，可是我找不到剪刀！」

彼得幫她找，在放化妝品的抽屜東翻西找。她抱怨：「彼得，別弄得亂七八糟。」

我沒聽見彼得的回答，但一定是什麼沒大沒小的話，因為她用力打彼得的手臂，彼得打回去，她又用全身力量給彼得一拳，彼得收回手臂，裝出一臉震驚的表情。「來啊，老太婆！」范．丹恩太太停在原地不想動，彼得卻抓緊她的兩隻手腕，拉她滿屋子轉。她又笑又哭，又罵又踢，怎樣也掙脫不了。彼得拉著他的俘虜到了閣樓樓梯，才不得不放開她。范．丹恩太太回到房間，呼地嘆了一聲氣，癱在椅子上。

我開玩笑說：「Die Entführung der Mutter.」[33]

「對，可是他抓得我好痛。」

我上前看看，拿水冰一冰她紅熱的手腕。彼得還在樓梯旁，又開始不耐煩，大步走進房間，手上拿著皮帶，像馴獸師一樣。范．丹恩太太沒動，留在寫字桌旁找手帕。「你必須先道歉。」

「好吧，我特此表示歉意，但我道歉只有一個原因，因為不道歉的話，我們會在這裡耗到三更半夜。」

范．丹恩太太忍不住噗哧笑了。她站起來往門口走去，到了門口，又覺得必須跟我們解釋解釋（我們指的是我和爸爸媽媽，我們正忙著洗碗盤）。她說：「他在家不是這樣的，我用皮帶用力抽他，他會飛奔下樓（！）。他從來不曾這樣沒大沒小，這也不是第一次我應該好好揍他一頓，現代教育、現代子女就是這樣，我從來沒有這樣用力抓住我母親。法蘭克先生，你曾經這樣對待你的母親嗎？」她很心煩，踱來踱去，想到什麼就說什麼，還是沒上樓去，過了大半天，才終於走了。

過了不到五分鐘，她衝下樓，鼓著臉頰，把圍裙扔到椅子上。我問她理好了嗎？她回答說要下樓去。她像一陣龍捲風衝到樓下，大概直撲她的普提的懷裡吧。

她直到八點才又上樓來，這次跟丈夫一塊。彼得被拖出閣樓，劈哩啪啦受到一頓無情的指責辱罵：沒教養，一無是處，臭小子，壞榜樣，安妮這個，瑪歌那個。其餘的我聽不下去。

今晚一切似乎又平靜下來了！

安妮．M．法蘭克敬上

附筆：星期二與星期三晚間，我們敬愛的女王向全國發表談話，她正在度假，將健健康康返回荷蘭，她說了像是「不久，我回到荷蘭時」、「迅速解放」、「勇氣」與「沉重負擔」等話。

接著是總理戈布蘭迪演說，他聲音又尖又細，像小孩的嗓音，媽媽一聽，不由自主發出「哦——哦」的聲音。有位一定向艾德爾先生借了聲音的神職人員作結，請求上帝照顧猶太人、所有淪落集中營的人以及在德國工作的每個人。

33. 原註：意為「母親的誘逃」，可能典出莫札特的歌劇《後宮誘逃》（*The Abduction from the Seraglio*）。

一九四四年五月十一日星期四

親愛的吉蒂：

因為我把整個「廢物盒」（包括鋼筆）留在樓上，而且我在大人午睡時（到兩點半）不准打擾他們，只好勉強用鉛筆寫信給你囉。

聽起來也許很奇怪，我現在忙得要命，沒有時間完成堆積如山的工作。要不要我簡單告訴你我得做的事？好吧，明天以前，我必須讀完伽利略傳記第一冊，因為得還圖書館了。我昨天開始讀，一共三百二十頁，已經讀完了兩百二十頁，所以應該可以讀得完。下星期我必須讀《十字路口的巴勒斯坦》與伽利略第二冊。此外，我昨天讀完了皇帝查理五世傳記的第一冊，還得整理我收集的許多族譜與筆記。接下來，有三頁從好幾本書記下的外文生字必須抄好、背熟、朗讀。第四：我的電影明星照片亂七八糟，非常需要整理，整理需要幾天時間，而安妮教授剛才已經說過了，她忙得不可開交，所以它們只好再忍一會兒這種混亂狀態。接著，希臘神話人物特修斯、伊底帕斯、珀琉斯、奧菲士、傑森和赫克里斯全等著整頓，因為他們的種種事蹟在我腦海交織，如裙子上的彩色絲線。麥隆與菲迪亞斯也非常需要照顧，否則我會完全忘了他們跟時代的關係。其他的歷史也是同樣情況，例如七年戰爭與九年戰爭，現在我通通快要搞混了。哎，誰叫我記憶力這麼差呢！可想而知，等八十歲時，我會多麼健忘！

噢，還有一件事。聖經。我要多久才能讀到蘇珊娜出浴的故事？還有，所多瑪與蛾摩拉是什麼意思呢？噢，還有好多要發掘學習的東西。在這段期間，我已經丟下帕拉丁公主夏洛特不管了。

吉蒂，你看得出來我要爆裂了，是不是？

現在說點別的。你早知道，我最大的心願是成為記者，之後再成為知名的作家，這些偉大的幻想（或妄想）會不會成真，只能等著瞧。不過，我目前並不缺題目，不管怎樣，戰爭結束後，我想出一本叫《密室》的書，能不能如願以償還不知道，但可以用日記做基礎。

我也得完成〈卡蒂的一生〉，我想好剩下的情節了。在療養院治好病後，卡蒂回家繼續寫信給漢斯，當時是一九四一年。不久，她發現漢斯支持納粹，由於卡蒂十分關心猶太人與友人瑪麗安的苦難，兩人開始越走越遠。後來他們相遇復合，結果漢斯跟另一個女孩交往，兩人又分手。凱蒂心煩意亂，她想有個好工作，於是開始學習護理，取得合格證書後，在父親朋友的敦促下，接受一個職位，到瑞士一家肺結核療養院擔任護士。第一次放假時，她前往科莫湖，巧遇了漢斯。漢斯告訴她，兩年前他娶了在凱蒂之後的那個女朋友，但太太在一次憂鬱症發作中自殺了。現在他又見到小卡蒂，發現自己深愛著她，所以再度向她求婚。卡蒂還是像以前一樣愛他，可是自尊阻止了她，因此違背自己的心意拒絕了。漢斯走了，幾年後，卡蒂得知他在英國，病魔纏身。

卡蒂二十七歲時，嫁給一個名叫西蒙的有錢人，也漸漸愛上他，只是不像愛漢斯那樣深。她生了兩個女兒、一個兒子，莉莉安、茱蒂絲與尼科。她和西蒙在一起很幸福，但漢斯一直藏在她的心底，直到有一天晚上在夢中與他道別。

這可不完全是多愁善感的無聊故事，而是根據爸爸的人生故事編寫的。

安妮·M·法蘭克敬上

一九四四年五月十三日星期六

我最親愛的吉蒂：

昨天是爸爸的生日，也是爸爸媽媽結婚十九週年紀念日，清潔女工不在……陽光燦爛，好像在一九四四年從未閃耀過光芒。我們的栗樹開滿了花，樹葉茂密，竟然比去年還美麗。

克萊曼先生送爸爸一本林奈的傳記，古格勒先生送一本關於自然的書，杜瑟爾送《阿姆斯特丹運河》。范．丹恩夫婦送了一個大盒子（包得非常漂亮，說是出自專家之手也不為過），裡面有三顆雞蛋、一瓶啤酒、一罐優格、一條綠色領帶，害我們送的那罐糖蜜顯得相當遜色。比起蜜普和貝普合送的紅色康乃馨，我的玫瑰好香好香。大家對爸爸實在太好了。西蒙思糕餅店送來五十個糖衣小蛋糕，好好吃！爸爸也請我們吃香料蛋糕，請男人喝啤酒，請女士吃優格。每件事都棒極了！

安妮．M．法蘭克敬上

一九四四年五月十六日星期二

我最親愛的吉蒂：

換換口味（既然我們已經好久沒有碰到這種事），我來描述范．丹恩先生與范．丹恩太太昨晚的一段簡短討論：

范．丹恩太太：「德國人有很多時間加強大西洋壁壘的防禦工事，他們一定會竭盡所能抵擋英國人。德國人這麼強，真叫人吃驚！」

范．丹恩先生：「哦，是啊，叫人吃驚！」

范．丹恩太太：「的確是啊！」

范．丹恩先生：「這麼強大，最後一定會打贏這場戰爭，妳是這個意思嗎？」

范．丹恩太太：「他們可能打贏，我不信他們不會。」

范．丹恩先生：「我懶得回應妳那句話。」

范．丹恩太太：「你最後都會回應的，你每一次都失去理智。」

范．丹恩先生：「才沒有，我總是盡量少答腔。」

范．丹恩太太：「但你總是有答案，你總是非對不可！你的預測幾乎從來沒有成真過，你明知道的！」

范．丹恩先生：「到目前為止都成真了。」

范．丹恩太太：「才沒有，你說去年就會開始登陸反攻，芬蘭人現在應該已經退出戰局，義大利的戰役去年冬天就該結束，俄國人應該已經占領利沃夫。哼，我才不把你的預言當一回事。」

范．丹恩先生（迅速站起來）：「妳就不能有一次閉上妳的嘴？我會讓妳知道誰是對的，妳這樣刺激我，有一天會累的，我再也無法忍受妳的牢騷，等著吧，有一天我會叫妳收回說過的話！」（第一幕終。）

我實在忍不住咯咯笑了起來，媽媽也是，連彼得都咬著嘴唇以免笑出聲音。哎呀，這些愚蠢的大人，他們總得先學幾樣東西，才好開口大肆評論年輕一代吧！

從星期五開始，我們晚上又讓窗戶開著了。

安妮．M．法蘭克敬上

密室家族的興趣（課程與讀物的系統調查）

范．丹恩先生：沒上課。經常查閱科瑙爾出版社的百科全書與字典，喜歡閱讀偵探小說、醫學書籍與愛情故事，精采的與無聊的都看。

范．丹恩太太：上英語函授課程。喜歡閱讀傳記小說，偶爾看看其他種類的小說。

法蘭克先生：正在學英語（狄更斯！）與一點拉丁語。從不讀小說，但喜歡嚴肅且有點枯燥的人物與地方描述。

法蘭克太太：英語函授課程。什麼都讀，除了偵探小說。

杜瑟爾先生：正在學英語、西班牙語與荷蘭語，卻沒有顯著的成績。什麼都讀，附和多數人意見。

彼得．范．丹恩：正在學英語、法語（函授課程）、荷蘭語、英語及德語速記、商業英語書信、木工、經濟學，有時加上數學。很少閱讀，有時讀讀地理書。

瑪歌．法蘭克：英語、法語及拉丁語通訊課程，英語、德語及荷蘭語速記，數學、立體幾何、力學、物理、化學、代數、幾何、英國文學、法國文學、德國文學、荷蘭文學、簿記、地理、現代史、生物、經濟學。什麼都讀，偏愛宗教與醫學類。

安妮．法蘭克：法語、英語、德語及荷蘭語速記，幾何學、代數、歷史、地理、藝術史、神話、生物、聖經史、荷蘭文學。喜歡閱讀傳記，枯燥與有趣的都讀，還有歷史書（有時讀讀小說與閒書）。

一九四四年五月十九日星期五

親愛的吉蒂：

昨天我很虛弱，嘔吐（誰不吐，居然是我吐了！），頭痛，胃痛，以及其他你能想到的任何症狀。我好餓好餓，但我想我不會吃晚餐的豆子。

我和彼得之間很好，可憐的男孩，比我還需要溫柔，每天晚上得到晚安之吻時，還是要臉紅，然後要求再吻一下。我只是波奇的替代品嗎？更好的替代品嗎？我不介意，光是知道有人愛他，他就快樂了。

千辛萬苦征服到手後，我已經稍微跳開那個情境，可千萬別以為我的愛已經冷卻下來。彼得那樣可愛，但我已經用力關上心門，如果他想再次強行打開門鎖，得用更堅固的鐵橇！

安妮．M．法蘭克敬上

一九四四年五月二十日星期六

親愛的吉蒂：

昨晚我從閣樓下來，一進房間，就注意到那瓶美麗的康乃馨翻倒了，媽媽正跪在地上擦水，瑪歌從地上打撈起我的文件。我焦急地問：「怎麼回事？」心中有種不祥的預感。她們還沒回答，我已經穿過房間，推估了一下損失。我全部的族譜檔案、我的作業簿、我的課本，所有東西都泡了水。我差點哭出來，苦惱得開始說德語。我完全想不起說了什麼，據瑪歌說，我一直含糊說著什麼

「unübersehbarer Schaden, schrecklich, entsetzlich, nie zu ersetzen」[34]等等的話。爸爸噗哧笑了起來，媽媽和瑪歌也笑了，可我好想哭，因為我所有的作品和詳細的筆記都沒了。

我再仔細查看，幸好，「無法估計的損失」沒有我所想的那樣嚴重。我到閣樓，小心翼翼把黏在一塊的紙撕開，掛在曬衣繩上晾乾。那情景好好笑，連我都笑了。梅第奇的瑪利亞與查理五世並排，奧倫治的威廉與瑪麗．安托瓦內特在一起。

范．丹恩先生開玩笑說：「這是Rassenschande[35]。」

我把這些紙託付給彼得照顧，回到樓下。

我問瑪歌：「哪些書毀了？」她正在檢查。

瑪歌說：「代數。」

不過，非常倒楣，代數課本其實並沒有完全毀了，真希望當時它正好掉到花瓶裡。我最討厭的書就是這一本了，封面內側寫了在我之前用過這本書的女孩名字，起碼二十個，整本書破舊發黃，到處是塗鴉、塗改和槓掉的字。下次心情惡劣時，我要把這讓人火大的東西撕個爛碎！

安妮．M．法蘭克敬上

一九四四年五月二十二日星期一

親愛的吉蒂：

在五月二十日那天，爸爸賭輸了，必須賠范．丹恩太太五罐優格，因為登陸反攻還未展開。我可以很放心地說，全阿姆斯特丹，全荷蘭，甚至全歐洲西岸往南一直到西班牙，都一天到晚討論登陸，爭論、打賭……期待。

焦慮的心情已經沸騰，當然，不是每個我們認為「善良」的荷蘭人都對英國人保持信心，也不是人人都認為英國的虛張聲勢是戰略高招，不，不，民眾要的是行動——偉大英勇的行動。

大家都目光短淺，沒人想到英國人正在為自己的國家、自己的人民奮戰，每個人都以為盡快拯救荷蘭是英國的責任，英國人對我們有什麼義務呢？荷蘭人做了什麼，應該得到他們明顯殷殷期待的慷慨救助呢？噢，不，荷蘭人大錯特錯。英國人雖然虛張聲勢，但他們對戰爭的責任，並不多於其他現在被德國人占領的大小國家。英國人不想辯解，沒錯，德國重新武裝的那幾年，英國人在睡覺，但是其他所有國家，尤其與德國接壤的國家，也在睡覺啊。英國與世界其他國家已經發現，把頭埋在沙裡是行不通的，現在每個國家，尤其是英國，都必須為其鴕鳥策略付出慘痛的代價。

沒有哪一個國家會平白無故犧牲自己的人民，為了其他國家的利益，那更是不可能的，英國也不例外。反攻、解放與自由總有一天會到來，但英國將會選擇這個時機，而非遭到占領的國家。

讓我們非常難過氣餒的是，聽說許多人已經改變對我們猶太人的態度。有人告訴我們，反猶主義在以前想像不到的圈子突然冒出，大家都深深受到這件事的影響。這股仇恨的理由是可以理解的，也許甚至合乎人性，可仇恨並不因此就會變成是對的。基督徒說，猶太人向德國人告密，舉發

34. 原註：無法估計的損失，好可怕，好糟糕，無法彌補。

35. 原註：公然侮辱純種計畫。譯註：此為納粹用語。希特勒相信亞利安人（Aryans）為最優秀的人種，推動純種計畫保護血統，立法禁止亞利安人與其他種族通婚生子。

幫助他們的人，害得許多人遭受可怕的命運與懲罰。這是事實沒錯，但跟所有事情一樣，他們應該也從另一個角度考慮：基督徒如果身在我們的處境，會有不同的做法嗎？不管是猶太人還是基督徒，有誰能夠在面對德國壓力時保持緘默呢？大家都知道這實際上是不可能的，所以，他們為何要求猶太人做不可能做到的事呢？

在地下圈子裡正在流傳的說法是，戰前移民到荷蘭且已經被送去波蘭的德國猶太人，以後不准回到這裡。他們此刻在荷蘭獲得庇護，可是希特勒完蛋後，他們應該回德國去。

聽到那種話，你會開始懷疑我們為什麼要打這一場漫長而艱辛的戰爭。老是有人告訴我們，我們是為自由、真理與正義而戰！戰爭都還沒結束呢，已經出現衝突，猶太人被視為次等生物。啊，可悲，非常可悲，那句古老的諺語被證實了無數次：「一個基督徒的行為，是他自身的責任；一個猶太人的行為，則影響了所有猶太人。」

老實說，我不懂，荷蘭人這樣一個善良、誠實與正直的民族，怎麼會以這種的態度審判我們——我們是世界上最受壓迫、最不幸、最可憐的民族。我只有一個希望：這股反猶風潮只是暫時的，荷蘭人會展現本色，永遠不悖離心中的正義，因為這是不公正的！

要是他們真實行這可怕的威脅，還留在荷蘭的一小批猶太人非離開不可，我們也只能扛起包袱出發，離開這個美麗的國度，這個曾經如此友善接納我們，而今卻背棄我們的國家。

我愛荷蘭，我曾經希望它成為我的祖國，因為我已經失去自己的祖國。我仍然如此希望！

安妮·M·法蘭克敬上

一九四四年五月二十五日星期四

親愛的吉蒂：

貝普訂婚了！這個消息並不怎麼意外，不過我們也沒有人特別高興。貝爾圖斯也許是個善良、踏實又健壯的年輕人，但貝普並不愛他，對我來說，這一個理由就足以勸她別嫁給他。貝普想有一番作為，貝爾圖斯卻一直拖住她。貝爾圖斯是工人，沒有出人頭地的興趣或欲望，我認為這樣不會帶給貝普幸福。我可以了解為什麼貝普不想再猶豫，四星期前，她決定跟他一刀兩斷，結果心裡更難受，所以寫了封信給他，現在還訂婚了。

有幾個因素促成這場訂婚。第一，貝普生病的父親非常喜歡貝爾圖斯。第二，她是佛斯哥耶爾家的長女，她媽媽笑她變成了老處女。第三，她剛滿二十四歲，這對貝普來說意義重大。

媽媽說，貝普如果只是跟貝爾圖斯談談戀愛，那樣會更好。我不知道，我替貝普感到難過，也懂得她的寂寞。無論如何，他們只能等到戰後才結婚，因為貝爾圖斯也躲了起來，或至少現在算在從事地下活動。再說，他們名下沒有半毛錢，也沒有什麼嫁妝。貝普的前途堪憐，我們都深深祝福她。我只能希望貝爾圖斯在她的影響下有所長進，或者貝普找到另一個懂得欣賞她的人！

安妮．M．法蘭克敬上

同一天

每天都有事發生。今天早上，范．霍文先生被逮捕了，他家裡藏了兩名猶太人。這對我們是個沉重的打擊，不只因為那些猶太人再次如臨深淵，也因為這對范．霍文先生也是一件可怕的事。

這個世界黑白顛倒，剛正不阿的人被送去集中營、監獄與淒涼的牢房，卑鄙無恥的人統治老幼貧富。有人在黑市交易被捕，有人因為藏匿猶太人或其他不幸者被抓，除非你是納粹，否則不知道明天會有什麼事發生在自己身上。

范．霍文先生的事對我們也是一大損失，貝普不可能大老遠拖一大堆馬鈴薯過來，也不應該這樣做，所以我們唯一的選擇就是少吃馬鈴薯。告訴你我們的打算，但這麼做，這裡的日子絕對不再令人愉快。媽媽說，以後我們跳過早餐，午餐吃燕麥粥和麵包，晚餐吃炒馬鈴薯，可能的話，每星期吃一次或兩次蔬菜或萵苣。這就是全部的了。我們會餓肚子，但再糟也糟不過被抓走。

安妮．M．法蘭克敬上

一九四四年五月二十六日星期五

我最親愛的吉蒂：

好不容易，我總算可以安靜坐在窗框裂縫前的書桌，把我想說的每一件事寫給你知道。

這幾個月來，我不曾如此痛苦過。即使是那次有人闖進門，我的情緒也不曾低落到谷底。一邊是范．霍文先生的消息、猶太人的問題（屋子每個人都在詳細討論）、登陸反攻（遲遲不見動靜）、糟糕的伙食、緊張的情緒、悲慘的氣氛、我對彼得的失望。另一邊是貝普的訂婚、聖靈降臨節聚會、花、古格勒先生的生日、蛋糕、關於歌舞餐廳、電影與音樂會的故事。這種落差，這種巨大的落差永遠存在。今天我們笑看藏匿生活好笑的一面，明天（這種日子太多了）我們驚恐、害怕、緊張與絕望都寫在臉上。

蜜普和古格勒先生為我們承受最重的負擔。蜜普為所有躲著的人做了她能做的每一件事，古格勒先生為我們八人扛起巨大的責任，責任有時壓得他喘不過氣，壓抑的緊張與過度的操勞也讓他說不出話。克萊曼先生和貝普同樣非常照顧我們。但他們可以把密室拋在腦後，哪怕只有幾個小時、幾天也好。他們有自己的煩惱，克萊曼先生有健康問題，貝普要面對訂婚的事（目前看來不甚樂觀），但也可以出門走走，拜訪朋友，他們日常生活跟平常人一樣，所以偶爾能夠紓解壓力，即使只是短暫的。而我們無法解除壓力，永遠不能，住在這裡的兩年內，一次也沒有。這種難以忍受的壓力一天天增強，還要壓著我們多久呢？

水管又塞住了。我們無法用自來水，開了也只是一滴滴地流。我們不能沖馬桶，所以必須用馬桶刷。我們把髒水倒進一個大陶罐，今天還能應付，如果水管工人無法一個人修好，怎麼辦呢？他們要到星期二才能來修水管。

蜜普送我們一條黑醋栗麵包，上頭寫著「聖靈降臨節快樂」，幾乎像在嘲笑我們，因為我們的心情與擔心一點也不「快樂」。

自從范．霍文事件後，大家變得提心吊膽，到處又能聽到「噓」的聲音，做什麼都更安靜。警察破門進入他家，所以也能夠輕易破門進入這裡！如果我們也……那怎麼辦呢？不，我不可以寫出來。但這問題今天怎樣也揮之不去，我心中的恐懼都在眼前逼近，好可怕。

今晚八點，我必須自己下樓上廁所。下面沒有人，因為他們全在聽收音機。我想要勇敢，但好難。我一直覺得樓上比那安靜的大房子安全，一個人聽著樓上傳來的模糊神秘聲響，還有街上嘟嘟嘟的喇叭聲，我就得趕快動作，提醒自己身在何處，才不會格格發抖。

蜜普跟爸爸談過後，對我們更好了，不過我還沒告訴你那件事。有一天下午，蜜普滿臉通紅上樓來，開門見山問爸爸，我們是不是認為他們也受到目前反猶思想的影響。爸爸很震驚，立刻勸她不要這樣想，可是蜜普心中還是留著一絲疑心。他們現在更勤快跑腿，更關心我們的困難，雖然我們絕對不能用我們的不幸麻煩他們。噢，他們真是又善良又高貴！

我一次又一次問自己，我們如果沒有躲起來，如果我們現在死了，就不必經歷這些痛苦，尤其是不必給人造成這麼多的麻煩，這樣是不是更好呢？但我們都不敢這樣想，我們仍然熱愛生命，我們還沒忘記大自然的聲音，我們持續期盼，期盼……一切。

快點發生什麼事情吧，空襲也好。沒有什麼比這種焦慮更難熬的了。不管結局多麼殘酷，結局快來吧，起碼我們知道自己到底是勝利者，還是被征服者。

安妮・M・法蘭克敬上

一九四四年五月三十一日星期三

親愛的吉蒂：

星期六、星期日、星期一和星期二太熱了，我連鋼筆都握不住，所以無法寫信給你。星期五水管塞住，星期六通好了，克萊曼太太下午來看我們，告訴我們很多朱佩的事，她和賈姬・范・馬森參加同一個曲棍球俱樂部。星期日，貝普來了一趟，確定沒有人再次闖入，然後留下來吃早餐。在星期一聖靈降臨節，吉斯先生擔任密室守門員，星期二我們終於獲准打開窗戶。我們難得度過一個這樣美麗溫暖的聖靈降臨節，說「熱」可能比較貼切。在密室，炎熱的天氣是很可怕的，我簡短描述一下這幾天悶熱的情形，你就會了解為什麼有這麼多的抱怨。

星期六：「太棒了，多麼好的天氣。」早上大家都這麼說。下午得關上窗戶時，我們改說：「要是不那麼熱就好了。」

星期日：「熱得受不了，奶油融化了，屋裡沒有一個角落是涼快的，麵包要乾掉了，牛奶要酸掉了，窗戶不能打開。其他人都在享受聖靈降臨節假期，我們這些無家可歸的可憐人快要窒息了。」（范．丹恩太太的話。）

星期一：「我腳好痛，我沒有涼快的衣服穿，這麼熱，我怎麼洗碗盤！」一整天聽人從早抱怨到晚，真慘。

我很怕熱，好高興今天起風了，可是陽光還是那麼強烈。

安妮．M．法蘭克敬上

一九四四年六月二日星期五

親愛的吉蒂：

「要上閣樓，帶把雨傘，最好是把大傘！」以免淋到「家庭陣雨」。荷蘭有句諺語：「高處乾爽，平安無事。」這句話顯然不適用於戰時（槍砲！）與躲起來的人身上（貓砂！）。穆鬚養成一個習慣，在報紙或地板裂縫中間撒尿，我們當然會怕濺出來的貓尿，更糟的是那股惡臭。倉庫新來的貓咪莫奇也有同樣的問題。如果你家裡養過還沒受過如廁訓練的貓，就能想像整間屋子除了胡椒與百里香的氣味，還瀰漫著那種味道，是怎樣的感受了。

我又有一個對抗槍聲恐慌症的新處方：槍聲太大時，趕往最近的木梯，跑上跑下幾回，而且至少一定要跌倒一次。跑來跑去跌倒會產生摩擦聲和其他聲響，你就不會去注意槍聲，更不用擔心了。鄙人我已經試過這道神奇藥方，十分有效！

安妮・M・法蘭克敬上

一九四四年六月五日星期一

親愛的吉蒂：

密室出現新問題。杜瑟爾與法蘭克家為了分配奶油而吵架，杜瑟爾投降，與范・丹恩太太發展出親密友誼，兩人打情，罵俏，親吻，送上友善的微笑。杜瑟爾開始渴望女性的友誼。

范・丹恩夫婦不懂，為什麼我們該替古格勒先生的生日烤一個香料蛋糕，因為我們自己生日都沒有蛋糕吃了。真是小氣！樓上的氣氛：糟糕。范・丹恩太太感冒，杜瑟爾被逮到原來他有啤酒酵母片，我們一片也沒有。

第五軍團拿下羅馬，沒有破壞這座城市，也沒有轟炸它，這等於是幫希特勒大肆宣傳。

馬鈴薯與蔬菜非常非常少，一條麵包發霉了。夏明克奇（倉庫新來的貓的名字）受不了胡椒，睡在貓砂上，在刨花上方便，沒辦法養牠。

天氣很糟。持續轟炸加萊海峽與法國西岸。

沒有人買美元，黃金更沒有人有興趣。我們的黑色錢箱已經見底，下個月要靠什麼過活呢？

安妮・M・法蘭克敬上

一九四四年六月六日星期二

我最親愛的吉蒂：

「今天是大日子。」十二點時，ＢＢＣ宣布：「就是今天。」盟軍開始登陸反攻了！

今天早上八點，英國報導說，加萊、布洛涅、勒阿佛爾和樹堡受到猛烈轟炸，加萊海峽也是（跟平常一樣）。另外，占領區採取預防措施，提醒住在離海岸二十英里內的人提防轟炸。可以的話，英國會在一個小時前投下傳單。

根據德國新聞，英國傘兵已經在法國海岸登陸。根據ＢＢＣ的說法：「英國登陸艇正在與德國海軍交戰。」

九點早餐時，密室得出結論：這是一次登陸模擬，就像兩年前在迪普的那一次。

十點時，ＢＢＣ以德語、荷蘭語、法語和其他語言廣播：開始登陸進攻了！所以這次「真的」登陸了。ＢＢＣ在十一點以德語播送盟軍最高統帥杜懷特·艾森豪將軍的演說。

ＢＢＣ用英語廣播：「今天是登陸日。」艾森豪將軍對法國人民說：「激戰即將展開，此役之後即是勝利，一九四四年是全面勝利的一年，祝各位好運！」

ＢＢＣ在一點用英語廣播：一萬一千架飛機來回穿梭，或準備越過敵方防線空降部隊執行轟炸；四千艘登陸艇與小船陸續抵達樹堡和勒阿佛爾之間的地區，英軍與美軍已經與敵軍劇烈交戰。戈布蘭迪、比利時總理、挪威哈康國王、法國的戴高樂、英國國王都發表演說，最後還有邱吉爾。

密室一陣騷動！長久等待的解放真的開始了嗎？解放？大家談了這麼久，這一刻依然太美好，太像童話，似乎永遠不會成真。這一年，一九四四年，將會為我們帶來勝利嗎？我們還不知道。但，有希望，就有生命。這股希望讓我們重新鼓起勇氣，讓我們再度堅強。我們必須勇敢忍受即將來臨的許多恐懼、艱難和痛苦，現在最重要的是保持冷靜與堅定，咬緊牙關，處變不驚！法國，俄國，義大利，甚至德國，可以痛苦大叫，我們沒有那個權利！

噢，吉蒂，登陸最好的一件事，就是我覺得朋友就要到來了。那些可怕的德國人壓迫威脅我們太久了，朋友與得救對我們代表了一切的意義！現在，不只關係到猶太人，還有荷蘭與被占領的歐洲。瑪歌說，說不定我九月或十月就能回學校了！

安妮・M・法蘭克敬上

附筆：我會一直向你報告最新消息！

今天早上和昨天晚上，稻草和橡膠做的假人從空中落到德軍防線後面，一觸地就爆炸。許多傘兵也降落了，他們把臉塗黑，在黑暗中才不會被人看見。夜間法國海岸被投了五千五百噸炸藥，在清晨六點，第一艘登陸艇上岸。今天有兩萬架飛機在戰鬥。德國海岸砲臺在登陸前就遭到破壞，盟軍已經建立一個小灘頭據點。一切順利，雖然天氣很糟。軍民「同心同德」。

一九四四年六月九日星期五

親愛的吉蒂：

登陸反攻有了天大的好消息！盟軍已經拿下法國海岸一個叫貝約的村子，現在正在進攻康城。他們顯然打算切斷樹堡所在的半島。每天晚上，戰地記者報導軍隊的辛苦、勇氣與奮鬥精神，為了採訪新聞，他們做出驚人之舉。幾位已經返回英國的傷兵也上廣播，雖然天氣很糟，飛機頻繁來回飛行。從BBC，我們得知邱吉爾在登陸日原本也想跟部隊一塊登陸，但艾森豪和其他將領勸他打消這個念頭，想想看，年紀這麼大的人居然這麼勇敢——他起碼有七十歲了！

這裡的興奮已經平靜下來，我們還是期待戰爭會在年底全面結束。也該是時候了吧！范．丹恩太太整天嘮叨，讓人受不了，她現在不能再拿登陸來氣瘋我們，成天咳聲嘆氣，抱怨天氣不好。但願能把她扔到一桶冷水裡送上頂樓！

除了范．丹恩先生和彼得，密室每個人都讀了《匈牙利狂想曲》三部曲，這是作曲家、鋼琴大師及音樂神童法蘭茲．李斯特的傳記，非常有趣，只是我覺得有點太過著重女人的部分。李斯特是他那時代最偉大且最出名的鋼琴家，也是最風流的情場老手，到了七十歲還是這樣。與他有過風流韻事的包括：女公爵瑪麗．達古、公主卡洛琳．賽恩—維根斯坦、舞蹈家勞拉．蒙提茲、鋼琴家艾格尼絲．金沃絲、鋼琴家蘇菲．門特、索卡西亞公主奧爾嘉．詹妮娜、男爵夫人奧爾嘉．邁恩朵夫、女演員萊拉．什麼什麼的，還有好多好多，數都數不完。書上談到音樂與其他藝術的部分有趣多了。提到的人有舒曼、克拉拉．維克、赫克特．白遼士、約翰．布拉姆斯、貝多芬、姚阿幸、理查．華格納、漢斯．馮．畢羅、安東．魯賓斯坦、費德列克．蕭邦、維克多．雨果、巴爾札克、希勒、胡梅爾、徹爾尼、羅西尼、凱魯畢尼、帕格尼尼、孟德爾頌等等。

李斯特看來是個還不錯的人，非常大方，非常謙遜，只是異常虛榮。他樂於助人，認為藝術高於一切，十分喜愛白蘭地和女人，受不了有人掉眼淚，是個紳士，有求必應，對金錢沒有興趣，關心宗教自由與世界。

安妮．M．法蘭克敬上

一九四四年六月十三日星期二

親愛的小吉：

又過了一個生日，我現在十五歲了。我收到不少禮物：施普林格出版社出版的五冊藝術史、一套內衣、兩條皮帶、一條手帕、兩罐優格、一罐果醬、兩塊蜂蜜餅乾（小的），爸媽送我一本植物學書，瑪歌送了一只金手鐲，范．丹恩夫婦送了一本相片黏貼本，杜瑟爾送麥芽飲料和甜豆，蜜普送糖果，貝普送糖果與作業簿，最好的禮物是古格勒先生送的：《瑪利亞．黛麗莎》和三片全脂乳酪。彼得給我一束美麗的芍藥，這個男孩子花了好多心思搜尋禮物，可惜沒有成功。

雖然天氣惡劣，下著傾盆大雨，颳著強風，風浪又大，登陸反攻還是進行順利。

昨天邱吉爾、史墨茲、艾森豪與阿諾德訪視英國攻陷解放的法國村落，邱吉爾上了一艘砲轟海岸的魚雷艇，跟許多男人一樣，他似乎不知道什麼是恐懼——好令人羡慕的個性！

從我們所在的密室堡壘，很難揣測荷蘭人的心情。許多人一定很高興，懶惰的（！）英國人終於捲起袖子幹活了，那些口口聲聲說不希望被英國人占領的人，不明白他們這種說法多麼不公平。他們的邏輯說穿了是這樣的：英國必須打仗奮鬥，犧牲自己的人民，以解救荷蘭與其他被占領的國家。之後，英國人不該留在荷蘭，應該畢恭畢敬向所有被占領國家道歉，將荷屬東印度公司歸還原主，然後兩手空空虛弱無力地回去英國。一群白癡。就像我已經說過的，許多荷蘭人都是這一類的人。英國本來有很多機會跟德國簽署和平條約，要是簽了，荷蘭與鄰國會是什麼下場呢？荷蘭會變成德國的，下場就是這樣！

那些還瞧不起英國人的荷蘭人，罵英國人，罵英國政府老臣當道，罵他們是懦夫，卻又痛恨德國人，這些荷蘭人通通應該有人用力把他們搖醒，像把枕頭拍鬆一樣拍拍他們，也許會讓他們混亂的大腦清醒一點！

心願、意見、指控與責備在腦中旋轉，我其實不像許多人認為的那樣自負，我比誰都清楚我有很多不足與缺點，但有一點不同：我也知道我有心改變，我會改變，我已經改變很多了！

我經常問自己，為什麼每個人還是認為我好勝心強，自以為無所不知呢？我真這麼傲慢嗎？這麼傲慢的人是我？或者其實是他們呢？聽來很傻，我知道，但我不會刪掉後面這個句子，因為這句話其實並沒有這麼傻。范．丹恩太太和杜瑟爾最愛指責我，但是這兩人是出了名的無知，不怕難聽的話，根本就是「蠢」！蠢人遇上比他們能幹的人，通常都受不了，最好的例子就是范．丹恩太太和杜瑟爾這兩個蠢蛋。范．丹恩太太認為我笨，因為我的蠢病沒她嚴重；她認為我好勝，因為她更好勝；她認為我裙子太短，因為她的更短；她認為我自以為什麼都知道，因為她對一竅不通的主題所發表的言論比我還多一倍。杜瑟爾也是一樣。不過，我最喜歡的諺語之一是「無風不起浪」，我很樂於承認我自以為什麼都知道。

我的個性非常討厭，因為我對自己的指責與咒罵比誰都多，如果媽媽又來加上她的意見，我等於聽到一大堆的訓話，壓得我絕望了，覺得自己不可能克服缺點，所以就回嘴，跟每個人唱反調，最後安妮經常說的那句老話又冒出來：「沒有人懂我！」

這句話已經成了我的一部分，聽起來也許不太可能，這句話其實是真相的精髓。有時我深深陷在自責中，好希望好希望有句安慰的話幫助我爬出來，如果有個人認真關心我的感受，那該有多好。可惜，我還沒找到那個人，所以只好繼續找尋。

我知道你覺得奇怪，那彼得呢？是不是，小吉？沒錯，彼得對我不是女朋友的那種愛，而是對朋友的愛，他的愛一天天加深，但有股神秘力量拉住我們，不讓我們前進，我不知道那是什麼。

有時我覺得自己對他強烈的期待被誇大了，其實並沒有，如果一兩天不能去他的房間，我還是會像從前一樣非常想他。彼得親切又善良，但也不否認他許多地方令我失望，我尤其不喜歡他厭惡宗教、老談食物一類的東西。不過，我還是堅信，我們會遵守不吵架的約定。彼得愛好和平，個性仁慈，而且很好相處，他讓我對他說了很多事，這些事如果從他媽媽嘴中說出，他是絕對不會相信。他下了決心，正在努力改正缺點，盡量做事有條有理。可是，他為什麼把心門關上，怎樣也不讓我進去呢？當然啦，他比我自閉許多，但根據經驗（雖然我經常被罵什麼理論都知道，卻不懂得實踐），即使是最不善於溝通的人，有一天也會渴望有人傾吐心事，甚至比一般人還要渴望。

我和彼得都在密室度過最愛想東想西的年紀，我們經常討論彼此的未來、過去與現在，只是就像之前跟你說過的，我很想念真實的生活，但我知道它存在著！

是不是因為太久沒出門，我才變得這麼嚮往大自然呢？我記得有一段時間，晴朗的藍天，啁啾的小鳥，月光，含苞待放的花朵，都無法吸引我。來這裡之後就變了。比方說，聖靈降臨節前的一個晚上，天氣好熱，為了好好欣賞月亮，難得一次獨自欣賞，我竭力睜著眼睛撐到十一點半。可惜，我白白犧牲了，因為光太亮了，不能冒險開窗。另外一次是幾個月前，有天晚上窗戶開著，我正好在樓上，直到必須關窗，我才肯下樓。黑夜，風雨，疾馳的雲朵，這一切把我迷住了，那次是我一年半以來首度與夜晚面對面。

那晚之後，我想再見到黑夜的渴望，甚至超越我對小偷、老鼠猖獗的暗室以及警方突然搜查的恐懼。我獨自下樓，從廚房與私人辦公室的窗戶往外看，許多人認為大自然很美麗，許多人不時在星空下露宿，許多人在醫院、監獄盼望著能夠自由享受大自然所賦與的一切的那一天。無論貧富，誰都能享受大自然的喜悅，不過，很少人像我們一樣，與那些喜悅隔絕。

這不只是我的想像，仰望天空、雲朵、月亮與星星，確實讓我感受到平靜，充滿了希望，是比纈草及溴化鉀鎮靜劑更好的藥。大自然讓我感到渺小，讓我準備好勇氣面對每一次的打擊！

可惜，除了極少數的時候，我只能隔著窗戶與釘在窗戶上的窗簾欣賞大自然，窗戶結了厚厚的泥塊，窗簾積了層層的灰塵，欣賞的樂趣都沒了。大自然是唯一沒有替代品的東西！

好多問題經常困擾我，其中一個是女人為什麼一直被認為比男人差勁，到現在還是這樣。說不公平很容易，但這個答案不能滿足我，我真的想知道這種大不平的理由何在！

男人從一開始就主宰女人，大概是因為身體比較強壯，男人養家餬口、生兒育女，隨心所欲……直到近代，女人都還是逆來順受，這樣做很傻，因為這種情況維持越久，就越根深柢固。幸好，教育、工作與社會進步打開了女人的視野，很多國家已經賦予婦女平等權。許多人，主要是婦女，但也有些男人，現在明白長久以來忍受這種狀態是錯誤的，現代女性要有完全獨立的權利！

不過，那還不夠，女性也該受到尊重！一般而言，男人在全世界各地備受尊崇，為什麼女人不能也受到尊重呢？士兵與戰爭英雄得到讚揚和紀念，冒險家享有不朽的名聲，殉道者受人崇敬，可又有多少人把女人視為戰士呢？

我讀了《抵抗死亡的男人》，有一個事實讓我很震驚，光是生孩子這件事，女人所受的痛苦、不適與悲慘，普遍比任何戰爭英雄還要多，忍受這麼多的痛苦，女人得到什麼報償呢？產後身體走樣，遭到冷落，孩子很快就長大離開身邊，美貌不再。女人為了延續人類，掙扎受苦，比所有大言不慚說自己為自由而戰的士兵加在一塊，還要更堅強勇敢！

我不是說女人不該再生孩子，恰好相反，既然這是大自然的安排，女人就該生孩子。我譴責的是我們的價值系統，以及始終不承認女人的社會角色有多麼美麗、辛苦而偉大的那些男人們。

我完全同意本書作者保羅・德・克魯伊夫說的一句話：男人必須了解，在我們認為文明的世界角落，生育已經不再被視為必然且必要的。男人說起來倒容易，他們不必忍受女人經歷的苦痛，永遠都不必！

我相信，在下一個世紀，生育是女人義務這種觀念會改變，取而代之的是對所有女人的尊敬與讚賞，女人挑起重擔，沒有怨尤，也不會大放厥詞！

安妮・M・法蘭克敬上

一九四四年六月十六日星期五

親愛的吉蒂：

新問題：范・丹恩太太的腦筋完全糊塗了，一直講著什麼被槍斃，被送進監獄，被吊死，還有自我了斷。她嫉妒彼得信賴我，卻不把心事告訴她，氣杜瑟爾沒有好好回應她的挑逗，怕丈夫把毛皮大衣的錢全花在菸草上。她吵架、罵人、哭叫、自憐、大笑，然後又從吵架開始再來一回。

這種成天哭哭啼啼的蠢婆娘，你究竟能拿她怎麼辦？沒人把她當一回事，她沒骨氣，遇到誰就向誰抱怨，你應該看看她的樣子：von hinten Lyzeum, von vorne Museum[36]。更糟的是，彼得越來越沒大沒小，范．丹恩先生越來越愛發脾氣，媽媽越來越愛挖苦人。沒錯，這裡的每個人都激動不安！你只要記住一條原則：對一切一笑置之，別管其他人！聽起來很自私，但其實這是治療自憐的唯一解藥。

古格勒先生應該去阿爾克馬爾勞動服務四星期，他想靠醫生證明和一封歐佩克塔的來函免除義務。克萊曼先生希望早日動胃部手術。從昨晚十一點起，所有私人電話都被切斷了。

安妮．M．法蘭克敬上

一九四四年六月二十三日星期五

親愛的吉蒂：

這裡沒有特別的事發生。英國人已經對榭堡發動全面攻擊，據皮姆與范．丹恩先生的看法，我們在十月十日前一定能夠獲得解救。俄國人參戰，昨天在維特布斯克開始展開攻勢，正好是德國侵略俄國滿三年的日子。

貝普的心情從來沒有這麼低落。我們的馬鈴薯幾乎要吃光了，從現在起，我們會把馬鈴薯一一分給每個人，每個人自己決定要怎麼處理。蜜普從星期一開始放一星期的假，克萊曼先生的醫生在X光片上沒看出不對的地方，該動手術，還是該順其自然，讓克萊曼先生猶豫不決。

安妮．M．法蘭克敬上

36. 原註：外表是個老女人，行為卻裝嫩。

一九四四年六月二十七日星期二

我最親愛的吉蒂：

氣氛又變了，一切極為順利。榭堡、維特布斯克與日洛賓今天都攻陷了，一定俘虜了許多人，奪下許多設備。五位德國將領在榭堡附近喪命，兩位被俘。現在他們拿下一個海港，英國人想送什麼上岸都行。反攻才三星期，就已經攻下整個葛唐丹半島！真是了不起！

從登陸日以來的這三星期，這裡與法國沒有一天不是狂風暴雨，雖然這麼倒楣，也阻擋不了英軍與美軍大展威力，可不是嘛！當然，德軍也發射他們的神奇武器，但小小的鞭炮連個凹痕也炸不出來，也許在英國造成輕微的損失，讓德國佬的報紙出現叫人捧腹大笑的頭條。不管怎樣，當他們在「德國佬地盤」明白蘇聯共產黨的確一步步逼近時，會兩腿發軟。

所有沿岸地區的德國婦女，只要沒有替軍方工作，都帶著孩子，被疏散到格羅寧根、夫里士蘭與海爾德蘭省份，穆瑟特[37]宣布，如果反攻打到荷蘭，他要入伍從軍。那隻肥豬想去打仗？他早在俄國時就可以這麼做了。芬蘭不久前簽署和平協議，現在談判又破裂了。那些傻瓜，他們一定會後悔的！

你想，到了七月二十七日，情況會有多大的進展呢？

安妮．M．法蘭克敬上

一九四四年六月三十日星期五

親愛的吉蒂：

Bad weather from one at a stretch to the thirty June.[38] 我英語說得不錯吧？是的，我已經會一點英語

了，為了證明我的能力，我現在邊查字典邊讀《一位理想丈夫》[39]！戰爭形勢大好：波布魯斯克、莫基列夫和奧爾沙已經攻陷了，戰俘好多好多。

這裡一切都好，士氣越來越高昂，我們的超級樂觀派得意洋洋，范．丹恩夫婦變魔術，把糖變不見了。貝普換了髮型，蜜普放一星期的假。以上是最新消息！

我有一顆門牙正在做非常非常可怕的根管治療，痛死我啦，難受到杜瑟爾以為我快暈過去了，我的確差一點就要暈了。范．丹恩太太馬上也喊牙疼！

安妮．M．法蘭克敬上

附筆：我們收到巴賽爾寄來的信，得知伯恩德[40]飾演《明娜．范．巴爾赫姆》一劇裡頭的旅館老闆，媽媽說他有「藝術傾向」。

一九四四年七月六日星期四

親愛的吉蒂：

37. 原註：荷蘭國家社會主義（納粹）黨領袖。
38. 原註：安妮寫的英語。
39. 譯註：*An Ideal Husband*，英國作家奧斯卡．王爾德於一八九五年寫的舞臺劇劇本。
40. 原註：安妮的表哥伯恩哈德．愛里亞斯。

彼得說他想作奸犯科或從事投機生意，我嚇得渾身冰冷，他當然是在開玩笑，但我依然覺得他害怕自己的軟弱。瑪歌和彼得總是對我說：「我要是像妳那樣勇敢堅強，我要是有妳的幹勁和充沛的活力，我就可以……！」

不受他人影響，真是這麼令人敬佩的特質嗎？我按照自己的良心行事，這樣對嗎？

老實說，我無法想像有人會說「我很軟弱」，而且繼續就這樣軟弱下去。如果明知自己很軟弱，為什麼不克服呢？為什麼不培養堅強的個性呢？他們的答案總是：「因為保持原樣比較容易！」這個回答讓我相當失望。容易？這麼說來，是不是虛假懶惰的人生也是容易的？不對，不可能是真的，人不可能這麼輕易受到安逸……以及金錢的誘惑。我經常思考應該怎麼回答，應該如何讓彼得相信自己，最重要的，如何讓他變得更好。不知道我這樣做對不對。

我以前常常想像，如果有一個人對我推心置腹，那不知有多好。但是，現在有人對我推心置腹，我才發現設身處地為別人著想，然後找出正確的答案，是多麼困難的一件事，尤其「安逸」與「金錢」對我而言，是完全嶄新的陌生概念。

彼得開始倚賴我，不管在任何情況下，我都不希望他倚賴我。獨立自主已經是一件難事，同時又得忠於自己的品格及靈魂，那更是難上加難。

我彷彿在海上漂流，好幾天都在尋找「安逸」這可怕字眼的有效解藥。我要如何讓他明白，表面安逸美好的事物會將他拉入深淵，使他陷入再也找不到友誼、支持或美麗的地方，他會沉淪到也許再也無法爬到表面的深處？

我們都活著，卻不知道為什麼活著，也不知道為了什麼而活著。我們都在尋找幸福，過著不同卻又相同的人生。我們三個在良好的家庭中成長，有機會接受教育出人頭地，我們有許多理由憧憬幸福快樂，但是……得自己爭取。如果你選擇安逸的道路，那就不可能實現憧憬。要爭取幸福，就要行善努力，不可投機懶惰。懶惰看起來很吸引人，但只有努力工作才能帶給人真正的滿足。

我不了解不喜歡工作的人，但彼得的問題不在這裡，他只是沒有目標，此外，他自認太笨不如人，什麼事都做不到。可憐的孩子，他從不知道如何讓另一個人快樂，我恐怕也無法教他這一點。他不信教，嘲笑耶穌基督，隨便亂說主的名字。雖然我也不是很嚴格遵守教義，但每次看見他這麼孤單，這麼不屑，這麼悲慘，我就覺得心很痛。

虔誠的人應該慶幸，因為不是人人都有福氣擁有相信更高秩序的能力。你甚至不必談起「活在無盡處罰的恐懼中」這件事，許多人光是煉獄、天國與地獄的觀念就很難接受了，但宗教本身，任何宗教，都能讓人走上正途。這不是畏懼上帝，而是堅持自己的榮譽感，服從自己的良知。如果，每天結束時，人人可以反省自我行為，衡量是非對錯，那麼人人都是高貴善良的，自然而然在每一個嶄新的日子力求進步，一段時日後，一定會大有收穫。這個方法誰都可以隨時採用，免費，而且一定有用。不知道這個方法的人，只能靠經驗才能發現「問心無愧，力量自然來」！

安妮·M·法蘭克敬上

一九四四年七月八日星期六

親愛的吉蒂：

布洛克斯先生去了貝弗維克，在農產品拍賣會上設法買到了草莓。草莓送到這裡時，上面都是灰塵泥沙，可是好多啊，給辦公室和我們的至少就有二十四箱。就在當天晚上，我們做了六罐醃漬草莓與八罐果醬。第二天早上，蜜普開始替辦公室的人做果醬。

十二點半時，我們把外面的大門鎖上，將箱子拖進廚房，彼得、爸爸和范．丹恩先生搖搖晃晃把草莓抱上樓。安妮從熱水器接水，瑪歌去找桶子，全體總動員！我走進擁擠的辦公室廚房時，肚子有種怪怪的感覺。蜜普、貝普、克萊曼先生、詹、爸爸和彼得：密室代表團與補給部隊混在一塊，而且還是在中午大白天的時候呢！窗簾窗戶都打開了，響亮的說話聲，門的乒乒乓乓聲，我興奮得開始發抖，一直想：「我們真的在躲藏嗎？」終於再度步入人間時，一定就是這種感受。鍋子滿了，所以我衝上樓，密室家族其他人圍著餐桌摘草莓蒂，至少應該是在做那件事，只是往嘴裡放的草莓多過放進桶子裡的。他們一定很快又需要桶子了。彼得回到樓下，門鈴響了兩聲。彼得把桶子放在原地，奔回樓上，關上書架。我們坐在那裡不耐地抖腳，草莓等著清洗呢，但是我們遵守家規：「陌生人在樓下時，不許放水──他們可能會聽見排水聲響。」

一點時，詹上來告訴我們，剛才是郵差。彼得又飛奔下樓。叮咚……門鈴響了，向後轉。我仔細聆聽是不是有人來了，先站在書架旁，接著到樓梯頂。最後我和彼得靠在欄杆扶手上，拉長耳朵，像兩個小偷般仔細聽樓下的聲響。沒有陌生的聲音。彼得躡手躡腳走到樓梯的中間，喊了一聲：「貝普！」又喊了一次：「貝普！」他的聲音被廚房的吵鬧聲淹沒，於是他跑去廚房，我則緊張地在樓上張望。

「立刻上樓，彼得，會計來了，馬上離開！」是古格勒先生的聲音。彼得嘆了口氣，上樓關上書架。

一點半時，古格勒先生終於上樓來。「天啊，整個世界都變成草莓了，我早餐吃草莓，詹午餐吃草莓，克萊曼的點心是草莓，蜜普正在煮草莓，貝普摘草莓蒂，我走到哪裡都聞到草莓。我上樓想躲開那紅色的東西，結果看到什麼？大家在洗草莓！」

其餘的草莓醃漬裝罐。那天晚上，有兩罐的封口裂開，爸爸立刻把它們做成果醬。隔天上午，又有兩個蓋子跳起來，那天下午，四個蓋子。范．丹恩先生消毒時，加熱瓶子的溫度不夠高，導致爸爸每天晚上都在做果醬。我們吃燕麥粥配草莓，喝脫脂牛奶配草莓，吃麵包配草莓，用草莓當點心，沾了糖的草莓，沾了沙的草莓。有兩天的時間，全是草莓，草莓，草莓，接著我們的存貨不是吃下肚，就是裝罐妥善保管。

有一天瑪歌大叫：「嘿，安妮，范．霍文太太給我們一些豌豆，有二十磅！」

我回答：「她真好心。」她的確好心，可是我們有得忙了……唉！

媽媽在餐桌上宣布：「星期六，大家剝豌豆。」

果然，今天早上吃過早餐後，我們最大的琺瑯平底鍋出現在餐桌上，裡面裝滿了豌豆。如果你以為剝豆莢是無聊的工作，應該試著剝剝看裡面的那層薄膜。我想很多人不知道，那層薄膜撕掉後，豆莢變得又軟又好吃，而且富含維他命。不過，還有一個更棒的好處，吃豆莢的飽足感，幾乎是只吃豌豆的三倍。

剝豌豆是一件需要精確仔細的工作，應該很適合喜歡賣弄的牙醫，或喜歡挑剔的香料專家，對像我這種欠缺耐心的青少年則是一件苦差。我們九點半開始動工，我十點半坐下，十一點又站起來，十一點半又坐下。以下的反覆動作讓我耳朵嗡嗡響：掐掉尾端，去粗絲，剝開豆莢，豌豆倒入鍋子，掐掉尾端，去粗絲，剝開豆莢，豌豆倒入鍋子，掐掉尾端，去粗絲，剝開豆莢，豌豆倒入鍋子，等等等等。我的眼睛也花了：綠色，綠色，菜蟲，粗絲，爛豆莢，綠色，綠色，綠色。為了擺脫無聊有點事做，我整個上午都在講話，想到什麼就講什麼，逗得大家哈哈笑。我快無聊死了，每一條撕下的粗絲都讓我更加確信，我永遠永遠都不會只想做一名家庭主婦！

到了十二點，我們終於吃了早餐，但從十二點半到一點十五分，我們又得開始剝豌豆。停工後，我有點暈船的感覺，其他人也是。我去睡午覺，睡到四點，因為那些可惡的豌豆，還是覺得暈暈的。

安妮・M・法蘭克敬上

一九四四年七月十五日星期六

親愛的吉蒂：

我們從圖書館借到一本書，書名很煽動，叫做《你對現代少女有何觀感？》。今天我想討論這個話題。

作者把「時下的年輕人」從頭批評到腳，但並沒有以「無藥可救」來打發，反而相信他們可靠著內在力量建立一個更大、更好且更美的世界，可惜忙著膚淺的事，根本不去思考真正的美。

讀到某些段落，我強烈感覺作者是在指責我，這就是為什麼我最後想對你說出真心話，針對這項攻擊為自己說幾句話。

我的個性有一個明顯的特徵，認識我的人，不管認識時間長短，一定都看得出來：我很有自知之明。不管做什麼，我都會以陌生人的角度觀察自己，我可以站在平日的安妮對面，不帶偏見，不找藉口，注意她做的每一件事，無論是好事還是壞事。我隨時帶著這種自覺，任何時候一張開口，就會想：「妳不該那樣說。」或者「這樣已經不錯了。」我在很多方面會責罵自己，所以開始了解爸爸的那句名言是對的：「每個小孩都得教養自己。」父母只能建議孩子，或為他們指出正確的方向，但一個人的性格終究靠自己塑造。況且，我抱著異常的勇氣面對人生，感覺自己十分堅強，能夠承受負擔，是那樣年輕，那樣自由！我第一次領悟到這一點時很高興，這表示我能更輕鬆地承受未來人生的打擊。

不過這些事我常講，現在我想翻到〈爸媽不懂我〉這一章。我的父母把我寵壞了，對我和藹可親，在范．丹恩夫婦面前為我說話，做了為人父母能做的一切。可是我長期以來覺得十分孤單，被人冷落、忽略、誤解。爸爸盡一切所能約束我的叛逆精神，但無濟於事。為了糾正自己，我反省自己的行為，面對自己的過錯。

我在掙扎時，爸爸為什麼不鼓勵我呢？他想伸出援手時，為什麼幫不上忙呢？答案是：他用錯了方法。他對我說話時，總好像我是一個正在經歷困難階段的孩子。聽起來奇怪，因為爸爸是唯一讓我信任的人，讓我覺得自己很懂事的人。不過，他忽略了一點：他沒有發現，努力克服困難對我來說是最重要的事。我不想聽什麼「典型青少年問題」、「其他女孩如何如何」或「長大就好了」這種話，我不想受到與「其他女孩」一樣的對待，我要他們把我當成安妮對待，這一點皮姆不懂。此外，除非有人告訴我很多關於他自己的事，否則我不能對他推心置腹，因為對一個人如果了解不深，我無法跟他親近。皮姆總是擺出年長父親的姿態，即使他曾經也有過相同的短暫衝動，但是現在不管他多麼努力，也無法跟我像朋友一樣。所以，我的人生觀，或者我長期思考的意見，除了日記以外，偶爾還有瑪歌，沒有人可以分享。我對爸爸隱瞞關於自己的一切，從不跟他分享我的理想，刻意與他疏遠。

我別無選擇。我完全跟著感覺走，這種做法很任性，但對我內心平靜是最好的做法。如果事情做到一半就受到批評，我會失去冷靜，以及辛辛苦苦建立的自信。聽起來或許無情，但我也不能接受皮姆的批評，因為我從未告訴過他我內心深處的想法，還表現得焦躁不安，將他推得更遠。

這是我經常思考的一點：為什麼皮姆有時會讓我這麼生氣呢？我幾乎受不了他教我功課，他的憐愛似乎也很勉強。我不要有人管我，在可以更有自信跟他說話之前，我寧可被冷落一陣子！我激動時寫的那封惡毒的信還是讓我很內疚。唉，想要在每件事情上都堅強勇敢，好難！

儘管如此，這不是我最大的挫折，不是。我會想到爸爸，但更常想到彼得。我非常清楚，他是我的俘虜，而我不是他的俘虜。我在心中刻劃他的樣子，想像他是一個文靜、可愛又敏感的男孩，殷殷期盼著友誼與關愛！而我需要一個活生生的人傾吐心事，我要一個能夠協助我找到道路的朋友，我辦到了，我緩慢卻穩定地將他吸引過來。終於讓他成為我的朋友之後，我們兩人自然發展出一種親密關係，現在想一想，這種關係好像太放肆了，我們談論最私密的事，卻還不曾觸及我內心最深處的想法，我還未徹底了解彼得，他藏著心事，連我也不肯說，是因為膚淺？還是因為害羞呢？撇開這一切不談，我犯了一個錯誤：我利用親密來靠近他，這個舉動讓我們不可能發展出其他的友誼形式。他渴望被愛，我看得出來他一天比一天喜歡我，我們相處的時光讓他滿足，卻讓我想一切從頭來過。我不曾提出我好想攤開來談的話題。我在彼得不知不覺中逼他靠近我，如今他死命抓著我不放，老實說，我不知道有什麼方法可以有效甩掉他，讓他重新獨立站起來。我很快就認清楚了，他與我志趣並不相投，卻仍然努力幫他逃離他那狹窄的世界，擴展他年輕的視野。

「年輕人的內心深處比老年人更孤獨。」我在一本書的某處讀到這句話，一直牢記在心。我認為這句話說得很對。

所以，如果你想知道，在這裡生活，大人會不會比小孩更難受，答案是：不會，當然不會。年長的人對每樣事物都有自己的見解，對自己與自己的行為有把握。在一個理想被粉碎摧毀的時代，最惡劣的人性支配一切，人人懷疑真理、正義與上帝，我們年輕人想堅持自己想法，那是難上加難。

如果有誰大聲說大人在密室的生活更辛苦，那麼他不明白問題對我們造成更大的衝擊。我們實在太年輕了，無法應付這些問題，問題卻一直朝我們逼近，逼得我們最後只好想一個解決辦法，可是我們的辦法在大多數時候一碰現實就粉碎了。在這樣的時代很難，心中浮現的理想、夢想和珍貴的希望，只會被殘酷的現實壓得粉碎。真不可思議，我居然還沒放棄所有的理想，我的理想聽起來這麼荒謬不切實際，不過我堅持著，因為儘管發生這一切，我仍然相信人性本善。

在混沌、苦難與死亡的基礎上，我根本無法建立自己的人生，我看見世界正慢慢變成一片荒野，我聽見轟轟雷聲越打越近，有一天也將毀了我們，我感受到數以百萬人的痛苦。當我仰望天空，卻莫名感覺一切將會好轉，這場殘酷也將畫上句點，和平與安詳再度出現。在此同時，我必須堅持理想，也許有那麼一天它們能夠實現！

安妮．M．法蘭克敬上

一九四四年七月二十一日星期五

親愛的吉蒂：

我終於漸漸樂觀起來了。現在，情勢總算好轉！真的好轉了！大新聞！有人刺殺希特勒，而且居然不是猶太共產黨黨員，也不是英國資本主義者，而是一名德軍上將，這人不但是一位伯爵，而且還很年輕。「天意」救了元首這條命，好可惜，他逃過一劫，只受了幾處輕微的灼傷與擦傷，一旁倒是死傷了好幾個軍官與將領。主謀已經槍決。

這是目前為止最好的證據，證明許多軍官將領受夠這場戰爭，想看見希特勒沉入無底深淵，好自行建立軍事獨裁政權，與同盟國講和，重新武裝，幾十年後再發動一場新戰爭。也許上天是故意拖延解決希特勒的時機，讓無懈可擊的德國人自相殘殺，這對同盟國來說比較簡單，也比較省錢，俄國人與英國人都省事，可以更快重建自己的城市。不過，我們還沒到那個地步，我也討厭期盼光榮的結局。不過，你大概注意到我講的是事實，都是事實，我難得一次沒有喋喋不休講著什麼崇高的理想。

另外，希特勒已向他忠心耿耿的人民宣布，從今天起，所有軍事人員都聽命於蓋世太保，士兵只要知道上級涉及此次謀害元首性命的懦弱行動，可以就地槍決他！

這下可糟糕了。長途行軍後，小強尼腳痛，指揮官訓了他，強尼便抓起步槍，大喊：「你，你想謀殺元首，領死吧！」砰的一槍，敢斥責他的傲慢軍官進入永生（還是永「死」？）。最後軍官只要見到阿兵哥或想下命令，都要嚇得尿褲子，因為阿兵哥比他握有更權威的決定。

你看得懂嗎？還是我又跳來跳去，弄亂了主題？我也沒辦法，想到十月可能可以回學校，我就高興得講話顛三倒四了！噢，天啊，我剛才不是才告訴你，我不想對未來太過期待嗎？原諒我，吉蒂，他們說我充滿矛盾不是亂說的！

安妮・M・法蘭克敬上

一九四四年八月一日星期二

親愛的吉蒂：

上一封信最後寫到「充滿矛盾」，這一封信就以這句開頭。能不能請你告訴我，「充滿矛盾」究竟是什麼意思呢？「矛盾」是什麼意思呢？跟很多字一樣，這個字可以從兩方面來解釋：外在的矛盾與內在的矛盾。前者指不接受別人的意見，永遠自以為是，自己說了才算，簡單地說，就是我所有著名的討厭特點。後者呢，別人不知道，是我自己的秘密。

我跟你說過很多次，我有雙重性格。我一方面活潑開朗，輕率無禮，熱愛生命，最重要的是懂得欣賞事情愉快的一面，也就是說呢，我認為撒嬌、接吻、擁抱和黃色笑話並沒有什麼不妥，這一面的我通常埋伏等著突襲另一面的我，那個純潔、深奧且優雅許多的我。沒有人認識安妮更好的一面，因此多數人受不了我。啊，我可以扮演一個下午的逗趣小丑，直到大家受夠了我，之後一個月都不想再看到我。其實，就像浪漫電影之於淵博的思想家，那樣的我只是消遣，一段滑稽的插曲，轉眼就忘記了，這樣不壞，但也不是特別好。我很不願意告訴你這件事，但既然知道這是實情，何不乾脆承認了呢？我輕鬆膚淺的一面，永遠搶在深奧那一面之前，因此永遠獲勝。你無法想像我經常想推開這個安妮，她只是名為安妮那個人的一半而已，我想把她打倒藏起來，卻總是不成，而我知道原因。

我怕清楚我平常模樣的人發現我有另一面，更好更優雅的一面，我怕他們會嘲笑我，認為我可笑多情，不把我當一回事。我習慣了不被當一回事，但只有「快活」的安妮習慣了，可以忍受這件事，「深沉」的安妮太軟弱。如果我強迫好安妮到聚光燈下，即使只是十五分鐘的時間，一有人叫她說話，她會立刻像蚌一樣緊緊閉上嘴，讓安妮一號代為發言。等我察覺，她已經消失了。

有別人在場，好安妮從不亮相，一次也不肯露臉，雖然我獨處時，她幾乎總是占著舞臺。我很清楚我希望自己是什麼樣子，還有我……內心是什麼樣子。但，可惜，我只有一個人時才是那樣。也許這就是為什麼——不對，我肯定這就是為什麼，我認為自己內心是快樂的，而別人認為我外表是快樂的。內在的純潔安妮指引我，可我外表只是一隻活蹦亂跳扯著繩索的小羊。

我告訴過你，我嘴裡說的並非我心中的感受，所以大家才會以為我愛追男生，愛挑逗人，愛耍小聰明，愛讀浪漫愛情小說。樂天的安妮大笑，答話沒大沒小，總是聳聳肩膀，假裝一點也不在乎。文靜的安妮的反應正好相反。如果我老老實實地說，我得承認，我很在意，我非常努力改變自己，但永遠面臨一個更強大的敵人。

我內心有個聲音在哭泣：「看，這就是妳的下場，身邊圍繞著否定的意見、驚恐的表情、嘲諷的臉孔、討厭妳的人，都是因為妳不聽自己更好一面的建議。」相信我，我想聽，但沒用，因為我如果安靜認真起來，大家都認為我在演什麼新戲，我只好開個玩笑自救。我的家人反應還不只這樣，他們會以為我一定生病了，逼我吞下一大堆阿斯匹靈和鎮定劑，摸摸我的脖子額頭，看看我是不是發燒了，問我排便情況，罵我鬧情緒，最後我實在無法堅持下去，因為每個人開始繞著我轉。我會發脾氣，然後傷心難過，最後又把心從裡往外翻，壞的一面露在外面，好的一面藏在裡面。接下來，我又一直設法變成我想要的樣子，以及我能夠做到的樣子，要是……要是世上沒有其他人就好了。

安妮・M・法蘭克敬上

安妮的日記至此結束。

後記——之後所發生的事

他們被出賣了嗎？

一九四四年八月四日上午，大約十點到十點半之間，一輛車停在王子運河二六三號前，好幾個人走下車，包括一身制服的黨衛軍中士卡爾·約瑟夫·席爾博鮑爾（Karl Josef Silberbauer），以及起碼三位穿便衣但攜帶武器的荷蘭籍秘密警察，吉西諾斯·格林希斯（Gezinus Gringhuis）和威廉·葛魯登朵斯特（Willem Grootendorst）為其中兩人。他們費了一個多小時工夫，才終於發現了遮掩密室入口的書架。

直到今天，我們還無法確認密室成員是否被出賣了，如果答案是肯定的，那麼出賣者又是誰呢？種種跡象顯示他們應該是被出賣了。當時納粹懸賞舉報的線人，每追查出一個人，線人即可領到七荷蘭盾五十分（相當於今天的四十五美元）。倉庫工人威廉·傑拉杜斯·范·馬倫（Willem Gerardus van Maaren）嫌疑很大，戰爭結束後，荷蘭警方兩度對他進行調查，卻始終無法證明他出賣了密室成員。他們的藏身處也可能是偶然被發現的。荷蘭歷史學家曾經推測，席爾博鮑爾前往王子運河那棟房子，為的只是調查偽造的配給券。一九四四年三月，安妮兩度提到「供應我們食物券的人」被捕了，她所指的是兩個非法偽造配給券的男子。然而，調查為什麼最後導致密室被人發現，至今還沒有確鑿的結論。

逮捕

納粹占領區的警察身穿綠色制服，因此被稱為「綠色警察」，他們逮捕躲在密室裡的八個人，以及兩位協助他們躲藏的人：維克多．古格勒（Victor Kugler）與約翰斯．克萊曼（Johannes Kleiman），他們是奧圖的工廠員工。另外兩名也伸出援手的員工，蜜普．吉斯（Miep Gies）與伊莉莎白（貝普）．佛斯哥耶爾（Elisabeth Voskuijl），並沒有遭到逮捕。另外，他們沒收在密室搜出的所有貴重物品與現金。古格勒與克萊曼被捕後，當日被移送到阿姆斯特爾芬拘留所，一個月後，又押至同樣位於阿姆斯特丹的維特林鄉斯拘留所，在一九四四年九月十一日，未經審判，就被解送到荷蘭阿麥斯福的中繼營。克萊曼由於健康不佳，在一九四四年九月十八日獲釋，一九五九年在阿姆斯特丹過世；一九四五年三月二十八日，古格勒在移送德國勞改途中順利逃脫。他在一九五五年移民加拿大，一九八九年在多倫多去世。伊莉莎白（貝普）．佛斯哥耶爾．威伊克一九八三年在阿姆斯特丹去世。

一九四四年八月七日，蜜普．吉斯前往阿姆斯特丹的蓋世太保總部拯救法蘭克一家，試圖賄賂卡爾．約瑟夫．席爾博飽爾讓他放人，但沒有成功。二〇一〇年一月十一日，在一百〇一歲生日前不久，蜜普．吉斯在霍倫去世。

遣送出境

密室八名成員被捕後，在維特林鄉斯拘留所待了四天，接著移送至韋斯特柏克，也就是荷蘭東北部的中繼猶太集中營。一九四四年九月三日，他們隨同最後一批猶太人離開韋斯特柏克，三天後抵達奧斯威辛集中營（波蘭）。

伊迪絲・法蘭克於一九四五年一月六日在奧斯威辛—比克瑙女子集中營因飢餓與過勞而去世。十月下旬，在納粹挖苦稱之為「撤退疏散」的行動中，瑪歌與安妮被遣送到呂訥堡石楠草原的卑爾根—伯森集中營。在一九四四年到四五年的冬天，由於衛生條件極其惡劣，集中營爆發斑疹傷寒，奪走包括瑪歌在內數千名囚犯的生命。幾天後，安妮也因病過世，推斷她死於二月底或三月初。一九四五年四月十二日，英軍解救了該集中營。

其他密室成員遭逢類似的命運。根據荷蘭紅十字會後來的調查，在一九四四年九月六日，赫曼・范・佩爾斯（范・丹恩）在抵達奧斯威辛集中營當日就被送進了毒氣室。然而，奧圖・法蘭克聲稱，赫曼其實是幾週後才遇害，應該是一九四四年十月或十一月，之後不久集中營便停止以毒氣殺人。奧古斯特・范・佩爾斯（佩特洛尼拉・范・丹恩）從奧斯威辛集中營被移送到卑爾根—伯森，接著又移送到布亨瓦耳德，在一九四五年四月九日再遣送至特雷辛集中營，後來顯然又轉到另一個集中營。她遇難日期不得而知。彼得・范・佩爾斯（范・丹恩）一九四五年一月十六日加入撤退行軍，從奧斯威辛集中營前往茂特豪森（奧地利），一九四五年五月二日在該地去世，三天後該集中營囚犯獲得解救。富利茲・菲佛（亞伯特・杜瑟爾）從亨瓦耳德或薩克森豪森被移送至諾因加莫集中營，一九四四年十二月二十日去世。

奧圖・法蘭克是密室八人之中唯一從Shoah（希伯來語的「大屠殺」）生還的人。俄國軍隊解救奧斯威辛集中營後，他乘船經由奧德薩與馬賽輾轉返回阿姆斯特丹。他在一九四五年六月三日抵達阿姆斯特丹，住到一九五三年，接著搬到他妹妹一家和另一個兄弟定居的巴賽爾（瑞士）。他娶了艾爾芙麗德・馬科維茲・蓋林格（Elfriede Markovits Geiringer）為妻，蓋林格是維也納人，同樣從奧斯威辛集中營倖存，丈夫與兒子在茂特豪森遇難。奧圖．法蘭克在一九八〇年八月十九日過世，享年九十一歲。

編輯歷史

安妮．法蘭克一家人藏在密室期間，蜜普．吉斯和貝普．佛斯哥耶爾提供了非常重要的協助，在安妮被捕當日，她們兩人收拾起安妮的文字作品。在戰爭結束前，蜜普．吉斯將這些日記藏在自己的屋子裡，確認安妮已經不在人世後，便歸還給安妮．法蘭克的父親奧圖．法蘭克。

奧圖．法蘭克尊重女兒的意願，決定出版日記。安妮自己寫了兩個版本，一個是較長的原始版本（a版），另一個是她在密室親自編輯後較短的版本（b版），奧圖根據這兩個版本，彙編成第三個較為詳盡的版本（c版）。不過，在那個年代，性方面的文字不常見，尤其不會在給年輕讀者的書中出現，所以他刪除了安妮描述萌生性慾的大部分文字。安妮直言不諱表達了對密室其他成員的厭惡和憤怒，因此奧圖．法蘭克也編輯了一些段落和措辭，保護安妮所描述的對象留給後人的記憶，尤其是他的妻子。這個版本（c版）於一九四六年以荷蘭語首次出版，第一個德語譯本於一九五〇年出版。

日記首次出版後，獲得了熱烈的迴響，因而引起讀者一次又一次懷疑其真實性。研究人員詳盡研究這些文本，利用各種方法分析紙張、文具和安妮．法蘭克的筆跡。他們最後得出了明確的結論：這本日記是真實的。

奧圖．法蘭克過世前，成立了安妮．法蘭克基金會，指定基金會為他唯一的繼承人。一九八三年，基金會對照a版和b版，出版了一個新版本。新版（d版）刪除兩個版本中重複的內容，是第一個無刪節的完整版本。這個版本由著名兒童文學作家暨翻譯家米麗亞姆．普雷斯勒（Mirjam Pressler）翻譯為德語，一九九一年首度出版，如今被認定為世界上最權威的讀者版本。

一九八八年，有五頁無人知曉的日記（b版）手稿被發現，寫作日期為一九四四年二月八日。一個曾於阿姆斯特丹博物館安妮之家擔任館長的人宣稱，奧圖．法蘭克在一九五〇年代將這幾張手稿託給他保管，規定只有在奧圖和他的第二任妻子去世後才能公開，因為日記包含了對奧圖和伊迪絲．法蘭克婚姻的批評。安妮．法蘭克基金會決定將這幾頁內容加入讀者版本，除了在一九四二年七月二十日的日記中已有更詳細版本的一小段文字。

依據最新的研究結果，一九四二年十一月七日的日期改為一九四三年十月三十日。科學調查也斷定，安妮為了改寫一九四二年九月二十八日的日記，自己將 a版的兩頁日記黏在一起。被覆蓋的日記在二〇一八年公開，不過基於對作者明確意圖的尊重，沒有收錄在本版本中。

安妮．法蘭克的遺產

「我希望死後還能繼續活著！」一九四四年四月五日的日記中，安妮．法蘭克寫下這句話。六十三年後，她的日記受到全世界讀者的喜愛，已經翻譯成七十五種語言，賣出大約三千五百萬本。她大概是二十世紀最知名的少女，她的臉龐成為猶太大屠殺的象徵，她寫日記的那棟阿姆斯特丹建築，一年吸引將近百萬名訪客。

這一切的開始，是她的日記在她遭到逮捕後結束，而幕後功臣則是密室的唯一生還者——她的父親奧圖．法蘭克。一九四四年八月四日下午，在安妮與其他七名藏匿的猶太人遭到逮捕，連同兩位協助者約翰斯．克萊曼與維克多．古格勒一塊被帶走之後，在該棟樓工作的秘書蜜普．吉斯與其他幾位辦公室員工上樓進入密室，蜜普回憶：「他們檢查了所有的櫃子，地上散落著書本、文件與任何對『綠色警察』不重要的東西。我們找到幾張紙、一本舊帳簿和幾本安妮的作業簿，她的格紋日記本寫完了，她在我們給她的簿子上繼續寫。」她們不敢在上面待太久，但是蜜普把筆記本和紙張收拾起來，鎖在她的辦公桌裡。隨後不久，一間搬家公司就清空了密室。

為了避開依舊進行的戰事，奧圖．法蘭克從奧斯威辛集中營出發，取道俄國與法國，花了四個月時間，終於在一九四五年六月三日抵達阿姆斯特丹。他早知妻子已經逝世，期盼能在阿姆斯特丹找到女兒，當女兒的命運確定後，蜜普將安妮的文字作品交給他，並說：「這是你女兒安妮給你的遺產。」他把東西帶進私人辦公室，獨處了「好幾個小時」。日後他在回憶錄中寫道：「我開始慢慢閱讀，每天只讀幾頁，再多是不可能的，因為我無法承受痛苦的記憶。對我來說，這是一個新發現，一個與我所失去的孩子截然不同的安妮出現，我不知道她的思想和感受這樣深刻。」

奧圖讀日記讀到入迷，寫信給在巴賽爾的母親：「我無法放下安妮的日記，實在太令人驚訝了……我絕對不能讓這本日記離開我的視線，因為裡面有太多其他人不該讀到的內容。」不過他後來決定選出若干段落與親朋分享，親朋讀了之後，鼓勵奧圖出版完整的日記。起初他猶豫了，而後回想起安妮自己在日記所言：「你早知道，我最大的心願是成為記者，之後再成為知名的作家。不管怎樣，戰爭結束後，我想出一本叫《密室》的書。」

尋找出版社的任務起初顯得困難重重，起碼有四間重要荷蘭出版社拒絕出版這本日記，接著奧圖把日記交給知名歷史學者詹．羅邁因（Jan Romein）閱讀，羅邁因十分感動，寫了一篇文章，刊登在一九四六年四月三日的荷蘭《格言報》（*Het Parool*）上：「我讀完時，夜已深，我很驚訝發現燈還能用，我們還有麵包和茶，我聽不見飛機在上空發出嗡嗡聲，街上也沒有軍靴喀喀喀地走動——我讀到入迷忘我的境界，被帶回那個距離我們已經將近一年的不真實世界。」由於這篇文章，接觸出版社（Uitgeverij Contact）於一九四七年六月限量印刷了一千五百本，採用安妮自己選擇的書名：《密室》（*Het Achterhuis*）。

日記在荷蘭賣得不錯，荷蘭語版本在三年內印刷了六次，但比較之下，這個開始依然相當緩慢。美國的銷售情況則不同。一九五二年六月十六日，美國版本發行，出乎意表，五千本在當天下午便銷售一空。出版商趕印第二刷，印了一萬五千本，同時戲劇經紀人、製作人與電視節目總監急著爭取改編版權。一九五五年十月五日，一齣根據日記改編的百老匯戲劇在紐約克爾特劇院上演，觀眾包括瑪麗蓮．夢露（Marilyn Monroe）等人。奧圖寫了一封信給導演與演員，解釋他無法出席首演的原因，這封信釘在後臺的布告板：「你們將會明白，這齣戲對我而言是我人生的一部分，舞臺上搬演我的妻女及我的故事，對我是一件痛苦的事，因此我不可能前往觀賞。我的心永遠與你們每一個人同在，希望此戲大獲好評，故事的啟示可以透過你們盡可能傳達出去，喚醒觀眾心中對人道的責任感。」日記在美國熱賣（書及舞臺劇皆是），在荷蘭也立刻成了暢銷書。

第二年，舞臺劇搬到德國公演，一位劇評家寫道：「在柏林，落幕後，震驚的觀眾默默坐在原位，沒有掌聲響起，唯有一陣越來越響亮的痛切啜泣聲打破悄然的寂靜。接著，柏林人魚貫步出戲院，依然不發一語，彷彿不敢迎上他人的目光。」在接下來短短幾個月，這齣戲在另外五十八個德國城市演出一千九百八十四場，觀眾超過百萬，德國人開始以「安妮．法蘭克」為街道、學校與少年活動中心命名。一九五五年到一九五七年期間，日記在荷蘭出現十五個新版本，在一九五八年，荷蘭、英國、德國、法國、美國、挪威、丹麥、瑞典、日本、以色列、義大利、匈牙利、芬蘭與西班牙都出版了日記。到了一九五八年一月初，舞臺劇的總收入已經超過兩百六十萬美金。

這時好萊塢也參與熱潮。一九五七年五月二十日，奧圖與二十世紀福斯電影製片公司簽下日記電影版本的合約，製作預算為三百萬美金，外景在阿姆斯特丹拍攝，密室則在好萊塢攝影棚按照比例重蓋。奧圖在美國待了兩星期，提供藏匿期間日常生活的實際資訊。在他心中，飾演安妮的首選是奧黛莉．赫本（Audrey Hepburn）。赫本本人在荷蘭經歷這場大戰，一九四七年時便讀過出版成冊的日記，表示日記「毀」了她，她也是第一批參觀王子運河二六三號密室的人，不過最後回絕了這個角色。她告訴奧圖：「我不想為自己的利益利用她的生死——多賺一筆薪水，或者因電影演出而獲得讚美……再承受一次，我一定會毀了自己……我實在無法面對。」最後安妮一角由來自紐澤西州十九歲模特兒米麗．柏金斯（Millie Perkins）擔任。

電影在一九五九年首映，最後一個畫面是阿姆斯特丹的白雲，上頭有一行字：「儘管發生這一切，我仍然相信人性本善。」許多人誤以為這句話是日記的最後一行，其實這是奧圖選出來的文字，他在一篇文章中寫道：「我必須不停（對德國年輕人）傳達這些訊息，因為跟安妮一樣，『儘管發生這一切，我仍然相信人性本善。』」電影並不賣座，但得到八項奧斯卡獎提名，最後榮獲三座獎項。此後還有許多電影與紀錄片以安妮·法蘭克為主題，羅伯·道漢林（Robert Dornhelm）在二〇〇一年拍了電影，由班·金斯利（Ben Kingsley）飾演奧圖，詹·布雷爾（Jon Blair）則在一九九五年執導了英國紀錄片《緬懷安妮·法蘭克》（*Anne Frank Remembered*）。

戰後，許多讀過安妮·法蘭克日記的人，非常希望參觀密室，克萊曼先生帶人簡單四處參觀，但要求參觀的人數不停增加。一九五五年，歐佩克塔公司搬到阿姆斯特丹西區的現代大樓，那一整排房子賣給一間叫貝豪斯（Berghaus）的公司，該公司計畫拆除老屋，興建新辦公室。奧圖與克萊曼先生開始設法搶救這棟建築，荷蘭新聞媒體以行動支持，《自由人》（*Het Vrije Volk*）刊登一篇文章聲明：「如果這棟屋子拆除，全荷蘭將會蒙羞。」支持者在拆屋預定日於屋外集結抗議，拆除工程於是延期。一九五七年，奧圖與克萊曼先生在阿姆斯特丹人的協助下，成立安妮·法蘭克基金會（Anne Frank Stichting），宗旨如下：「收回王子運河二六三號，必要的話，加以整修，特別保存密室，以及安妮·法蘭克日記中所宣揚的理想，那是她留給世人的遺產。」貝豪斯那一年慶祝創立七十五週年，為表示友善，捐出該棟樓，基金會並以募得的資金買下隔壁的屋子。

三年後，在一九六〇年五月三日，安妮之家正式對外開放。那天上午，奧圖、蜜普、詹、貝普、克萊曼夫人與市長范·豪爾獨自進入密室片刻，在之後的開幕典禮上，奧圖情緒波動得無法自持，於是縮短了演講內容：「請原諒我，我無法再次談論戰爭期間在這裡發生的事，那對我而言太難了，我說不出口。」他告訴記者，這間屋子「不是博物館，也不是朝聖地，而是來自往日誠摯的告誡，以及對未來希望的使命。」

建築前半部已經現代化，密室則保留原樣，幾位基金會董事十分希望在裡面擺設家具，讓參觀民眾了解藏匿者的日常生活，不過現在依舊按照奧圖的希望未放置任何家具。他說：「戰爭期間，一切都被搬走，我希望保持那樣的狀態。」曾有大眾指出裡面房間非常寬敞，但奧圖告訴他們，那是錯誤的印象：「千萬不要忘了，難以承受的壓力無時無刻不存在著。」

安妮之家的參觀行程以片刻的內省開始，訪客先看到安妮．法蘭克的照片，聽見摘錄自日記的一段文字。擔任安妮之家館長二十三年的漢斯．威斯特拉（Hans Westra）說：「大部分訪客正在度假，所以我們必須讓他們重新集中注意力，他們腦中往往浮現一個少女的形象，所以我們要做的第一件事，是指出安妮．法蘭克的文字不僅僅是一名少女的文字，而是一個能夠深思的少女的文字。」接著他們帶領訪客走上精心規劃的單向密室參觀路線。威斯特拉先生說：「一般人通常知道大屠殺的事實與數據，但走進屋子，一切才變得非常真實，他們明白了與你我一樣的老百姓活在恐懼之中並且遇難，不公不義的事實擺在眼前。」

藏匿者殘留的痕跡，只有安妮的原始壁紙，牆壁貼著她收集的影星明信片與剪下的雜誌內頁。照片往往最令訪客動容，威斯特拉先生說：「他們的反應是沉默，照片深深烙印在他們的心上，他們無法交談。」在安妮父母的臥室牆上有一張諾曼第小地圖，奧圖用大頭針追隨盟軍的進展，還有一張記錄安妮與瑪歌成長的身高表。每間房間放置藏匿者使用過的物件，包括伊迪絲．法蘭克的祈禱書、奧圖的《博茲劄記》（狄更斯著）、瑪歌的幾份拉丁作業。樓上起居間的牆壁有一份菜單，是蜜普和詹留下過夜時，安妮以樓下打字機打出的。

熟讀日記的訪客爬上早已熟悉的窄梯，看見擺了卷宗夾的原始書架，密室就藏在後面。窗戶有遮光簾，但訪客透過鏡子可以見到底下後院的西洋栗木，聽見西教堂鐘樓的鐘聲。頂樓展示那本著名的紅白格紋筆記本，這是安妮十三歲時收到的生日禮物，是她的第一本日記本，也是唯一長久展出的筆記本。安妮的其他日記本與若干散裝的日記紙頁，則與她的「最愛名言錄」和收錄她創作的「故事」筆記本輪流展出。

第一年有九千人參觀博物館。其後十年，人數達十八萬，其中十萬是美國人。人潮導致建築結構出現問題，在一九七〇年，博物館不得不關閉整修數個月，在一九七一年重新開放，這時博物館顯然不能靠捐款繼續維持，於是開始收門票，但是訪客數字持續增加。在一九九七年，七十一萬人走進大門，博物館無疑需要擴大空間，於是又關閉改建，增加了展覽空間、書店與咖啡館。前屋的辦公室重建出一九四〇年代的風貌，密室則維持原始狀態。在一九九九年，荷蘭女王碧翠克絲為博物館重新揭幕，從此以後，每年有九十萬名以上訪客參觀，今年（二〇〇七年）正值日記在荷蘭出版六十週年，人數可望超過百萬紀錄。多數訪客來自英語系國家，百分之二十五來自英國，百分之二十五來自美國，百分之十五來自荷蘭，剩餘的百分之三十五來自世界其他地方。

參觀結束後，博物館邀請訪客在簽名本簽名。一九九四年羅傑·摩爾（Roger Moore）寫下：「這棟屋子應該永遠存在，讓世人同意這種事萬萬不能再發生。」史蒂芬·史匹柏（Steven Spielberg）也在同一年寫著：「安妮·法蘭克以死亡換取其他人記取教訓，非常特別的一趟旅程。」一九九八年丹·艾克洛德（Dan Ackroyd）寫下：「在這樣一個簡樸的地方，想像人類追求憐憫與寬容的動人過程。保存這項極其重要的歷史遺跡是非常偉大的工作，謝謝。」

奧圖堅持這棟樓房不只是紀念女兒的博物館，希望它成為來自世界各地年輕人的聚會場所。創始初期在基金會工作的安妮克·史汀麥傑爾（Anneke Steenmeijer）回憶：「對他而言，教育層面最重要，他一點也不希望這裡只是一間博物館。」迄今，博物館依然主辦國際會議與教育工作坊，強調各種形式的迫害，奧圖將安妮塑造為容忍的普遍象徵，因此除了猶太大屠殺，安妮之家的訪客也會了解人權、歧視與種族偏見。

多年下來，奧圖放棄找出出賣他們的人，反而致力散播「安妮追求和平與同情之理想的精神」。他在一次訪談中說：「我們再也無法改變已經發生的事，只能記取過去的教訓，明白什麼叫歧視與迫害無辜人民。我相信反偏見是每一個人的責任。」他的第二任妻子艾爾芙麗德始終支持他的使命，伴隨他前往各地，包括到美國成立美國安妮．法蘭克基金會，以及到德國烏帕塔查看為二十戶難民成立之安妮．法蘭克村的興建工程。夫妻二人在家招待一群又一群的訪客，討論日記及其啟示，奧圖還堅持親自回覆每一封他所收到的來信。在一九七〇年代末期，他在一場訪談中形容自己：「角色奇怪……在正常的家庭關係中，一般是孩子才有榮幸接下出名的父母的未竟之業，但在我的例子上，角色則顛倒過來。」他在一九八〇年去世，去世前一年說過：「現在我將近九十歲了，我的能力慢慢衰退，但安妮留給我的職責賦予我新的力量——為和諧與人權而戰。」

如今，奧圖著手的工作透過瑞士安妮．法蘭克基金會與世界各地安妮．法蘭克相關組織繼續運作（安妮．法蘭克基金會擁有安妮日記的著作權），安妮之家也與時俱進；舉個例子，密室窗前安妮的那棵西洋栗木已有一百五十年歷史，後來長了黴菌，必須砍掉，現在它藉由互動式網站活在虛擬空間中。在二〇〇六年，愛瑪．湯普森（Emma Thompson）成立網站annefranktree.com，你可以在網站選擇一片虛擬葉子，與一群感覺與安妮．法蘭克相連結的人聯繫在一起。博物館要求訪客在參觀的最後思考今日「自由」的定義，透過名為Right2Choose的互動式論壇討論，還邀請訪客票選目前與人權和言論自由最為相關的議題，例如描繪先知穆罕默德而引發許多爭議的丹麥漫畫，以及信仰伊斯蘭教的女孩在校是否該獲准圍頭巾。威斯特拉先生說：「我們認為應該向大眾提問，強迫他們重新審視自己的價值觀，因為這是維持民主精神的方法，而民主精神可以反擊獨裁政體。」透過這些活動、日記內文與她藏身的建築，安妮・法蘭克在逝世多年以後絕對依然繼續活著。

克萊兒・嘉納（Clare Garner）

二〇〇七年

安妮・法蘭克二十世紀相關大事年表

年份	作者人生	文學背景	歷史事件
1922		● 曼傑利斯塔姆（Mandelstam）：《哀歌》（*Tristia*） ● 巴斯特納克（Pasternak）：《我的姐妹—生活》（*My Sister- Life*） ● 曼斯菲爾德（Mansfield）：《花園宴會》（*The Garden Party*） ● 艾略特（Eliot）：《荒原》（*The Wasteland*） ● 喬伊斯（Joyce）：《尤利西斯》（*Ulysses*） ● 康明斯（Cummings）：《巨大的房間》（*The Enormous Room*）	● 史達林成為蘇聯共產黨中央委員會總書記；俄羅斯成為蘇維埃社會主義共和國聯盟（蘇聯）。 ● 墨索里尼在羅馬發動遊行大示威；國王維克多・艾馬努埃萊三世任命墨索里尼為總理。 ● 英國託管巴勒斯坦。
1923		● 柯蕾特（Colette）：《小麥草》（*Le Blé en herbe*） ● 哈狄格（Radiguet）：《肉體的惡魔》（*Le Diable au corps*） ● 史勞爾霍夫（Slauerhoff）：《群島》（*Archipel*）	● 德國通貨膨脹。德國屢次拖欠第一次世界大戰賠款，法國總理龐加萊因而派兵進入德國境內的魯爾河河谷。 ● 希特勒在慕尼黑發動政變失敗。 ● 美國提出道威斯計畫，化解德國賠款危機。 ● 列寧逝世。
1924		● 布列東（Breton）的超現實主義宣言 ● 德斯諾（Desnos）：《為哀悼哀悼》（*Deuil pour deuil*） ● 布爾加科夫（Bulgakov）：《白衛隊》（*The White Guard*） ● 艾倫堡（Ehrenburg）：《珍妮・奈伊之戀》（*The Love of Jeanne Ney*） ● 曼（Mann）：《魔山》（*The Magic Mountain*） ● 福特（Ford）：《一戰往事》四部曲（*Parade's End*，至一九二八年發表完畢）	

年份	生平	文學	歷史
1925	德國出生的奧圖．法蘭克（Otto Frank）加入德軍，參加第一次世界大戰，戰後勉強接管家族銀行，娶伊迪絲．荷蘭德（Edith Holländer）為妻，五月十二日在亞琛猶太教堂舉辦猶太傳統婚禮，前往義大利度蜜月後，婚後住在美因河畔的法蘭克福。	● 托洛斯基（Trotsky）：《文學與革命》（*Literature and Revolution*） ● 莫朗（Morand）：《風流歐洲》（*L'Europe galante*） ● 佛斯特（Forster）：《印度之旅》（*A Passage to India*） ● 費茲傑羅（Fitzgerald）：《大亨小傳》（*The Great Gatsby*） ● 卡夫卡（Kakfa）：《審判》（*The Trial*） ● 吳爾芙（Woolf）：《戴洛維夫人》（*Mrs Dalloway*）	● 德法和解時期；羅加諾會議保證法德國境現況不變。法軍撤離魯爾區。 ● 希特勒出版自傳《我的奮鬥》（*Mein Kampf*）。 ● 墨索里尼解散義大利國會，採獨裁統治。 ● 波斯卡札爾王朝垮臺；禮薩．汗登基為王。
1926	二月十六日，安妮的姊姊瑪歌．貝娣．法蘭克（Margot Betti Frank）誕生。	● 勞倫斯（Lawrence）：《羽蛇》（*The Plumed Serpent*） ● 卡夫卡（Kakfa）：《城堡》（*The Castle*） ● 希萊納（Schreiner）：《從人到人》（*From Man to Man*） ● 納博科夫（Nabokov）：《瑪莉》（*Mary*） ● 茨維塔耶娃（Tsvetaeva）：《捕鼠者》（*The Ratcatcher*） ● 海明威（Hemingway）：《旭日依舊東升》（*The Sun Also Rises*）	● 法國支持德國加入國際聯盟。 ● 英國大罷工。
1927		● 普魯斯特（Proust）：《重現的時光》（*Le Temps retrouvé*），為他從一九一三年起所發表之《追憶逝水年華》（*A la recherche du temps perdu*）七部小說的末冊 ● 吳爾芙（Woolf）：《燈塔行》（*To the Lighthouse*） ● 赫塞（Hesse）：《荒野之狼》（*Steppenwolf*） ● 海德格（Heidegger）：《存有與時間》（*Being and Time*） ● 褚威格（Zweig）：《情感的迷惘》（*Confusion of Feelings*） ● 鈞特．葛拉斯（Günter Grass）誕生	● 與列寧聯手奠定現代俄國基礎的托洛斯基被開除蘇聯共產黨黨籍。 ● 史達林在俄國爭權。 ● 國民黨黨主席蔣介石「清黨」，大規模逮捕共產黨員。中國爆發內戰（至一九四九年）。 ● 林白飛越大西洋。

年份	作者人生	文學背景	歷史事件
1928		●沃（Waugh）：《衰落與瓦解》（*Decline and Fall*） ●勞倫斯（Lawrence）：《查泰萊夫人的情人》（*Lady Chatterley's Lover*，完整版直至一九六〇年才在英國出版） ●布萊希特與威爾（Brecht/Weill）：《三便士歌劇》（*Threepenny Opera*） ●埃利．維瑟爾（Elie Wiesel）誕生。	●英國滿二十一歲以上婦女獲得投票權。 ●史達林宣布第一個「五年計畫」，致力改善蘇聯農工業。 ●蔣介石占領北京；中華民國統一。 ●達賴喇嘛誕生。 ●佛萊明發現盤尼西林。
1929	六月十二日，安妮莉絲．瑪莉．法蘭克（Annelies Marie Frank）誕生。	●希萊納（Schreiner）：《溫蒂妮》（*Undine*） ●海明威（Hemingway）：《戰地春夢》（*A Farewell to Arms*） ●蕭（Shaw）：《蘋果推車》（The Apple Cart） ●吳爾芙（Woolf）：《自己的房間》（*A Room of One's Own*） ●褚威格（Zweig）：《布赫曼達》（*Buchmendal*） ●德布林（Döblin）：《柏林亞歷山大廣場》（*Berlin Alexanderplatz*） ●雷馬克（Remarque）：《西線無戰事》（*All Quiet on the Western Front*） ●曼（Mann）：《馬里奧和魔術師》（*Mario and the Magician*） ●雨果．霍夫曼斯塔（Hugo Hofmannsthal）逝世。	●華爾街股災：紐約證券交易所崩盤；隨之全球經濟大衰退。 ●蘇聯開始強制推行農業集體化；大約一千萬名農夫被殺害、流放或送往集中營。 ●南非克倫斯塔率先使用「種族隔離政策（apartheid）」一字形容黑人文化與白人文化獨立發展。
1930		●史德普頓（Stapledon）：《末人與初民》（*Last and First Men*） ●佛洛伊德（Freud）：《文明及其不滿》（*Civilization and its Discontents*） ●穆齊爾（Musil）：《沒有個性的人》（*The Man Without Qualities*）（至一九三二年才發表完全） ●赫塞（Hesse）：《知識與愛情》（*Narziss and Goldmund*） ●沃（Waugh）：《邪惡的軀體》（*Vile Bodies*）	●德國選舉，納粹黨從溫和派手中奪下席次。 ●甘地在印度開始推動非暴力不合作運動。 ●英屬南羅德西亞的〈土地分配法〉限制黑人農夫的土地持有權，促使民眾益發厭惡殖民統治。

1931

由於家族銀行生意衰退，加上原本的房東為納粹黨黨員，法蘭克一家遷入岡霍佛路二十四號一間較小的屋子。

- 勞倫斯（Lawrence）：《啟示錄》（*Apocalypse*）
- 吳爾芙（Woolf）：《海浪》（*The Waves*）

- 〈西敏規章〉賦予大英國協合法自治權。
- 日軍入侵滿洲國。

1932

- 赫胥黎（Huxley）：《美麗新世界》（*Brave New World*）
- 布洛赫（Broch）：《夢遊者》（*The Sleepwalkers*）
- 羅斯（Roth）：《拉德茨基進行曲》（*The Radetzky March*）
- 史勞爾霍夫（Slauerhoff）：《禁地》（*Het verbodenrijk*）

- 七月，納粹黨贏得百分之三十七的選票，成為德國最大黨。納粹衝鋒隊高唱反猶太歌曲在街頭遊行。德國停止償還戰後賠款。
- 奧斯瓦德．莫斯利成立英國法西斯聯盟。
- 倫敦上街抗議的失業者與警方發生衝突。
- 美國總統大選，民主黨羅斯福遙遙領先對手，順利當選總統。

1933

- 歧視猶太人的風氣越來越盛，加上在德國的抵制下經營家族事業不易，法蘭克一家在夏天遷居阿姆斯特丹。奧圖．法蘭克成立歐佩克塔公司，販售果醬用的膠體原料，而安妮與外婆留在德國。
- 蜜普．桑朵西茲（Miep Santrouschitz）開始擔任奧圖．法蘭克的秘書。

- 歐威爾（Orwell）：《巴黎倫敦落魄記》（*Down and Out in Paris and London*）
- 海明威（Hemingway）：《勝利者一無所獲》（*Winner Take Nothing*）
- 威爾斯（Wells）：《未來事物之面貌》（*The Shape of Things to Come*）
- 馬勒侯（Malraux）：《人類的命運》（*La Condition humaine*）
- 阿施（Asch）：《三城記》（*Three Cities*）
- 史勞爾霍夫（Slauerhoff）：《孤調》（*Soleares*）

- 德國納粹黨執政，希特勒擔任總理，在一月成立第三帝國，宣布國家社會黨為唯一合法政黨。人民不許有言論自由與集會自由。蓋世太保組織（納粹秘密警察）成立，早至四月就已開始聯合抵制猶太店家。
- 五月，德國舉辦大規模集會，焚毀猶太人的著作與其他「討厭物」。〈亞利安宣言〉制止猶太人從事重要專業工作。許多猶太裔德國人前往鄰國尋求庇護。
- 德國脫離國際聯盟，在境內建立第一批納粹集中營。
- 羅斯福「新政」策略公布。
- 日本退出國際聯盟。

年份	作者人生	文學背景	歷史事件
1934	●二月，安妮抵達位於阿姆斯特丹的新居，被當成「驚喜生日禮物」送給姊姊瑪歌。 ●五月，安妮開始就讀一間採用蒙特梭利教學法的幼稚園。	●費茲傑羅（Fitzgerald）：《夜未央》（*Tender is the Night*） ●沃（Waugh）：《一掬塵土》（*A Handful of Dust*） ●曼（Mann）：《年輕的約瑟夫》（*The Young Joseph*） ●凱因（Cain）：《郵差總按兩次鈴》（*The Postman Always Rings Twice*） ●維斯德伊克（Vestdijk）：《返回伊那・戴蒙》（*Terug tot Ina Damman*）	●新荷蘭移民法遏止大量猶太難民湧入荷蘭。 ●德國發生「長刀之夜」的政治清算事件；希特勒下令暗殺衝鋒隊隊長恩斯特・羅姆。 ●西班牙動亂不安。 ●希特勒成為「元首」（Führer），德國開始重新武裝，強迫吉普賽人與非裔德人接受絕育手術。 ●毛澤東開始「長征」穿越中國（從一九三四年十月至一九三五年十月）。
1935		●康普頓—伯內特（Compton-Burnett）：《家族與族長》（*A House and Its Head*） ●維斯德伊克（Vestdijk）：《愛爾賽・玻勒》（*Else Böhler*） ●史勞爾霍夫（Slauerhoff）：《一位高尚水手之墓》（*Een eerlijk zeemansgraf*）	●史達林開始進行「大整肅」（又稱「清黨審判」）。共產國際第七次（亦為最後一次）會議正式贊同「人民前線」反法西斯主義。 ●德國違反〈凡爾賽條約〉開始徵兵。德國政府的〈紐倫堡法〉正式批准迫害猶太人之行徑，並禁止他們參與公共生活。 ●義大利入侵阿比西尼亞（現在的衣索比亞）；國際聯盟實施經濟制裁。波斯帝國更名為伊朗。
1936		●赫胥黎（Huxley）：《加薩盲人》（*Eyeless in Gaza*） ●沙特（Sartre）：《想像》（*L'Imagination*） ●維斯德伊克（Vestdijk）：《威瑟先生的沉淪》（*Meneer Visser's hellevaart*）	●德軍進入萊茵蘭。 ●西班牙爆發內戰（至一九三九年）。 ●史達林進行一連串的栽贓公審（至一九三八年）。 ●「羅馬—柏林軸心」成立，希特勒與墨索里尼結盟。德日兩國簽訂〈反共產國際協定〉（義大利後來加入）。 ●英國愛德華八世退位。

1937	● 六月，范．佩爾斯一家從德國奧斯納布呂克移民阿姆斯特丹，赫曼．范．佩爾斯（Hermann van Pels）成了奧圖．法蘭克的生意夥伴。 ● 貝普．佛斯哥耶爾（Bep Voskuijl）進入公司工作。	● 史坦貝克（Steinbeck）：《人鼠之間》（*Of Mice and Men*） ● 歐威爾（Orwell）：《通往威根碼頭之路》（*The Road to Wigan Pier*） ● 威爾斯（Wells）：《受生之星》（*Star Begotten*） ● 史德普頓（Stapledon）：《造星者》（*Star Maker*） ● 伯利克森（Blixen）：《遠離非洲》（*Out of Africa*）	● 德國轟炸機炸毀西班牙巴斯克地區小鎮格爾尼卡。 ● 德國進行宗教迫害，開始逮捕新教牧師與羅馬天主教神父。 ● 張伯倫就任英國首相。 ● 史達林開始整肅紅軍。 ● 中日戰爭（至一九四五年）。
1938	● 奧圖．法蘭克與赫曼．范．佩爾斯成立佩塔康公司，製造處理肉品所使用的混合香料。 ● 約翰斯．克萊曼（Johannes Kleiman）開始擔任會計一職。	● 沙特（Sartre）：《嘔吐》（*Nausea*） ● 葛林（Greene）：《布萊登棒棒糖》（*Brighton Rock*） ● 歐威爾（Orwell）：《向加泰隆尼亞致敬》（*Homage to Catalonia*） ● 鮑文（Bowen）：《心之死》（*The Death of the Heart*） ● 納博科夫（Nabokov）：《禮物》（*The Gift*） ● 維斯德伊克（Vestdijk）：《比拉多的最後歲月》（*De nadagen van Pilatus*）	● 三月十二日，德國強占奧地利。 ● 慕尼黑會議。 ● 德國占領捷克斯洛伐克具爭議的地區。 ● 十一月九日「水晶之夜」（Kristallnacht）：猶太教堂遭到破壞，逾百名猶太人罹難，三萬名猶太男子被送往集中營與監牢。猶太人的商店公司一概充公，猶太人禁止做生意。 ● 墨索里尼政府採用法西斯激進主義意識形態宣言。
1939	● 安妮的外婆搬到阿姆斯特丹與法蘭克一家同住。 ● 范．佩爾斯一家搬到離法蘭克家不遠的利維倫布爾特區，奧圖．法蘭克與赫曼．范．佩爾斯成為好友。 ● 十二月，富利茲．菲佛（Fritz Pfeffer）搭火車以難民身分進入荷蘭，信奉天主教的女友夏洛特．卡列塔（Charlotte Kaletta）後來與他會合。	● 史坦貝克（Steinbeck）：《憤怒的葡萄》（*The Grapes of Wrath*） ● 曼（Mann）：《綠蒂在威瑪》（*Lotte in Weimar*） ● 喬伊斯（Joyce）：《芬尼根守靈夜》（*Finnegans Wake*）	● 德蘇簽訂〈德蘇互不侵犯條約〉；德義簽訂〈鋼約〉。 ● 九月一日：希特勒入侵波蘭，占領格但斯克；法英對德宣戰；第二次世界大戰爆發。 ● 蘇聯侵略波蘭與芬蘭。蘇聯自國際聯盟除名。 ● 西班牙內戰結束。

年份	作者人生	文學背景	歷史事件
1940	十二月一日，歐佩克塔／佩塔康公司遷至王子運河二六三號。	● 葛林（Greene）：《權力與榮耀》（*The Power and the Glory*） ● 海明威（Hemingway）：《戰地鐘聲》（*For Whom the Bell Tolls*） ● 史戴德（Stead）：《愛孩子的男人》（*The Man Who Loved Children*） ● 柯斯勒（Koestler）：《正午的黑暗》（*Darkness at Noon*） ● 阿赫瑪托娃（Akhmatova）：《出自六本書》（*From Six Books*）	● 五月十日，希特勒入侵荷蘭，德軍抵達阿姆斯特丹時，超過一百五十位猶太人自殺。 ● 六月十四日，希特勒的軍隊抵達巴黎。 ● 德國入侵挪威與丹麥之後，義大利以德國盟友立場參戰。 ● 奧斯威辛集中營建立，華沙設立猶太人隔離區，在一九四一年底，幾乎所有波蘭籍猶太人都住在隔離區或集中營內。 ● 邱吉爾就任英國首相。英國遠征軍自法國敦克爾克撤退。 ● 不列顛之戰。倫敦大轟炸。 ● 蘇聯吞併波羅的海三小國。
1941	● 歐佩克塔公司重新登記在約翰斯．克萊曼名下，維克多．古格勒（Victor Kugler）成為代理主管，公司改名為吉斯公司。 ● 蜜普與詹．吉斯（Jan Gies）結婚，奧圖．法蘭克在公司舉辦慶祝派對。 ● 安妮被迫離開蒙特梭利學校，依照新制定的納粹法律，進入猶太學校就讀。 ● 約翰斯．克萊曼暗示奧圖．法蘭克，房子增建的空間非常適合作為藏身處。	● 費茲傑羅（Fitzgerald）：《最後的影壇大亨》（*The Last Tycoon*） ● 布萊希特（Brecht）：《勇氣媽媽和她的孩子們》（*Mother Courage and Her Children*） ● 維斯德伊克（Vestdijk）：《星空下的艾克塔翁》（*Aktaion onder de sterren*） ● 維吉尼亞．吳爾芙（Virginia Woolf）逝世。	● 荷蘭所有猶太人必須向國家登記，並禁止上電影院。所有猶太孩童必須在九月前進入猶太學校就讀。荷蘭發生越來越多政治暴力事件，因此猶太人經常在街上遭到任意圍捕。 ● 俄羅斯猶太人在基輔遭到大屠殺。 ● 奧斯威辛集中營以毒氣「齊克隆B」進行大屠殺實驗；六百名蘇聯戰俘在第十一倉地窖被毒殺。 ● 德國入侵蘇聯，列寧格勒圍城戰開始。 ● 英國與蘇聯入侵伊朗；禮薩國王讓位給其子穆罕默德．禮薩．巴列維。 ● 日本襲擊珍珠港，美國參戰。
	● 一月，安妮的外婆因癌症過世。 ● 安妮十三歲生日，收到一本日記本。密室開始準備。	● 卡繆（Camus）：《異鄉人》（*L'Etranger*） ● 褚威格（Zweig）：《皇家遊戲》（*The Royal Game*）	● 一月：納粹資深官員在萬湖會議起草猶太人的「最後解決之道」，六歲以上的猶太人都必須佩戴大衛黃星標誌。納粹開始強制遷移猶太人；到了七月，已遷移六千位荷蘭

1942

● 七月五日，安妮的姊姊瑪歌收到驅逐至德國的召集令，隔日法蘭克一家進入密室躲藏。

● 七月十三日，范．佩爾斯一家住進密室。

● 十一月十六日，蜜普的牙醫富利茲．菲佛加入他們。

● 克勞斯．曼（Klaus Mann）的自傳《轉捩點》（*The Turning Point*）

● 赫塞（Hesse）：《玻璃珠遊戲》（The Glass Bead Game）

● 彼得．韓德克（Peter Handke）誕生。

● 奧斯威辛集中營定期實施系統篩選，以毒氣集體屠殺的猶太人的數字增加，營區開始加蓋四座毒氣室與火葬場，德方估計一年可以殺害一百六十萬人。禁衛軍開始「肅清」波蘭猶太人隔離區。

● 俄軍在史達林格勒遏止德國前進。

● 英國由於損失緣故暫停護航，史達林指控盟軍未提供支援。

● 北非戰役；阿拉曼戰役。

1943

● 沙特（Sartre）：《存在與虛無》（*L'Être et le néant*）

● 波娃（De Beauvoir）：《女賓》（*L'Invitée*）

● 韋斯特（West）：《黑羔羊與灰獵鷹》（*Black Lamb and Grey Falcon*）

● 艾略特（Eliot）：《四首四重奏》（*Four Quartets*）

● 德國撤離俄國、非洲與義大利。

● 邱吉爾與羅斯福協商決定堅持德國「無條件投降」。十一月，「三巨頭」（邱吉爾、羅斯福與史達林）在德黑蘭會面，此為史達林參加的第一場會議。

● 納粹「肅清」華沙猶太人隔離區。

1944

● 三月二十九日，安妮聽到博克斯坦在廣播上的談話，開始編輯日記，準備發表。

● 八月一日，安妮寫下最後一則日記。

● 八月四日，一位禁衛軍中士與三名荷蘭警員突然搜查歐佩克塔公司倉庫，法蘭克一家、范．佩爾斯一家、富利茲．菲佛與兩位協助者（古格勒與克萊曼）被帶往一處德國監牢審問。蜜普．吉斯與貝普．佛斯哥耶爾（BepVoskuijl）保住了安妮的日記文件。

● 八月八日，八位猶太人被送往韋斯特柏克，在懲處區勞動。

● 波赫士（Borges）：《虛構集》（*Ficciones*）

● 貝婁（Bellow）：《搖擺者》（*Dangling Man*）

● 三月二十九日，荷蘭流亡政府教育藝術科學部部長傑瑞特．博克斯坦透過廣播，為國家檔案徵求荷蘭老百姓的「平凡文字紀錄」。

● 諾曼第登陸。

● 荷蘭本土軍在華沙起義，慘遭納粹鎮壓。

● 希特勒躲過暗殺。

● 法國被解放。

● 武裝禁衛軍在「馬爾美迪大屠殺」處死八十一名美軍戰俘。

年份	作者人生	文學背景	歷史事件
1944	● 九月三日，他們被送往奧斯威辛—比克瑙集中營，男女隔離。赫曼．范．佩爾斯由於疲勞無力從事勞動，被送至毒氣室毒死。約翰斯．克萊曼病重，在紅十字會的介入下，從阿麥斯福勞動營獲釋。 ● 十月，安妮與瑪歌被送往卑爾根—伯森，奧古斯特．范．佩爾斯也一起前往。 ● 富利茲．菲佛先被送至薩克森豪森，接著又移送到諾因加莫，十二月時因疾病與勞累在諾因加莫逝世。		
1945	● 一月，伊迪絲．法蘭克因生病與勞累在奧斯威辛過世。彼得．范．佩爾斯被迫行軍至奧地利茂特豪森集中營。奧圖．法蘭克留在奧斯威辛，一月二十七日被共產黨解救釋放。 ● 三月，先是瑪歌因斑疹傷寒過世，接著安妮也因病逝世，過沒幾週，英軍解放卑爾根—伯森集中營。古格勒在被迫行軍至德國的途中，順利逃脫潛藏。 ● 五月五日，彼得．范．佩爾斯因勞累在茂特豪森去世。奧古斯特．范．佩爾斯在一次強迫行軍的過程中，於特雷辛集中營附近去世。 ● 六月，奧圖．法蘭克得知伊迪絲已死的消息，六月三日他返抵阿姆斯	● 沙特（Sartre）：《理性時代》（*L'Age de raison*） ● 卡繆（Camus）：《卡利古拉》（*Caligula*） ● 布洛赫（Broch）：《維吉爾之死》（*The Death of Virgil*） ● 歐威爾（Orwell）：《動物農莊》（*Animal Farm*） ● 沃（Waugh）：《夢斷白莊》（*Brideshead Revisited*） ● 萊特（Wright）：《黑男孩》（*Black Boy*）	● 一月二十七日，華沙被解放，共產黨軍隊從奧斯威辛集中營救出七千六百五十名倖存者，在此之前，至少有一百一十萬人喪命，包括二十萬名孩童與年輕人，死者中約有一百萬為猶太人。 ● 墨索里尼的屍首被義大利游擊隊倒吊示眾；盟軍攻陷威尼斯。 ● 希特勒自殺；德國無條件投降。禁衛軍元帥海因里希．希姆萊自殺。 ● 原子彈轟炸廣島與長崎；日本無條件投降。 ● 第二次世界大戰結束。聯合國成立。 ● 羅斯福逝世；杜魯門繼任美國總統。 ● 邱吉爾自英國首相選舉中落敗。

	1946	1947
特丹。七月十八日，他收到安妮與瑪歌的死訊，於是蜜普．吉斯將安妮的日記文件交給他。		安妮．法蘭克的日記《密室》（*Het Achterhuis*）在荷蘭首次出版。英譯版《安妮．法蘭克：一位少女的日記》（*Anne Frank: The Diary of a Young Girl*）後來也在同年出版。
●弗里施（Firsch）：《現在他們又在唱歌了》（*Now They Sing Again*）	●沙特（Sartre）：《存在主義是一種人道主義》（*L'existentialisme est un humanisme*） ●史戴德（Stead）：《萊帝．福克斯：她的吉祥物》（*Letty Fox: Her Luck*） ●赫曼．赫塞（Hermann Hesse）榮獲諾貝爾文學獎。 ●阿佛瑞．安德希（Alfred Andersch）與漢斯．W．李克特（Hans W. Richter）出版大眾文學雜誌《呼聲》（*Der Ruf*），一九四七年遭美國軍方政府取締後停刊。 ●維斯德伊克（Vestdijk）：《愛爾蘭之夜》（*Ierse nachten*） ●H．G．威爾斯（H. G. Wells）逝世。	●康普頓—伯內特（Compton-Burnett）：《男僕與女僕》（*Manservant and Maidservant*） ●卡繆（Camus）：《瘟疫》（*La Peste*） ●李維（Levi）：《如果這是一個人》（*If This is a Man*） ●曼（Mann）：《浮士德醫生》（*Doctor Faustus*） ●薩克斯（Sachs）：《在死亡的寓所》（*In the Houses of Death*） ●史蒂芬．褚威格（Stefan Zweig）偕妻在巴西自盡。
●雅爾達會議決定：將德國分為四個占領區，由盟軍管制委員會掌管；同時起訴戰犯。 ●狄托獲選為南斯拉夫總統。	●紐倫堡審判；赫曼．戈林自殺，另外十名戰犯絞死。參與人體實驗的納粹醫生，七位被判死刑。 ●邱吉爾發表「鐵幕」演說。 ●冷戰開始。 ●義大利維克多．艾馬努埃萊國王退位；義大利成立共和國。	●美國發起馬歇爾計畫援助戰後歐洲，蘇聯視該計畫威脅共產主義，因而拒絕。 ●蘇聯成立共產黨情報局。 ●〈印度獨立法案〉。

年份	作者人生	文學背景	歷史事件
1948		● 葛林（Greene）：《事物的核心》（*The Heart of the Matter*） ● 佩頓（Paton）：《哭吧，親愛的祖國》（*Cry, the Beloved Country*） ● 維斯德伊克（Vestdijk）：《田園曲一九四三》（*Pastorale 1943*）和《費瑞．波德赫的救贖》（*De redding van Fré Bolderhey*）	● 甘地在印度遇刺。 ● 以色列立國。 ● 南非國民黨打贏選戰；採取種族隔離政策。 ● 俄國封鎖西柏林。
1949		● 歐威爾（Orwell）：《一九八四》（*Nineteen Eighty-Four*） ● 波娃（de Beauvoir）：《第二性》（*La deuxième sexe*） ● 米勒（Miller）：《推銷員之死》（*Death of a Salesman*） ● 費里奇（Frisch）：《當戰爭結束》（*When the War Came to an End*） ● 薩克斯（Sachs）：《星蝕》（*Eclipse of the Stars*） ● 維斯德伊克（Vestdijk）：《侍者與活者》（*De kellner en de levenden*）	● 簽訂北大西洋公約。 ● 占領德國的四強代表同意結束柏林封鎖。德意志聯邦共和國（西德）與德意志民主共和國（東德）成立。 ● 中國共產黨領袖毛澤東宣布成立中華人民共和國；國民黨軍隊撤退，在臺灣建立政府。
1950	夏洛特．卡列塔與富利茲．菲佛冥婚。	● 葛林（Greene）：《黑獄亡魂》（*The Third Man*） ● 伊歐涅斯柯（Ionesco）：《禿頭女高音》（*The Bald Prima Donna*） ● 狄倫馬特（Dürrenmatt）：《法官與他的劊子手》（*The Judge and his Hangman*）	● 美國支持德國重新武裝，波蘭與德國以奧得河及奈塞河為邊界。

	1951	1952	1953
		《一位少女的日記》在美國出版。	● 奧圖·法蘭克退休，投入更多時間在安妮的日記上。約翰斯·克萊曼接替他成為公司負責人。 ● 奧圖·法蘭克再婚，妻子艾爾芙麗德·馬科維茲（Elfriede Markovits，暱稱 Fritzi）是他以前的鄰居，也是一位奧斯威辛集中營生還者。 ● 十一月，奧圖·法蘭克搬到瑞士巴賽爾。
● 維斯德伊克（Vestdijk）：《銅花園》（*De koperen tuin*）	● 沙林傑（Salinger）：《麥田捕手》（*The Catcher in the Rye*） ● 維斯德伊克（Vestdijk）：《象牙守護者》（*Ivoren wachters*）	● 貝克特（Beckett）：《等待果陀》（*Waiting for Godot*） ● 沃（Waugh）：《榮譽之劍》（*Sword of Honour*，三部曲至一九六一年全部出版）	
● 邱吉爾重任英國首相。 ● 美國麥卡錫參議員無憑掀起反共產黨滲透美國聯邦政府運動（至一九五四年）。 ● 尼爾森·曼德拉領導非洲民族議會黨，發起公民抗命運動，反對種族隔離政策。韓戰爆發（至一九五三年）。	穆罕默德·莫沙德博士將原本英屬英伊石油公司控管的伊朗石油工業國有化。	● 艾森豪當選美國總統。 ● 英國伊莉莎白二世登基。	猶太大屠殺紀念館在耶路撒冷成立，紀念大屠殺的遇難者。

年份	作者人生	文學背景	歷史事件
1955	百老匯改編的《安妮日記》舞臺劇首映，奧圖．法蘭克無法出席，因為那會引起他太多的痛苦。		
1959	約翰斯．克萊曼逝世。		
1960	五月三日，安妮之家開幕。奧圖．法蘭克出席開幕儀式。	維瑟爾（Wiesel）：《夜》（*Night*）	
1975		● 李維（Levi）：《週期表》（*The Periodic Table*） ● 卡爾特斯（Kertész）：《非關命運》（*Fateless*）	
1980	八月十九日，奧圖．法蘭克在瑞士逝世，享年九十一歲。	● 亞梅利（Améry）：《理智的極限：一位奧斯威辛集中營生還者的回憶》（*At the Mind's Limits: Contemplations by a Survivor of Auschwitz and Its Realities*） ● 赫須（Hersh）：《救救孩子！》（*Save the Children!*）	
1981	維克多．古格勒逝世。		
1983	●《安妮的密室創作：寓言、短篇故事、散文與未完成的長篇小說》（*Anne Frank's Tales from the*		

	Secret Annex: Fables, Short Stories, Essays and an Unfinished Novel by the Author of "The Diary of a Young Girl"）出版。 ● 貝普．佛斯哥耶爾逝世。		
1987	蜜普．吉斯在《緬懷安妮．法蘭克》（*Anne Frank Remembered*）一書上發表自己的故事。	李維（Levi）：《滅頂與生還》（*The Drowned and the Saved*）	
1989	《安妮．法蘭克日記：評述版》（*The Diary of a Young Girl: The Critical Edition*）在美國出版。		
1995	《安妮．法蘭克日記：權威版》（*The Diary of a Young Girl: The Definitive Edition*）在美國出版。	維瑟爾（Wiesel）：《百川歸海》（*All Rivers Run to the Sea*）	
1996	詹．布雷爾（Jon Blair）的《緬懷安妮．法蘭克》（*Anne Frank Remembered*）獲得奧斯卡金像獎最佳紀錄片獎。		
1998	另外發現五頁安妮的日記。		
2003	《安妮．法蘭克日記：修訂評述版》（*The Diary of Anne Frank: the Revised Critical Editiona*）出版。		
2010	蜜普．吉斯逝世，享年百歲。		

本書由安妮．法蘭克基金會贊助出版。

奧圖．H．法蘭克為其家族唯一倖存者，也是女兒安妮唯一的繼承人。一九六三年，他在瑞士巴賽爾成立安妮．法蘭克基金會（ANNE FRANK FONDS，簡稱AFF），並指定基金會為他的遺產繼承人。奧圖．法蘭克在一九八〇年逝世後，AFF執行他的遺囑，以傳播其女著作、防止他人非法圖利為目標。安妮的手稿在阿姆斯特丹的安妮之家博物館展示，已被列為聯合國教科文組織（UNESCO）的「世界記憶計畫」（Memory of the World）所保護的文獻遺產。

AFF為慈善機構，遵守瑞士法律，由榮譽理事會管理，多年來由安妮．法蘭克的表哥巴弟．艾利亞斯（Buddy Elias）擔任主席。AFF本著安妮．法蘭克及奧圖．法蘭克的精神，以推廣慈善工作為宗旨，奧圖．法蘭克明確希望AFF能協助不同文化與宗教之間有更深的了解，鼓勵世界各地年輕人接觸，以及促進和平。

想了解更多資訊，請上網站：www.annefrank.ch

ANNE FRANK FONDS®

FOUNDED BY OTTO FRANK

國家圖書館出版品預行編目資料

安妮日記 / 安妮．法蘭克 Anne Frank著；呂玉嬋譯. -- 二版. -- 臺北市：皇冠, 2022. 6 [民111].
面; 公分. --(皇冠叢書; 第5025種) (CHOICE; 352)
譯自：HET ACHTERHUIS (Dagboekbrieven 14 juni 1941 - 1 augustus 1944)
ISBN 978-957-33-3895-6 (平裝)

1.法蘭克(Frank, Anne, 1929-1945) 2.傳記 3.通俗作品

784.728　　111007487

皇冠叢書第5025種
CHOICE 352

安妮日記

【75週年紀念最終增訂版】

HET ACHTERHUIS
(Dagboekbrieven 14 juni 1941 - 1 augustus 1944)

作　　者—安妮．法蘭克
譯　　者—呂玉嬋
發 行 人—平　雲
出版發行—皇冠文化出版有限公司
台北市敦化北路120巷50號
電話◎02-27168888
郵撥帳號◎15261516號
皇冠出版社（香港）有限公司
香港銅鑼灣道180號百樂商業中心
19字樓1903室
電話◎2529-1778　傳真◎2527-0904
總 編 輯—許婷婷
責任編輯—陳思宇
美術設計—嚴昱琳
行銷企劃—許瑄文
著作完成日期—1944年
二版一刷日期—2022年6月
二版二刷日期—2024年3月
法律顧問—王惠光律師

讀者服務傳真專線◎02-27150507
電腦編號◎375352
ISBN◎978-957-33-3895-6
Printed in Taiwan
本書定價◎新台幣360元/港幣120元